Kochen mit Wildkräutern

Impressum

Dieses Buch entstand in Zusammenarbeit zwischen der Christian Verlag GmbH, München und
Reader's Digest Deutschland, Schweiz, Österreich

Texte und Rezepte: Waltraut Witteler. Der Verlag dankt Andreas Meier für seine Rezeptideen und -entwicklungen.
Fotografie: Maria Flor; außer: S. 54 Roger Meerts, S. 274 Birute Vijeikiene, S. 308 Vishnevskiy Vasily,
S. 313 Ivaschenko Roman (alle shutterstock.com)
Cover: großes Bild: Maria Flor; kleine Bilder von links nach rechts: Maximilian Stock, Andrea Haase,
Jean Cazals (alle picture alliance/StockFood); Illustration Vorder- und Rückseite: iStockphoto.com/JoeLena

Producing
Produktmanagement: Annika Genning, Sabine Ammer
Textredaktion: Monika Judä
Layout und Satz: Elke Mader
Herstellung: Bettina Schippel
Repro: Repro Ludwig, Zell am See

Reader's Digest
Redaktion: Stephanie Winterkorn (Projektleitung)
Grafik: Roland Sazinger
Bildredaktion: Sabine Schlumberger
Prepress: Frank Bodenheimer

Chefredakteurin Ressort Buch: Dr. Renate Mangold
Art Director: Susanne Hauser

Produktion
arvato print management: Thomas Kurz

Druck und Binden
Neografia, Martin

Genehmigte Sonderausgabe für Reader's Digest Deutschland, Schweiz, Österreich
Verlag Das Beste GmbH, Stuttgart, Zürich, Wien
© 2013 Reader's Digest, Deutschland, Schweiz, Österreich
Verlag Das Beste GmbH, Stuttgart, Zürich, Wien
© 2013 Christian Verlag GmbH, München

Wenn Sie unter gesundheitlichen Problemen oder Allergien leiden, sollten Sie unbedingt Ihren Arzt konsultieren,
bevor Sie die in diesem Buch vorgestellten Rezepte probieren oder Ratschläge daraus befolgen. Die Informationen
und Ratschläge in diesem Werk wurden von den Autoren und vom Verlag sorgfältig erwogen und geprüft,
dennoch kann eine Garantie nicht übernommen werden. Eine Haftung der Autoren bzw. des Verlags und seiner
Beauftragten für Personen-, Sach- und Vermögensschäden ist ausgeschlossen.

Redaktionsschluss: 15.01.2013
GR 2308/IC
ISBN 978-3-89915-901-1
Printed in Slovakia

Besuchen Sie uns im Internet
www.readersdigest.de I www.readersdigest.ch I www.readersdigest.at

Kochen mit Wildkräutern

Blumen & Blüten, Wurzeln,
Pilze, Früchte & Beeren

Waltraud Witteler
Fotos Maria Flor

Reader's
Digest

Deutschland · Schweiz · Österreich

*Pflückt man die Kornel-
kirsche und verspeist sie
direkt, überrascht der
saure Geschmack.*

Inhalt

Regeln zum Sammeln von Wildpflanzen

1 Für Wildpflanzen gilt dieselbe Regel wie für Pilze: Grundsätzlich nur das sammeln, was man ganz sicher kennt. Lesen Sie das jeweilige Pflanzenporträt unbedingt stets vorab, um herauszufinden, welche Teile der Pflanze überhaupt essbar sind.

2 Stark umweltbelastete Standorte wie Straßenränder, Schuttplätze, häufig frequentierte Parks als Sammelstelle meiden.

3 Nur gesunde Pflanzenteile verwenden. Durch Pilzbefall, Fäulnis oder Parasiten geschädigte Pflanzen gehören nicht auf den Teller.

4 Die gesammelten Pflanzen möglichst frisch verwenden, um die Vitamine zu nutzen und das Aroma zu bewahren.

5 Die meisten Pflanzen sind nur in jungem Zustand zu sammeln. Durch das Altern werden viele hart oder bitter im Geschmack.

6 Beim Sammeln unbedingt die Regeln des Naturschutzes einhalten und daran denken, dass Blüten und Samen der Fortpflanzung dienen und in freier Natur nur in Ausnahmefällen in größeren Mengen gesammelt werden sollen.

Vorwort

Den Geschmack der Natur erfahren, zu diesem aufregenden Erlebnis will Sie dieses Buch mitnehmen.

Überreich beschenkt uns die Natur und gießt ihr Füllhorn aus, das zu jeder Jahreszeit mit verschiedenen Kostbarkeiten aufwartet. Wir müssen die Geschenke der Natur nur erst einmal entdecken und erkennen. Nur ein ganz geringer Anteil der ungeheuren Artenvielfalt des Pflanzenreichs wird genutzt, um durch Züchtung und Anbau Getreide- und Gemüsepflanzen für die Ernährung auf den Markt zu bringen. Ein Vielfaches davon hält die Natur für uns bereit. Diese Schätze zu heben, ist nicht nur etwas für alte Kräuterweiblein oder allenfalls noch für ein paar Idealisten oder Aussteiger, die das Sammeln von Wildpflanzen als eine Art Überlebenstraining betrachten. Nein, jeder, der Wert auf einen abwechslungsreichen Speiseplan legt, der sich gesund ernähren will, der unverfälschte, neue Aromen sucht, der Liebe zum Kochen und Liebe zur Natur verspürt, kann in dieses Füllhorn greifen.

So, wie die Natur im Frühling mit unbändiger Kraft und Üppigkeit zu grünen beginnt, geht sie im Sommer über in blühende Leidenschaft, um im Herbst satte Früchte zu tragen und in der Winterruhe die Energie für den neuen Kreislauf zu erlangen. Genauso schenkt sie uns im Frühling eine Fülle frischer Kräuter voller Kraft und Vitamine, wir können uns im Sommer an »Flower-Power« erfreuen, uns im Herbst an süßen Früchten laben und im Winter die kraftspendenden Vorräte an Nüssen und Wurzeln genießen. Es ist eine spannende Reise durch die Jahreszeiten, die ihren eigenen Duft, ihr eigenes Flair, ihren eigenen Geschmack und somit auch ihre eigenen Gerichte haben.

Bestimmt ist es kein Zufall, dass die verschiedenen Pflanzen in ihrer jeweiligen Saison den besten Geschmack haben und uns dann zu ihrem Genuss nahezu herausfordern. Gerade zu diesem Zeitpunkt sind sie auch für unsere Gesundheit am wertvollsten. Das Wissen um den gesundheitlichen Wert der Pflanzen und das Nutzen dieser Werte war und ist in der Menschheitsgeschichte ein elementares Thema und erlebte immer wieder Höhepunkte. Durch die Möglichkeit des Buchdrucks im 15. Jahrhundert wurde dieses Wissen der Allgemeinheit zugänglich, gerade in einer Zeit, als die Pflanzenkunde überwiegend medizinisch ausgerichtet war. Heute scheint sich dieses Wissen aus der Allgemeinheit wieder zurückzuziehen. Andererseits liefern uns die moderne Medizin und die Naturwissenschaften viele neue Erkenntnisse, die das alte Wissen teilweise ergänzen, bestätigen oder auch widerlegen.

Auf die angenehmste Weise die Nahrung zu seinem Gesundbrunnen zu machen nach altem und neuem Wissen, nach alter und neuer Kochkunst, die Natur zu erleben und ihr ein Stück näher zu kommen, das bringt der Genuss der Natur.

Die im Frühling er-
wachte Natur schenkt
uns neue Energie.

Auf den Pfaden der Natur

Schon ein bewusster Blick, auf den Wegesrand gerichtet, lässt uns erstaunlich viel Neues aus dem Schatz der Natur entdecken. Denn dort wächst längst nicht nur Gras, sondern auch mal ein Wiesenknöterich oder, im hohen, feuchten Wald und oft nicht fern des Weges, eine kleine Pilzkolonie. Ich bin immer wieder fasziniert, wie einfach und wunderbar sich die Natur doch mit ihren kleinen Schätzen zeigt. Sobald wir uns auf sie einlassen, können wir eine Fülle von Sinneseindrücken, immer im wechselnden Kleid der Jahreszeiten, erleben.

Aus diesem Grunde bin ich auch begeisterte Sammlerin und als »Kräuterhexe« bekannt: Die Flora bietet uns so Vieles, was wir in unserem täglichen Trott vielleicht nicht gleich wahrnehmen. Diese Vielfalt zu erkennen, zu goutieren, das ist das Anliegen meiner Seminare, Kochkurse und Bücher. Ein offenes Auge beim Spazierengehen lohnt sich immer – was ich auch wieder erlebte, als ich bei meiner guten Freundin Lea Linster in Luxemburg zu Besuch war. Obwohl Lea noch viel eingespannter ist im täglichen Rummel der Sterne-Gastronomie und Fernsehproduktionen als ich, hatten wir tatsächlich dieses eine Mal ein wenig Zeit für uns. Und wir zwei passionierte Sammlerinnen gingen in den Weinbergen der Mosel auf die Jagd – nach Wildpflanzen und Wildkräutern.

Dabei kamen wir auch an einem Gladiolenfeld vorbei, das zwischen den Reben die Sonne nutzte und eben in voller Blüte stand. Ich erzählte Lea, dass man Gladiolenblüten auch essen kann und dass ich sie gerne füllen würde, um sie auf einem kalten Büfett oder als kleine Vorspeise zu reichen. Diese Idee weckte ihre Neugier und so hinterlegten wir den kleinen Obolus und nutzten die bereit gelegte Schere zum Schneiden der kräftigen Stiele.

Mit einem wunderschönen Strauß Gladiolen und einigem »Unkraut« als Beute kehrten wir zurück in ihr Restaurant. Dort angekommen, überlegte Lea in ihrer Küche, was denn zum Füllen der wunderhübschen Blüten idealerweise geeignet wäre. In der Kühlung fand sich eine Tapenade, die noch durchziehen musste. Wir brachen ein paar voll erblühte Gladiolenblüten von den Stielen, entfernten vorsichtig die Staubbeutel und Griffel und Lea befüllte den Blütengrund mit der Tapenade. Anschließend steckte sie liebevoll jeder Blüte ihren Griffel und ihre Staubgefäße zurück.

Sie müssen mir nun einfach Glauben schenken: Auch der Geschmack der Blüte und der Tapenade harmonierten wunderbar miteinander! Später haben wir zur Zeit der Gladiolenblüte im August und September immer wieder einmal Gäste mit diesem Fingerfood überrascht.

Rezepte

Aus dem Füllhorn der Natur:
Hagebutten, Quendel, Steinpilz,
Marone, Hasel- und Walnuss,
Schwarzwurzel, Giersch, ge-
schlossene Gänseblümchen,
Stiefmütterchen, Tagetes,
Franzosenkraut, Vogelmiere

Grundrezepte

Fischfond

Ergibt ca. 1 l
300 g Fischkarkassen
(am besten vom Steinbutt
oder Wolfsbarsch)
2 Zwiebeln
2 Karotten
1 Sellerieknolle
1 Knoblauchknolle
100 ml Weißwein
1 Schuss Pernod
Salz, Pfeffer, Öl

Die Fischkarkassen in etwas Öl anbraten. Das Gemüse waschen, putzen, klein schneiden. Zu den Fischkarkassen geben und kurz mitbraten. Das Ganze mit Weißwein ablöschen und mit so viel kaltem Wasser auffüllen, dass alles bedeckt ist. Langsam zum Kochen bringen und etwa 15 Minuten sanft köcheln lassen. Durch ein Tuch passieren und mit Salz, Pfeffer und einem Schuss Pernod abschmecken. Bei Bedarf den Fond noch etwas reduzieren lassen.

Geflügelfond

Ergibt ca. 3 l
1 Suppenhuhn
1 Zwiebel
2 Karotten
¼ Sellerieknolle
1 Petersilienwurzel
1 Pastinakenwurzel
1 kleine Stange Lauch
6–8 Petersilienstängel
1 Blatt Liebstöckel
1 Zweig Thymian oder Quendel
½ TL Pfefferkörner
1 Lorbeerblatt
1–2 EL Meersalz

Das Huhn sauber waschen und mit 4 Liter Wasser und 1 Esslöffel Meersalz köcheln lassen. Den entstehenden Schaum immer wieder mit einer Schaumkelle abschöpfen. Die ungeschälte Zwiebel halbieren und in einer Gusseisenpfanne ohne Fett auf der Schnittfläche rösten. Gemüse und Kräuter waschen und grob schneiden. Wenn sich kein Schaum mehr bildet, Gemüse, Kräuter, Zwiebel und Gewürze zum Huhn in den Topf geben und bei sehr geringer Hitze gut 2 Stunden köcheln lassen. Den Fond zuerst durch ein Sieb, dann durch ein Tuch abseihen. Mit Salz abschmecken. (Da der Fond die Grundlage für Suppen oder Saucen ist und dabei noch konzentriert wird, sollte er nur leicht gesalzen werden.) Die nach dem Abkühlen oben abgesetzte Fettschicht abnehmen.

Gemüsefond

Ergibt ca. 1,5 l
2 Tomaten
4 Stangen Staudensellerie
5 Zweige Petersilie
1 Zweig Liebstöckel
½ Sellerieknolle
1 Knoblauchknolle
2 Zwiebeln
2 Karotten
Salz, Pfeffer, Olivenöl

Das Gemüse waschen, putzen, klein schneiden und in einem Topf in etwas Olivenöl anbraten, mit so viel kaltem Wasser aufgießen, dass alles bedeckt ist, und 1 Stunde leicht köcheln lassen. Durch ein Tuch passieren und mit Salz und Pfeffer abschmecken.

Kalbsfond

Ergibt ca. 1,5 l
500 g Kalbsknochen
2 Zwiebeln
2 Karotten
1 Sellerieknolle
1 Knoblauchknolle
1 Bund Suppengrün
1 Lorbeerblatt
¼ TL schwarze Pfefferkörner
2 Zweige Rosmarin
Salz, Olivenöl

Die Kalbsknochen mit so viel kaltem Wasser ansetzen, dass es etwas über den Knochen steht, und etwa 5 Minuten kochen lassen. Das Gemüse waschen, putzen und klein schneiden. Den ersten Ansatz der Knochen wegschütten. Die Knochen mit kaltem Wasser abwaschen und erneut mit so viel Wasser aufsetzen, dass alles bedeckt ist. Die Hälfte des klein geschnittenen Gemüses dazugeben. Das restliche Gemüse in einer Pfanne in etwas Olivenöl anrösten und danach mit dem Suppengrün und den Gewürzen zu den Knochen geben. Den Fond etwa 1 Stunde leicht köcheln lassen, durch ein Tuch passieren und mit Salz abschmecken.

Ochsenschwanzfond

Ergibt ca. 1,5 l
1 kg Ochsenschwanz-
scheiben
1 EL Tomatenmark
2 Zwiebeln
2 Karotten
1 Sellerieknolle
1 Knoblauchknolle
1 Lorbeerblatt
5 Wacholderbeeren
3 Zweige Thymian
50 ml Weinbrand
Salz, Pfeffer, Öl

Das Gemüse waschen, putzen und klein schneiden. Die Ochsenschwanzscheiben im Topf in wenig Öl anrösten, Tomatenmark kurz mitrösten, Gemüse zugeben und nochmals alles anrösten. Mit Weinbrand ablöschen, die restlichen Zutaten zugeben und mit so viel kaltem Wasser auffüllen, dass alles bedeckt ist. Die Brühe etwa 2 Stunden köcheln lassen, durch ein Tuch passieren und mit Salz und Pfeffer abschmecken.

Rinderfond

Ergibt ca. 1,5 l
500 g Rinderknochen
2 Zwiebeln
2 Karotten
1 Sellerieknolle
1 Knoblauchknolle
1 Bund Suppengrün
1 Lorbeerblatt
2 Zweige Rosmarin
¼ TL schwarze Pfefferkörner
1 Schuss Sherry oder Portwein
Salz, Öl

Die Rinderknochen mit so viel kaltem Wasser ansetzen, dass sie großzügig bedeckt sind, alles erhitzen und etwa 5 Minuten kochen lassen. Währenddessen das Gemüse waschen, putzen und klein schneiden. Den ersten Ansatz der Knochen wegschütten. Die Knochen mit kaltem Wasser abwaschen und erneut mit so viel kaltem Wasser aufsetzen, dass alles bedeckt ist. Die Hälfte des Gemüses dazugeben. Das restliche Gemüse in einer Pfanne in etwas Öl anrösten und dann mit dem Suppengrün und den Gewürzen ebenfalls zu den Knochen geben. Den Fond etwa 1 Stunde leicht köcheln lassen, durch ein Tuch passieren und zum Schluss mit Salz und einem Schuss Portwein oder Sherry abschmecken.

Wildfond

Ergibt ca. 2 l
500 g Knochen vom Wild
2 Zwiebeln
2 Karotten
1 Knollensellerie
1 Knoblauchknolle
1 EL Tomatenmark
¼ l Rotwein
1 Lorbeerblatt
5 Wacholderbeeren
3 Zweige Thymian
1 Schuss Sherry oder Madeira
Salz, Pfeffer

Die Wildknochen im Topf in wenig Öl anrösten. Gemüse waschen, putzen und klein schneiden. Tomatenmark zu den Knochen geben und kurz mitbraten, Gemüse zugeben und nochmals alles anrösten. Mit Rotwein ablöschen, die restlichen Zutaten zugeben und mit so viel kaltem Wasser auffüllen, dass alles bedeckt ist. Die Brühe etwa 2 Stunden köcheln lassen, durch ein Tuch passieren und mit einem Schuss Sherry oder Madeira, Salz und Pfeffer abschmecken.

Pilzessenz

Ergibt ca. 2 l
200 g (oder mehr) Pilzabschnitte
von Frischpilzen
50 g getrocknete Mischpilze
2 Zwiebeln
2 Karotten
¼ Sellerieknolle
1 l Rinderfond
2 Knoblauchzehen
3 Sellerieblätter mit Stiel
Stängel von 1 Bund Petersilie
2 Blätter Liebstöckel
½ TL Pimentkörner
½ TL schwarze Pfefferkörner
Douglasiensalz (siehe Seite 31)

Die Zwiebeln vom Sand befreien, ungeschält halbieren und mit den Schnittseiten nach unten in einem großen Kochtopf ohne Fett dunkel bräunen. Karotten und Sellerie waschen, in Scheiben schneiden und zu den Zwiebeln geben. Nach 1–2 Minuten die in Stücke geschnittenen Pilzabschnitte zufügen und mit dem Fond ablöschen. Den ungeschälten Knoblauch etwas anquetschen oder längs halbieren und mit den Trockenpilzen untermischen. 2 Liter Wasser angießen und zum Kochen bringen. Die Kräuter waschen, grob schneiden und dazugeben. Das Gemüse bei reduzierter Hitze 1–2 Stunden köcheln lassen. Etwa 30 Minuten vor Ende der Garzeit Piment- und Pfefferkörner im Mörser grob zerstoßen und zufügen. Kurz köcheln lassen und mit Douglasiensalz abschmecken. Durch ein Tuch passieren. Pilzessenz, die nicht sofort gebraucht wird, kann eingeweckt oder eingefroren werden.

Zum Frühling liefert uns das Weidenröschen zarte Blätter, im Sommer wunderschöne rosafarbene Blüten.

Aromatische Kräuter und Blätter

Ob als Gemüse, Salat oder Gewürz, frisch oder getrocknet – nicht jedes Kraut ist für alle Zubereitungsarten geeignet. Das eine ist erst in gekochtem Zustand gut verträglich, das andere verliert beim Trocknen sein Aroma, wieder ein anderes aber entwickelt erst dann so richtig seinen Charakter. Eine Regel dafür, die nicht ohne Ausnahme wäre, gibt es nicht. Doch recht bald wird man im Umgang mit Wildkräutern ein Gefühl dafür entwickeln, dass Pflanzen derselben Familien meist in der Küche ähnlich verwendet werden können.

Ein paar Grundregeln ergeben sich fast schon von selbst: Zum Rohverzehr in Salaten eignen sich nur zarte, frisch ausgetriebene Kräuter, die in diesem Zustand noch knackig sind. Die meisten Würzkräuter dagegen brauchen zur Ausbildung der ätherischen Öle reichlich Wärme und Sonne. So ist der Echte Dost (Wilder Oregano) als frisch getriebenes Pflänzchen relativ geschmacklos, erst zum Ende des Sommers wird er zum duftenden Würzkraut. Beim Trocknen verliert sein Aroma allerdings wieder an Intensität.

Der Trockenvorgang – das gilt für alle Kräuter – muss an einem gut belüfteten Ort möglichst schnell, aber bei nicht allzu hoher Temperatur ablaufen. Damit die Kräuter restlos trocken werden und sich kein Schimmel bildet, sollte man größere Mengen häufig umwenden und gegebenenfalls einen Föhn (kaltes oder höchstens lauwarmes Gebläse) zu Hilfe nehmen. Aufbewahrt werden getrocknete Würzkräuter am besten in Metalldöschen oder in dunklen, gut schließenden Gläsern.

Die beste Sammelzeit für Würzkräuter ist der Vormittag, wenn die Morgensonne die Tautropfen der Nacht bereits aufgeleckt und der Pflanze genügend Kraft gegeben hat, ihre Aromastoffe zu bilden. Die starke Mittagssonne wiederum öffnet die Poren der Blätter und Blüten und lässt die Pflanze ihren Duft verströmen, die Konzentration der Aromastoffe sinkt.

Manche Kräuter werden erst durch Welken oder Kochen richtig schmackhaft. Bei den Wildpflanzen sind es vor allem cumarinhaltige Pflanzen wie Waldmeister, Ruchgras oder Steinklee, die beim Welken Duft und Aroma entwickeln. Sie darf man nur als Würzkraut in geringer Menge einsetzen, denn Cumarin kann Kopfschmerzen verursachen. Andere schädliche Inhaltsstoffe wie beispielsweise die des rohen Weißen Gänsefuß zerfallen dagegen durch Hitzeeinwirkung und können uns dann nichts mehr anhaben.

Das alles mag erst einmal ziemlich verwirren, doch wandert man mit der Natur durch das Jahr, findet man sehr schnell Gefallen am Entdecken neuer Geschmacksrichtungen. Die Freude am Experimentieren wird immer größer, der Speiseplan ständig umfangreicher und letztlich ist man unversehens nicht nur zu einem Wildpflanzenkoch geworden, sondern auch der Natur ein großes Stück nähergekommen.

Für 4 Personen
2 Bund Portulak oder eine
große Pflanze pro Portion
500 g gelbe Tomaten
Salz, Pfeffer

Garnitur
4 Portulakzweige

Portulak-Smoothie

1 Die Tomaten abspülen, den Stielansatz entfernen, das Fruchtfleisch in Würfel schneiden.

2 Den Portulak gründlich waschen und die Blätter und Zweigspitzen abzupfen. Die dicken, harten Stiele entfernen.

3 Tomatenwürfel und Portulak mit einem Mixer, Pürierstab oder Smoothie-Maker zu einem Mus verarbeiten. Mit Salz und Pfeffer würzen. Auf 4 Gläser verteilen und mit je 1 Portulakzweig garnieren (s. Abb. rechts).

Ergibt ca. 200 ml Sirup
1 Handvoll Blätter von
der Duftpelargonie
100 g Zucker
150 ml Apfelsaft
1 Spritzer Zitronensaft
eisgekühlter Sekt oder Prosecco

Pelargoniencocktail

1 Den Zucker karamellisieren lassen, mit Apfelsaft ablöschen. Die Duftpelargonienblätter darin kurz erhitzen und mit dem Zitronensaft abschmecken.

2 Das Ganze mit einem Pürierstab pürieren und durch ein feinmaschiges Sieb filtern.

3 Um den Pelargoniensirup haltbarer zu machen, erneut erhitzen, aber nicht kochen. Den Sirup heiß in eine sterilisierte Flasche füllen. Der Sirup kann etwa 1 Woche im Kühlschrank aufbewahrt werden.

4 Je nach Geschmack etwas Sirup in ein Sektglas geben und mit eisgekühltem Sekt oder Prosecco auffüllen.

Für 4 Personen
50 g getrocknete
Spitzwegerichblätter[1]
4 große Jakobsmuscheln
1 l Rinderfond
2 TL brauner Zucker
1 TL Mehl
1 EL Olivenöl
Salz, Pfeffer

Garnitur
Spitzwegerich

Spitzwegerichessenz mit Jakobsmuscheln

1 Den Fond aufkochen und stark reduzieren lassen (auf etwa 600 Milliliter). Den Herd ausschalten, Spitzwegerich zugeben und zugedeckt 5 Minuten ziehen lassen.

2 Durch ein Sieb oder Tuch filtern und erneut erhitzen. Mit Zucker, Salz und Pfeffer abschmecken.

3 Jakobsmuscheln salzen und pfeffern, leicht mit Mehl bestauben und in Olivenöl bei mittlerer Hitze auf beiden Seiten anbraten.

4 Bei schwacher Hitze etwa 5 Minuten ziehen lassen. Muscheln halbieren und zum Servieren in die Suppe legen. Mit Spitzwegerich garnieren.

TIPP

Getrockneter Spitzwegerich schmeckt intensiver als frischer. Zum Trocknen die sauberen, frischen Blätter im Backofen bei 50 °C und spaltbreit geöffneter Ofentür auf einem mit Backpapier belegten Blech flach ausgebreitet 30 Minuten trocknen lassen. Prüfen, ob die Blätter trocken sind, damit kein gesundheitsschädlicher Schimmel entsteht.

Brennnesselbutter

Ergibt ca. 300 g
100 g sehr junge Brennnesseln
50 g Bärlauch
50 g junge Gierschblätter
250 g Butter
1–2 TL Meersalz oder
Himalayasalz

1 Die Butter warm stellen, sodass sie sehr weich, aber nicht flüssig wird.

2 Brennnesseln, Bärlauch und Giersch waschen. Den Bärlauch gut abtropfen lassen. Brennnesseln und Giersch in ganz leicht gesalzenem Wasser etwa 2 Minuten blanchieren, bis sie eine schöne grüne Farbe angenommen haben.

3 Wasser und Eiswürfel in eine Schüssel füllen, Brennnesseln und Giersch aus dem Kochwasser heben und im Eiswasser abschrecken. Dann mit der Hand fest auspressen, sodass sie ziemlich trocken sind, aber nicht so fest pressen, dass der Zellsaft austritt.

4 Die ausgepressten Kräuter zerkleinern und in einen Mixer geben. Butter und Salz zufügen. Den Bärlauch trocken tupfen, in feine Streifen schneiden, ebenfalls in den Mixer geben und alles fein zerkleinern und vermischen.

TIPP
Die grüne, köstliche Butter schmeckt als Brotaufstrich, ist aber auch eine feine Basis für Suppen und Saucen. Auch zu Pasta kann sie wie Pesto beigegeben werden – ein schnelles, köstliches Gericht. Im verschlossenen Gefäß ist sie etwa 2 Wochen im Kühlschrank haltbar. Sie lässt sich auch einfrieren, sollte dann aber vorsichtig und langsam aufgetaut werden.

Brennnesselsuppe

Für 4 Personen
250 g Brennnesselbutter
(siehe oben)
750 ml Gemüse- oder Rinderfond
1 Petersilienwurzel
1 Pastinakenwurzel
½ Sellerieknolle
3 mittelgroße mehlig kochende
Kartoffeln
100 ml Sahne
Salz

Garnitur
Veilchen oder Gänseblümchen
(nach Belieben)

1 Den Fond zum Kochen bringen. Wurzeln und Sellerie schälen, grob würfeln und in den heißen Fond geben. Die Kartoffeln schälen, würfeln und etwas später dazugeben.

2 Das Gemüse in etwa 30 Minuten weich kochen, dann pürieren. Die Sahne zufügen und mit Salz abschmecken.

3 Die Brennnesselbutter einrühren; dadurch wird die Suppe cremig und bekommt ihre schöne grüne Farbe.

4 Nach Belieben mit Veilchen oder Gänseblümchen garnieren.

Für 4 Personen
5 Zweige wilde Minze
300 g Zuckererbsen
100 g Zuckerschoten
250 ml Gemüsefond
Salz
1 Prise Zucker

Garnitur
Minzeblatt oder Minzeblüte
(nach Belieben)

Geeistes Zuckererbsensüppchen mit wilder Minze

1 Die Schoten der Zuckererbsen aufbrechen, die Erbsen herausstreichen und in einen Topf geben. Die Zuckerschoten waschen, grob zerkleinern und ebenfalls in den Topf geben. Mit wenig Gemüsefond auffüllen und zugedeckt 4–5 Minuten kochen lassen.

2 Die etwas abgekühlte Suppe mit einem Pürierstab fein pürieren und anschließend durch ein Sieb streichen, um die Fäden zu entfernen.

3 Die passierte Masse salzen, den Zucker dazugeben und den restlichen Gemüsefond angießen, bis die gewünschte Konsistenz erreicht ist.

4 Die Minzeblättchen abzupfen (einige schöne Blättchen zum Garnieren beiseitelegen), fein schneiden, zur Suppe geben und nochmals kräftig durchmixen. Im Kühlschrank im kältesten Fach (nicht im Eisfach) über Nacht kalt stellen.

5 Die Suppe vor dem Servieren nochmals aufmixen und besonders an der Oberfläche aufschäumen. Das Zuckererbsensüppchen in Tassen oder Gläsern servieren und mit einem Minzeblatt (s. Abb. links), nach Belieben mit einer Minzeblüte, garnieren.

Für 4 Personen als Beilage
Marinade
5–6 Zweige Quendel
3–4 Zweige Echter Dost
1 kleiner Douglasienzweig
1 Dolde grüner Wiesenkümmel
2 Knoblauchzehen, geschält
250 ml Raps- oder Olivenöl
Meersalz

Wedges
1 kg neue Kartoffeln
(möglichst gleich groß)

Wildkräuter-Wedges

1 Marinade: Von Quendel und Dost die Blätter und Blüten abzupfen, vom Douglasienzweig die Nadeln, von der Kümmeldolde die Früchte. Alles fein schneiden.

2 Den Knoblauch in hauchdünne Scheiben schneiden. Mit Kräutern, Öl und Meersalz zu einer Marinade verrühren.

3 Wedges: Mit einer harten Bürste die dünne Schale der Kartoffeln abreiben. Die Kartoffeln in gleichmäßige Spalten schneiden, in einer Schüssel mit der Marinade übergießen und 15–30 Minuten ziehen lassen. Den Backofen auf 180 °C Ober-/Unterhitze oder 160 °C Umluft vorheizen.

4 Ein Backblech mit Alufolie belegen. Die Wedges aus der Marinade heben, darauf ausbreiten und die in der Schüssel verbliebene Marinade darüber verteilen. In 25–30 Minuten (je nach Kartoffelsorte und Spaltengröße) im Backofen goldbraun backen. Die Wedges vor dem Servieren auf Küchenpapier entfetten.

Für 4 Personen
300 g Bachbunge[1]
(nur die oberen Spitzen, da der
untere Teil bitter schmeckt)
2 Handvoll Blütenblätter
von Dahlien[2]
Pelargonienblütenblätter[3]
4 große rote Kartoffeln
(Highland Burgundy Red)

Dressing
(ergibt etwa 500 ml)
½ cm Ingwer
100 ml weißer Balsamicoessig
75 ml Fleischfond
100 ml Rapsöl
25 ml Sherryessig
75 ml Sesamöl
150 ml Olivenöl
25 ml Bärlauchöl
50 g Zucker
25 ml Limettenöl (siehe Tipp)
Salz
Knoblauch, gepresst
(je nach Geschmack)

Bachbunge an roter Kartoffel und Dahlienblütensalat

1 Bachbunge und Dahlienblütenblätter in einem Sieb abbrausen, auf Küchenpapier abtropfen lassen.

2 Die Kartoffeln in der Schale kochen, schälen und noch heiß in Scheiben schneiden.

3 Dressing: Den Ingwer schälen und auf einer Muskatreibe fein reiben. Die weiteren Zutaten für das Dressing mit einem Pürierstab aufmixen.

4 Die warmen Kartoffeln mit Salz und Pfeffer würzen und mit etwas Dressing vorsichtig mischen. Erkalten lassen.

5 Die Kartoffelscheiben mit den Blütenblättern der Pelargonien und den Bachbungenspitzen garnieren. In der Tellermitte die Dahlienblütenblätter anrichten, etwas Dressing darübergeben und servieren.

TIPP

Wenn Sie kein Limettenöl bekommen, geben Sie ½ Teelöffel abgeriebene Schale einer Bio-Zitrone in 25 Milliliter Öl und lassen es einige Tage durchziehen. Vor dem Verwenden durch ein kleines Sieb filtern. Das Dressing ist im Kühlschrank bis zu 14 Tage haltbar und schmeckt auch zu anderen Salaten sehr gut. In kleine Flaschen abgefüllt ist es ein hübsches kulinarisches Geschenk.

Giersch, Bärlauch, Märzveilchen, Gundelrebe

Giersch-Bärlauch-Salat mit Limettenvinaigrette

Für 4 Personen
400 g zarte, hellgrüne Blätter vom Giersch, die erst aufzu-fächern beginnen, und Bär-lauchblätter[1], im Verhältnis von etwa 2:1

Dressing
(ergibt etwa 300 ml)
Saft von 5 Limetten
50 ml Olivenöl
50 ml Pflanzenöl
75 ml Geflügelfond
2–3 EL Mandelöl
Salz
etwas Zucker

Garnitur
Blüten vom Märzveilchen[2] und Blätter und Blüten von der Gundelrebe[3]

1 Die Kräuter waschen und trocken tupfen.

2 Die Zutaten für das Dressing mit einem Pürierstab aufmixen.

3 Alle Kräuter und Blüten als Salat anrichten und mit Dressing beträufelt servieren.

TIPP
Sie können auch andere essbare Blüten als Garnitur benutzen. Dazu passen toskanisches Weißbrot oder frisches Baguette und ein leichter, trockener Weißwein.

Für 4 Personen
320 g Sauerampfer
2 ausgelöste Wachteln
(4 Brüste, 4 Schenkel)
50 g Zucker
100 ml Fleischfond
100 g kalte Butter
etwas Zitronensaft
Salz, Pfeffer, Öl

Spargelsalat
600 g weißer Spargel
30 ml Haselnussöl
etwas Zitronensaft
Salz, Pfeffer, Zucker

Garnitur
Sauerampferzweig und
Balsamico-Reduktion

Wachteln mit Sauerampfer und Spargelsalat

1 Wachteln: Sauerampfer zupfen, waschen und in kochendem Wasser ganz kurz blanchieren, in eiskaltem Wasser abschrecken und auf einem Tuch abtrocknen lassen.

2 Den Backofen auf 150–160 °C vorheizen. Die Wachtelteile würzen und in heißem Öl beidseitig anbraten. Im Backofen in 5–7 Minuten fertig garen.

3 Den Zucker in einer Pfanne karamellisieren lassen und mit dem Fond ablöschen. Die Butter einmixen und mit Salz, Pfeffer und ein wenig Zitronensaft abschmecken. Den Sauerampfer zugeben und langsam warm ziehen lassen.

4 Spargelsalat. Den Spargel schälen und die Hälfte davon in Salzwasser bissfest kochen. Den restlichen Spargel längs in feine Streifen schneiden und mit Haselnussöl, Salz, Pfeffer, etwas Zitronensaft und wenig Zucker anmachen.

5 Den gekochten Spargel aus dem Wasser nehmen, zu den roh angemachten Spargelstreifen geben und kurz durchschwenken. Nochmals mit Salz und Pfeffer abschmecken und den Spargelsalat mit Wachteln und Sauerampfer anrichten. Mit Balsamico-Reduktion garnieren, ein Sauerampferzweig dekoriert den Teller.

Ergibt ca. 400 ml

10 etwa 1m lange Ruten vom
Staudenknöterich
30 sehr lange Giersch-Blattstiele
500 ml Apfelsaft
3 rote Zwiebeln, fein gewürfelt
5 kleine Schalotten, fein
gewürfelt
½ EL Sonnenblumenöl
1 kleine Handvoll frische
Ingwerwurzel, geschält
10 g kandierter Ingwer
50 ml Apfelessig
50 ml Balsamicoessig
brauner Zucker oder Honig
Meersalz
knapp 1 TL Speisestärke

Garnitur
Blätter vom Staudenknöterich

Staudenknöterich-Gierschstiel-Chutney

1 Vom Staudenknöterich die Blätter abzupfen (bis auf die beiden kleinen letzten, frisch ausgetriebenen Blättchen) und die Stiele waschen. Die noch nicht holzigen Triebenden – das sind meist nur die letzten ein bis zwei Glieder – abschneiden und zum Frischhalten in Wasser legen. Die übrigen Stängel in 5–10 Zentimeter lange Stücke schneiden und 10 Minuten im Apfelsaft kochen.

2 Die Zwiebeln im Öl glasig anschwitzen, nicht bräunen lassen. Wenig später die Schalotten dazugeben. Den Apfelsaft durch ein Sieb gießen und die Zwiebeln damit ablöschen. Das Ganze leicht köcheln und reduzieren lassen.

3 Frischen und kandierten Ingwer klein würfeln und dazugeben.

4 Die Blätter des Giersch entfernen, die Stiele waschen und an den schärferen Kanten die Fäden abziehen. Die Stiele in 1 Zentimeter lange Stücke schneiden und zu der Zwiebel-Ingwer-Mischung geben. Auch die Triebenden des Staudenknöterich zerkleinern und mitköcheln lassen.

5 Die beiden Essigsorten und Zucker oder Honig zufügen. Sobald der größte Teil der Flüssigkeit verdampft ist, das Chutney mit Meersalz und bei Bedarf noch mit Essig, Zucker oder Honig abschmecken.

6 Die Speisestärke mit wenig Wasser glatt rühren, unterrühren und aufkochen lassen. Das Chutney heiß in sterilisierte Gläser füllen. Ein Staudenknöterichblatt ziert den Teller zu diesem Chutney wunderbar.

TIPP
Das Chutney ist im Kühlschrank mehrere Monate haltbar und passt gut zu Fleisch, Fisch und Käse (auf der Abb. rechts: St. Domin, auf Lavendel gereift).

Douglasiensalz

Ergibt ca. 20 g
1 kleiner Douglasienzweig
2 EL grobes Meersalz
etwas abgeriebene Bio-
Limettenschale

1 Die Nadeln vom Douglasienzweig abstreifen und klein schneiden.

2 Im Mörser mit dem Meersalz und der Limettenschale (nur ein paar Späne) verreiben (s. Abb. links).

TIPPS
Das aromatische Salz kann sofort verwendet werden und passt besonders gut zu Wildgerichten.

Übrig gebliebenes Salz bleibt gut verschlossen und dunkel gelagert lange aromatisch.

Hopfen

Hopfensprossen-Salat mit Malzbierdressing

Für 4 Personen
500 g Hopfensprossen
600 ml Malzbier
4 EL Olivenöl
2 EL Walnussöl
2 EL Balsamicoessig
Salz

1 Die Hopfensprossen mehrmals waschen, bis der lehmige, feine Sand vollständig entfernt ist.

2 ½ Liter Malzbier in einer Kasserolle reduzieren, bis es dickflüssig wird. Die Öle mit dem Essig und dem Salz mischen. Mit dem restlichen Malzbier das reduzierte Bier in der Kasserolle verdünnen, dann zur Essig-Öl-Mischung geben. Das Dressing mit einem Schneebesen aufschlagen und abschmecken.

3 Die Hopfensprossen 5 Minuten darin marinieren, dann servieren.

TIPP
Hopfensprossen sind im zeitigen Frühling bei Hopfen-Bauern erhältlich. Als ausgefallene Delikatesse haben sie zwar ihren Preis, doch das Geschmackserlebnis lohnt sich. Wegen ihrer Bitterstoffe eignen sie sich sehr gut als appetitanregende Vorspeise.

Für 4 Personen
einige junge Weidenröschen-
pflanzen[1]
10 violette Kartoffeln
Öl zum Frittieren

Dressing
(ergibt etwa 480 ml, siehe Tipp)
100 ml Himbeeressig
50 ml Haselnussöl
10 ml Erdnussöl
10 ml Limettenöl
100 ml Gemüsefond
200 ml Olivenöl
25 g Zucker
1 kleine Knoblauchzehe, gepresst
1 TL Senf
Salz

Garnitur
Blüten nach Belieben, z. B. Huflattich[2], Primel[3], Lungenkraut[4]

Weidenröschensalat im Kartoffelkörbchen

1 Die Weidenröschen gut säubern.

2 Violette Kartoffeln schälen, durch einen Spiralschneider drehen. Die Spirale um einen Schöpflöffel wickeln und in heißem Fett frittieren.

3 Dressing: Alle Zutaten mit einem Pürierstab aufmixen (siehe Tipp).

4 Die Weidenröschen als Salat im Kartoffelring anrichten. Mit Dressing beträufeln und nach Belieben mit den Blüten garnieren.

TIPPS

Sie können die Menge der Zutaten für das Dressing reduzieren, aber es schmeckt auch zu anderen Salaten sehr fein und ist bei Bedarf schnell zur Hand. Es kann in Flaschen abgefüllt werden und ist im Kühlschrank etwa 14 Tage lang haltbar.

Als Alternative zum frittierten Kartoffelring einfach gekochte Kartoffeln schälen, noch heiß in Scheiben schneiden und mit dem Dressing mischen.

Für 4 Personen
5–6 Zweige Minze
4 dicke Scheiben Ziegenkäse
(Rolle)
1 kleine Salatgurke
2 rote und 1 orange-
farbene Paprikaschote
500 g Tomaten
2–5 EL Apfel-Balsamicoessig
Meersalz
brauner Zucker
Cayennepfeffer
schwarzer Pfeffer

Gazpacho mit Ziegenkäse und Minze

1 Am Vortag beginnen. Die Gurke schälen, der Länge nach halbieren und mit einem Löffel entkernen. Das Fruchtfleisch in Würfel schneiden. Die Paprika-schoten mit einem Sparschäler enthäuten, Stiel, Samen und Scheidewände entfernen und das Fruchtfleisch würfeln.

2 Die Tomaten waschen und den grünen Stielansatz entfernen. In Viertel schnei-den und in wenig ganz leicht gesalzenem Wasser kurz kochen. Im Mixer oder mit dem Pürierstab pürieren und durch ein Sieb streichen.

3 Die Blätter von 2 Minzezweigen fein schneiden und zusammen mit den Gurken- und Paprikawürfeln fein pürieren. Das Ganze zu den pürierten Toma-ten geben, 2 Esslöffel Apfel-Balsamicoessig und die Gewürze zugeben und abschmecken. Über Nacht kalt stellen.

4 Am folgenden Tag die Suppe nochmals abschmecken. Die Blätter der übrigen Minzezweige in feine Streifen schneiden. Die Gazpacho in Tassen oder Teller schöpfen, je 1 Scheibe Ziegenkäse mittig platzieren und mit der Minze bestreuen.

TIPP
In gut sortierten Käsegeschäften gibt es auch einen milden Ziegenkäse mit Feigen-stückchen. Der fruchtig-süße Geschmack harmoniert besonders gut mit der würzigen Gazpacho. Wird ein trockener Ziegenkäse mit geringem Fettgehalt verwendet, ein paar Tropfen kalt gepresstes Olivenöl darüberträufeln.

Für 4 Personen als Vorspeise
Kräuterwaffeln
150 g Kräutermischung
(z. B. Giersch, Vogelmiere, Brennnesseln, Weißer Gänsefuß)
400 g mehlig kochende Kartoffeln, gekocht und geschält
200 ml Milch
4 Eier
50 g Butter, zerlassen
250 g Mehl
2 Msp. Backpulver
50 g Kartoffelstärke
Salz, Pfeffer
Butter für das Waffeleisen

Lavendel-Tomaten
einige Lavendelblüten
400 g Kirschtomaten
1 Zwiebel, fein gehackt
50 g Butter
100 ml Gemüsefond
Salz, Pfeffer, 1 Prise Zucker

Löwenzahn

Für 4 Personen als Beilage
30 g zarte, junge Löwenzahn-
blätter[1]
1 EL Koriandersamen
250 g Quark
200 g Mehl
150 ml Olivenöl

Kräuterwaffeln mit Lavendel-Tomaten

1 Kräuterwaffeln: Die Kräuter waschen, trocken tupfen und fein schneiden.

2 Die Kartoffeln zerstampfen und mit Milch, Eiern und der Butter mit dem Hand-
rührgerät verrühren. Das Mehl mit Backpulver und Kartoffelstärke mischen und
nach und nach dazusieben, langsam unterrühren.

3 Die Kräuter zugeben und den Teig mit Salz und Pfeffer abschmecken. Den Teig
in einem gebutterten Waffeleisen knusprig ausbacken.

4 Lavendel-Tomaten: Die Kirschtomaten waschen, halbieren und mit der Zwiebel
in Butter anschwitzen. Mit Gemüsefond ablöschen, das Ganze etwas einkochen
lassen. Mit Salz, Pfeffer, Zucker und den Lavendelblüten würzen.

5 Die Kräuterwaffel jeweils in Stücke teilen und im Wechsel mit den Lavendel-
Tomaten zu einem Turm anrichten und servieren (s. Abb. links).

Löwenzahn-Fladenbrot

1 Den Löwenzahn waschen und abtropfen lassen. Anschließend grob schneiden.
Die Koriandersamen im Mörser zerreiben. Den Backofen auf 200 °C vorheizen.

2 Aus Quark, Mehl und Öl einen Teig bereiten, der die Konsistenz eines Pizzateigs
haben sollte. Ist er zu fest, noch etwas Öl zugeben, ist er zu weich, noch etwas
Mehl unterkneten.

3 Den Koriander und den Löwenzahn dazugeben und gut einarbeiten. Den Teig
1/2 Zentimeter dick ausrollen und im vorgeheizten Backofen auf dem Blech (Mitte)
etwa 20 Minuten backen.

TIPP
*Das Fladenbrot lässt sich auch gut mit anderen Kräutern zubereiten. Verwendet man
beispielsweise Tagetes, die recht würzig sind, sollte man weniger Koriander nehmen.*

Für 4 Personen als Vorspeise
10 – 15 Zweige Wiesensalbei[1]
mit Blüten
10 – 15 Zweige Gartensalbei
mit Blüten
1 Kästchen Kresse
200 g Sauerrahm oder
Crème fraîche
1 kleine Knoblauchzehe
500 ml Milch
5 Eier, getrennt
200 g Mehl, mehr zum Wenden
Öl zum Frittieren
Salz, Pfeffer

Garnitur
Salbeiblüten

Gebackener Salbei
mit Kressesauerrahm

1 Salbei waschen und trocken tupfen.

2 Die Kresse abschneiden. Den Sauerrahm cremig rühren, mit ein wenig gepresstem Knoblauch, Salz und Pfeffer abschmecken. Die Kresse unterziehen und kalt stellen.

3 Milch und Eigelbe verrühren. Das gesiebte Mehl nach und nach dazugeben und glatt rühren. Die Eiweiße steif schlagen und unterheben. Mit Salz und Pfeffer abschmecken.

4 Zur Festigung des Teiges die Salbeizweige und -blüten kurz in etwas Mehl wenden, durch den Teig ziehen und in heißem Öl nur kurz frittieren, da der Salbei sonst an Aroma verliert. Auf Küchenpapier abtropfen lassen.

5 Den Kressesauerrahm mit dem Salbei dekorativ anrichten; Salbeiblüten zieren den Teller zusätzlich (s. Abb. rechts).

Für 4 Personen als Beilage
1 Handvoll kleine, junge Löwen-
zahnblätter
½ Handvoll zarte, junge Schafgarbenblätter
1 knapper TL Kümmel
1 knapper TL Koriandersamen
400 g Mehl
1 Päckchen Backpulver
2 TL Salz
1 TL Zucker
50 g Butter
300 ml Weizenbier

Löwenzahn-Schafgarben-Brötchen

1 Den Backofen auf 210 °C vorheizen. Löwenzahn- und Schafgarbenblätter waschen, abtropfen lassen und klein schneiden.

2 Kümmel und Koriander in einem Mörser zerstoßen.

3 Alle Zutaten gut vermengen und kleine Bällchen, etwa in der Größe von Partygebäck, aus dem Teig formen. Die Bällchen mit einem kleinen scharfen Messer kreuz- oder sternförmig einschneiden.

4 Die Brötchen 15 Minuten im vorgeheizten Backofen backen.

Für 4 Personen
100 g Taubnesseln[1]
4 ausgelöste Kaninchenkeulen
½ Hokkaidokürbis
etwas Mehl
½ Zwiebel, fein gewürfelt
100 ml Fleischfond
200 ml Sahne
1 kleine Knoblauchzehe, gepresst
Olivenöl, Salz, Pfeffer

Garnitur
Taubnesselblüten

Kaninchenragout mit Taubnessel und gebratenem Kürbis

1 Das Fleisch in Würfel schneiden.

2 Taubnesseln waschen, einige Blüten als Garnitur beiseitelegen, die restlichen zerkleinern. Kürbis schälen (nach Belieben), entkernen und der Länge nach in Spalten
schneiden. Das Kürbisfleisch salzen und pfeffern, leicht mit Mehl bestauben und
in Olivenöl braten. (Der Kürbis muss durchgebraten sein, dadurch wird er bekömm-
licher und entfaltet seinen ganzen Geschmack.)

3 In einem Schmortopf etwas Olivenöl heiß werden lassen, das Fleisch darin anbraten,
Zwiebelwürfel zugeben, kurz mitbraten und mit Fleischfond ablöschen. Die gehackten Taubnesseln dazugeben, zum Köcheln bringen, mit Sahne auffüllen. Das Ganze
einkochen lassen, bis das Kaninchenfleisch bissfest ist. Mit Salz, Pfeffer und ein
wenig Knoblauch würzen. Auf den Kürbisspalten anrichten, die Taubnesselblüten
dienen der abschließenden Dekoration.

TIPP
*Das Ragout wird schaumiger, wenn man vor dem Anrichten noch einen Löffel
geschlagene Sahne unterzieht.*

Spargelsülze mit Gundelrebe

Für 1 Pastetenform (ca. 2 l)
25 g Gundelrebe[1]
1 kg Spargel
50 g Butter
etwas Zitronensaft
100 ml Fleischfond
16 Blatt Gelatine
Salz, Pfeffer, Zucker

Garnitur
Zuckergespinst (siehe Seite 152),
Sahnemeerrettich (siehe Seite 217)
und Schnittlauchblüte (nach Belieben)

1 Gundelrebe waschen, abtrocknen und einige Zweige zum Garnieren beiseitelegen. Blättchen und Blüten klein schneiden.

2 Den Spargel schälen. Für den Spargelfond die Schalen in 1 Liter Wasser mit 1 Esslöffel Butter und etwas Zitronensaft auskochen, den Fond leicht salzen.

3 Den geschälten Spargel mit der restlichen Butter aufsetzen und den Fleischfond angießen. Salzen und ziehen lassen, bis der Spargel bissfest ist, dann herausnehmen, Kochflüssigkeit aufheben.

4 Den Spargelfond passieren, so viel zur Kochflüssigkeit geben, dass es etwa 1 Liter Flüssigkeit ergibt, und mit Salz und Pfeffer und einer Prise Zucker würzen. Gelatine kurz in kaltem Wasser einweichen, ausdrücken und unter den heißen Spargelfond rühren, bis sie sich aufgelöst hat.

5 In die Pastetenform schichtweise erst eine Schicht Gundelrebe und dann Spargelstangen geben. Jede Schicht mit Spargelfond bedecken und kurz kühl stellen. Erst wenn die Gelatine anzieht, eine neue Schicht auflegen, bis alles verbraucht ist. Die Sülze über Nacht kühl stellen. Mit dem Sahnemeerrettich garnieren. Mit Gundelrebe, nach Belieben mit dem Zuckergespinst sowie mit Schnittlauchblüte den Teller dekorieren.

Für 4 Personen
1 große Schüssel Vogelmiere
100 g Kürbiskerne, grob gehackt
50 ml Kürbiskernöl
100 ml Olivenöl
Salz

Kürbis-Tagliatelle
1/8 Hokkaidokürbis, gewaschen
und entkernt
Tagliatelle (siehe Seite 184)
Parmesan, frisch gerieben
(nach Belieben)

Vogelmierenpesto auf Kürbis-Tagliatelle

1 Pesto: Die Vogelmiere waschen, zupfen und sorgfältig trocken tupfen. Etwas zerkleinern. Ein paar Blätter zum Garnieren beiseitelegen.

2 Kürbiskerne, Vogelmiere und die beiden Öle in einem Mixer gut vermengen. Salzen und, falls die Masse zu fest ist, noch etwas Öl zufügen. Nochmals gut durchmischen und das Pesto in ein verschließbares Glasgefäß füllen.

3 Das Pesto kühl stellen, am besten einen ganzen Tag durchziehen lassen und abschmecken. Meist ist noch etwas Öl nötig, da Kürbiskerne und Vogelmiere noch quellen.

4 Kürbis-Tagliatelle: Vom Fruchtfleisch des ungeschälten Kürbisses mit dem Sparschäler oder einem Hobel Streifen abziehen.

5 Die Nudeln entweder nach Rezept (siehe Seite 184) frisch zubereiten oder Fertignudeln nach Packungsanweisung kochen. Frische Nudeln zusammen mit den Kürbisstreifen in reichlich Salzwasser 2–3 Minuten kochen. Bei Verwendung von Fertignudeln die Kürbisstreifen erst 2 Minuten vor Ende der Garzeit zufügen.

6 Die Nudeln und Kürbisstreifen abseihen, auf Teller geben und das Pesto in kleinen Häufchen daneben anrichten. Die Tagliatelle nach Belieben mit Parmesan bestreuen und mit frischer Vogelmiere garnieren.

TIPP
Auch geschälter Muskatkürbis passt gut zu den Tagliatelle. Er hat ein noch intensiveres Kürbisaroma.

Labkraut im Teigsäckchen

Für 4 Personen
600 g junges Klettenlabkraut[1]
2 Zwiebeln, fein gewürfelt
1 EL Butter
100 g Semmelbrösel, geröstet
2 Eier
1 kleine Knoblauchzehe, gepresst
8 große Platten Brickteig
100 g Butter
300 ml Sahne
50 ml Gemüsefond
Salz, Pfeffer
Öl zum Frittieren

1 Labkraut waschen, abtropfen lassen und klein schneiden. In einer Pfanne die Hälfte des Labkrauts mit der Hälfte der Zwiebelwürfel in der Butter anschwitzen. Die Semmelbrösel zugeben und vermengen. Pfanne vom Herd nehmen, etwas abkühlen lassen, dann 1 Ei unterrühren und mit Salz, Pfeffer und Knoblauch würzen.

2 Das zweite Ei verschlagen. 4 Platten Brickteig mit Ei bestreichen und die 4 übrigen Platten darüberlegen. Das Labkraut jeweils in die Mitte einer Platte geben und diese zu Säckchen formen.

3 Das restliche Labkraut mit den übrigen Zwiebelwürfeln in Butter anschwitzen, mit Sahne und Gemüsefond ablöschen und etwas reduzieren lassen. Mit Salz und Pfeffer abschmecken.

4 In einem großen Topf reichlich Öl erhitzen und die Säckchen im heißen Fett nacheinander knusprig ausbacken. Die Teigsäckchen auf dem Labkraut anrichten, nach Belieben mit einem kleinen Stängel Labkraut verzieren und servieren.

Rainkohl

Rainkohl-Quiche

Für 1 Quiche

300 – 400 g Rainkohl-Blätter

4 Schalotten, gewürfelt

15 g Parmesan

35 g Ingwerwurzel, geschält

10 – 15 g getrocknete Tomaten

1 EL Butter

200 g Rahmfrischkäse

2 Eier

2 Eigelb

Meersalz oder Fleur de Sel

1 Msp. Cayennepfeffer

frisch geriebene Muskatnuss

vorbereiteter Quicheboden
(Mürbeteig, blind gebacken
in der Form, alternativ Hefe-,
Pizza-, Quark-Öl-Teig oder
TK-Blätterteig)

1 Den Rainkohl waschen und abtropfen lassen.

2 In einer Pfanne die Butter bei schwacher bis mittlerer Hitze zerlassen. Die Schalottenwürfel darin leicht anschwitzen. Vom Rainkohl etwa ein Drittel der Menge in feine Streifen schneiden, den Rest etwas gröber schneiden. Die gröber geschnittenen Rainkohlstreifen dazugeben und zusammenfallen lassen. Anschließend auf den gebackenen Quicheboden geben.

3 Den Parmesan reiben, den Ingwer und die getrockneten Tomaten klein würfeln. Alles gemeinsam mit den Schalotten auf die Quiche geben.

4 In einer Schüssel den Frischkäse mit den Eiern und den Eigelben verrühren. Den restlichen Rainkohl untermischen. Mit Meersalz, Cayennepfeffer und Muskatnuss würzen.

5 Die Ei-Frischkäse-Mischung über die Quiche geben und im auf 180 °C (Ober-/Unterhitze) vorgeheizten Backofen in etwa 20 Minuten fertig backen.

Pochierte Eier mit Behaartem Schaumkraut und Kresse-Pesto

Für 4 Personen
4 frische Eier
125 ml Weißweinessig
4 Scheiben Toastbrot
4 TL Lachskaviar
12 Blättchen Behaartes
Schaumkraut

Pesto
2–3 Handvoll Behaartes
Schaumkraut (wenn nicht genug
zu finden ist, mit Brunnen- oder
Gartenkresse ergänzen)
1 Bund bzw. 2 Handvoll frische
Kräuter (z. B. Knoblauchsrauke,
junge Brennnessel, Giersch,
Petersilie, Basilikum)
75 ml Rapsöl
50 g Haselnüsse, in Blättchen
gehobelt
etwas abgeriebene Schale
von 1 Bio-Zitrone
Salz, Pfeffer
geriebener Pecorino oder
Parmesan (nach Belieben)

1 Pesto: Schaumkraut und Kräuter waschen, gut trocken tupfen und grob zerkleinern. Zusammen mit etwa einem Drittel des Öls im Mixer pürieren.

2 Die Haselnuss-Blättchen in einer Pfanne ohne Fettzugabe goldbraun anrösten. Zu den Kräutern geben, das restliche Öl, Zitronenschale, Salz, Pfeffer und nach Belieben geriebenen Käse zufügen und nochmals alles fein pürieren. (Wird Käse verwendet, nur wenig Salz zufügen!) Bis zum Servieren zugedeckt kühl stellen.

3 Pochierte Eier: In einem großen Topf Wasser bis knapp unterhalb des Siedepunkts erhitzen, dann den Essig zugeben. 1 Ei aufschlagen, zunächst in eine kleine Tasse und von da vorsichtig in das heiße Essigwasser gleiten lassen (siehe Tipp). Mit den restlichen Eiern ebenso verfahren. Die Eier 4 Minuten ziehen lassen, dabei das Essigwasser immer knapp unterhalb des Siedepunkts halten.

4 Die Eier mit dem Schaumlöffel herausheben, auf Küchenpapier abtropfen lassen und die Ränder vorsichtig etwas glatt schneiden.

5 Die pochierten Eier auf dem gerösteten Toastbrot mit Kresse-Pesto, Lachskaviar und Schaumkraut-Blättchen servieren.

TIPPS

Bevor man die Eier in das heiße Wasser gleiten lässt, das Wasser durch Umrühren in Bewegung setzen. Dadurch legt sich das Eiweiß besser und vor allem formschöner um das Eigelb. Mit einem Löffel kann man bei der Formgebung noch ein wenig nachhelfen.

Das Pesto hält sich im Kühlschrank in einem geschlossenen Gefäß 1–2 Wochen. Zur Konservierung muss es jedoch mit Öl bedeckt werden, damit kein Sauerstoff darankommt.

Für 4 Personen

als Zwischengang

2 Auberginen

Mehl zum Bestauben

Öl zum Braten

Füllung

2 rote Zwiebeln, geschält
und gewürfelt

400 g braune Egerlinge oder
milde Waldpilze (z. B. Maronenröhrlinge, Rotkappen, Birkenpilze,
Trompetenpfifferlinge)

100 ml Gemüsefond

Salz, Pfeffer

Kruste

etwa 10 Zweige Quendel

1–2 Zweige Echter Dost

2 gehäufte EL Butter

4 gehäufte EL Semmelbrösel

2 EL Brennnesselsamen

2 EL frisch geriebener Pecorino

Auberginenlasagne mit Quendel-Dost-Kruste

1 Kruste: Quendel und Dost fein schneiden.

2 Die Butter bei Zimmertemperatur sehr weich werden lassen, dann mit Semmelbröseln, Brennnesselsamen, Pecorino und einem Teil des Dost und Quendel gut
verkneten. Mit wenig Salz und Pfeffer würzen und nochmals gut durchmischen.

3 Die Masse halbieren und zwischen 2 Lagen Klarsichtfolie zu 2 ovalen,
2 Millimeter dicken Scheiben ausrollen. Sie sollen etwas größer als die Auberginen
sein. Die Teigplatten im Kühlschrank fest werden lassen.

4 Füllung: Die Zwiebeln in etwas Öl anbraten. Die geputzten Pilze hacken und
dazugeben. Bei geringer bis mittlerer Hitze einige Minuten braten lassen, bis die
anfallende Flüssigkeit verdampft ist. Den Fond angießen und zu einer leicht
cremigen Flüssigkeit reduzieren lassen. Den restlichen Dost und Quendel zugeben,
salzen und pfeffern. Die Pfanne beiseitestellen.

5 Lasagne aufschichten: Die Auberginen schälen, den Strunk entfernen. Das obere
und untere Ende der Frucht abtrennen und die Auberginen jeweils in 4 gleichmäßig
dicke Scheiben schneiden. Die Scheiben auf beiden Seiten mit Mehl bestauben und
im heißen Öl braten. Anschließend auf Küchenpapier entfetten.

6 3 Scheiben von jeder Aubergine wie Lasagne mit der Pilzmasse bestreichen und
passend aufeinanderlegen.

7 Die Folie von den gekühlten Teigscheiben entfernen. Die beiden letzten Auberginenscheiben auf je eine Teigplatte legen und diese mit einem Messer mit knapp 1 Zentimeter Abstand in Auberginenform ausschneiden. Die Auberginenscheiben als
jeweils vierte Schicht auf die beiden bereits zu Lasagne geschichteten Auberginen
legen und die zugeschnittenen Teigplatten als Abschluss darauflegen.

8 Die Auberginenlasagne im vorgeheizten Backofen bei 180 °C 10 Minuten backen,
bis die Kruste leicht gebräunt ist. Zum Servieren nach Belieben mit einem blühenden Quendelzweig garnieren.

TIPP

*Das Öl muss sehr heiß sein, bevor die Auberginenscheiben zum Braten hineingegeben
werden, denn Auberginen saugen viel Fett auf.*

Für 4 Personen
400 g junge Blätter vom
Wiesen-Bärenklau[1]
4 Zanderfilets
500 g mehlig kochende
Kartoffeln
400 ml Sahne oder Milch
100 g Butter
Salz, Pfeffer

Garnitur
Stiefmütterchenblüten

Zanderfilet mit Wiesen-Bärenklau-Püree

1 Bärenklau-Blätter waschen, klein schneiden und in der Sahne erhitzen. Mit dem Pürierstab fein pürieren.

2 Die Kartoffeln schälen, halbieren, in Salzwasser weich kochen, ausdampfen lassen und dann zerstampfen. Solange sie noch heiß sind, die Hälfte der Butter unterrühren. Dann die Bärenklau-Sahne dazufügen und alles gut vermengen.

3 Vom Zanderfilet die Gräten entfernen, die Filets salzen, pfeffern, in der restlichen Butter auf der Hautseite anbraten. Bei mittlerer Hitze auf beiden Seiten in 5 Minuten fertig garen.

4 Die Zanderfilets auf dem Püree anrichten und mit einer Blüte, z.B. Stiefmütterchen, garnieren.

Für 4 Personen
500 g Guter Heinrich[1]
8 große Jakobsmuscheln
12 Garnelen
1 Zwiebel, fein gewürfelt
50 g Butter
Olivenöl
1 kleine Knoblauchzehe, gepresst
Salz, Pfeffer

Garnitur
Blätter und Zweig vom
Guter Heinrich

Duo von Meeresfrüchten auf Gutem Heinrich

1 Den Backofen auf 160 °C vorheizen. Etwa 10 schöne große Blätter des Guten Heinrich blanchieren und in Eiswasser abschrecken. Auf einem Tuch abtropfen lassen.

2 Den restlichen Guten Heinrich ebenso blanchieren und zum Erhalt der Farbe ebenfalls abschrecken und abtropfen lassen. Die Jakobsmuscheln mit den extra blanchierten Blättern umwickeln.

3 Garnelen und Muscheln mit Salz und Pfeffer würzen, in heißem Olivenöl bei mittlerer Hitze anbraten und im vorgeheizten Backofen 5–8 Minuten ziehen lassen.

4 Währenddessen die Zwiebel in Butter anschwitzen, restlichen Guten Heinrich grob schneiden, zugeben, mit Salz, Pfeffer und etwas Knoblauch würzen und erwärmen.

5 Die Meeresfrüchte auf dem Guten Heinrich anrichten. Die frischen Blätter und der Zweig vom Guten Heinrich zieren den Teller zusätzlich. Sofort servieren.

TIPP
Als Beilage passen rote Linsen sehr gut dazu.

Für 4 Personen
2 EL Melilotus-Öl (siehe unten)
2 küchenfertige Doraden
1 Bio-Zitrone
1 Bund Petersilie
1 Stangenbaguette
Olivenöl
Salz
Tagetesbutter (siehe Seite 88)
zum Bestreichen

Garnitur
Tagetesblüten und -blätter

Dorade in Melilotus-Öl
mit Tagetesbutter-Baguette

1 Die Doraden waschen und trocken tupfen. Die Zitrone waschen und in Scheiben schneiden, die Petersilie waschen und trocken schütteln. Die Doraden auf beiden Seiten gut salzen und den Bauch mit Petersilie und Zitronenscheiben füllen.

2 Eine Grillpfanne erhitzen, das Melilotus-Öl und 2 Esslöffel Olivenöl hineingeben und den Fisch auf beiden Seiten goldbraun braten. Vor dem Wenden und vor dem Servieren die Haut nochmals mit dem Öl aus der Pfanne bestreichen.

3 Das Baguette in Scheiben schneiden, auf ein Backblech legen, mit ein paar Tropfen Olivenöl beträufeln und im vorgeheizten Backofen bei 200 °C kurz kross backen. Auskühlen lassen und mit Tagetesbutter bestreichen. Mit Blüten und Blättern der Gewürztagetes garnieren (s. Abb. links).

TIPP
Die Dorade kann auch auf Folie auf dem Grill zubereitet werden. Doraden eignen sich sehr gut zum Grillen und das Melilotus-Öl verträgt die Hitze gut.

Ergibt ca. 500 ml
50 g getrockneter Steinklee
(aus der Apotheke, Melilotus herba)
500 ml Erdnussöl
(nicht geröstet!)

Melilotus-Öl

1 Den Steinklee mit dem Erdnussöl übergießen und für 3 Tage an einen hellen, warmen Ort stellen.

2 Das Öl durch ein feines Sieb oder besser ein Passiertuch abseihen. Das Tuch sollte nicht zu groß sein, damit nicht zu viel Öl aufgesaugt wird und verloren geht. Das Abfiltern des Steinklees ist aber unbedingt nötig, da bei längerer Verweildauer zu viele Melilotoside (Kopfschmerzen auslösende Kumarin-Stoffe) in das Öl übergehen können.

3 Das gefilterte Öl in eine sterilisierte und trockene Glasflasche füllen. Da Erdnussöl hoch erhitzt werden kann, eignet es sich besonders gut für Grillgerichte.

HINWEIS
Das Melilotus-Öl darf nur in kleinen Mengen verwendet werden. Zum Würzen genügen einige Tropfen, um das Aroma freizugeben. Größere Mengen des Öls können wegen des enthaltenen Kumarins gesundheitsschädlich wirken.

Gebackener Köhler mit Salsa verde

Für 4 Personen
800 g Köhlerfilets
200 ml trockener Weißwein
Salz
4 gehäufte EL Mehl
2 EL Butter
2 EL Rapsöl

Salsa verde
250 – 300 g frische Frühlings-
wildkräuter (z. B. Brennnessel,
Taubnessel, Giersch, Kletten-
Labkraut, Gundelrebe, Kleiner
und Großer Wiesenknopf[1], Knoblauchsrauke, Bärlauch, Vogelmiere[2])
6 – 8 Sardellenfilets
2 hart gekochte Eier, geschält
2 EL Kapern
4 Cornichons, gewürfelt
200 ml Olivenöl
Pfeffer
Chiliflocken

1 Die Fischfilets entgräten und im Weißwein marinieren. Inzwischen die Salsa zubereiten.

2 Salsa: Die Wildkräuter waschen und gut abtropfen lassen. Brennnesseln und Giersch in kochendem Wasser 2 Minuten blanchieren, aus dem Wasser heben und in Eiswasser geben. Die übrigen Kräuter grob schneiden und in einen Mixer geben. Brennnessel und Giersch ausdrücken, grob zerkleinern und dazugeben.

3 Die Sardellen abtropfen lassen und zum Entsalzen kurz in Wasser oder Milch legen. Sardellen und Eier in Stücke schneiden und zu den Kräutern geben. Kapern, gewür- felte Cornichons, Öl und Gewürze zufügen. Alle Zutaten fein pürieren und mit Salz abschmecken.

4 Die Fischfilets vor dem Braten leicht abtupfen, salzen und im Mehl wenden. In einer Pfanne Butter und Öl erhitzen. Den Fisch darin bei mittlerer Hitze zuerst auf der Haut- seite braten, dann wenden. Auf der andern Seite nur noch kurz anbraten, die Herd- platte abschalten und die Resthitze zum Fertiggaren nutzen.

5 Fisch und Salsa verde anrichten und nach Belieben mit einem Kräuterzweig garnieren.

TIPP
Die Salsa verde ist ein köstlicher Dip zu Gemüsesticks und passt auch gut zu kaltem Fleisch wie Roastbeef.

Hopfen, Märzveilchen, Sauerklee

Für 4 Personen
600 g Hopfensprossen,
mehr zum Garnieren
8 Seezungenfilets
300 ml Fischfond
2 Tomaten
1 Zwiebel, fein gewürfelt
100 g Butter
Salz, Pfeffer
1 Schuss Pernod

Garnitur
Märzveilchenblüten
und Sauerklee

Seezungenröllchen mit Hopfensprossen

1 Den Backofen auf 140 °C vorheizen. Die Spitzen der Hopfensprossen blanchieren und in Eiswasser abschrecken. Die restlichen Hopfensprossen klein schneiden, beiseitestellen.

2 Die Hopfensprossenspitzen auf die Hautseite der Seezungenfilets legen und in die Filets einrollen. Mit einem Zahnstocher fixieren.

3 Die Hälfte des Fischfonds erhitzen, Seezungenröllchen hineinlegen und im Backofen etwa 20 Minuten ziehen lassen.

4 Die Tomaten blanchieren, enthäuten und würfeln. Zwiebelwürfel in Butter anschwitzen. Die restlichen Hopfensprossen mit den Tomatenwürfeln zugeben. Mit restlichem Fischfond ablöschen und einkochen lassen. Mit Salz und Pfeffer würzen und mit einem Spritzer Pernod verfeinern.

5 Die Seezungenröllchen auf dem Gemüse anrichten und mit Märzveilchen, Hopfensprossen und Sauerkleeblüten garniert servieren.

Kabeljau mit Portulakgemüse

Für 4 Personen
400 g Portulak[1]
4 Kabeljaufilets à 180 g
etwas Mehl
Olivenöl
1 Zwiebel, fein gewürfelt
50 ml Fleischfond
4 EL Balsamicoessig
2 TL Zucker
Salz, Pfeffer

Garnitur
Pelargonienblüten[2],
8 Dillblüten (nach Belieben)

1 Die Blätter und vorderen Triebe des Portulak waschen und trocken tupfen.

2 Die Kabeljaufilets mit Salz und Pfeffer würzen, leicht mit Mehl bestauben und bei mittlerer Hitze in etwas Olivenöl anbraten.

3 Den Portulak mit den Zwiebelwürfeln in einer Pfanne in etwas Öl anschwitzen und mit Fleischfond ablöschen. Leicht einkochen lassen und mit Salz und Pfeffer abschmecken.

4 Balsamicoessig mit etwas Zucker in einem kleinen Topf reduzieren, bis er siruparting eingekocht ist. Fisch und Portulak anrichten, mit Balsamico-Reduktion beträufeln und mit den Blüten garniert servieren.

Für 4 Personen
400 g Giersch
4 große Breitwegerichblätter[1]
4 Kaninchenrückenfilets
100 g Butter
1 mittelgroße Zwiebel,
fein gewürfelt
100 ml Fleischfond
Salz, Pfeffer

Garnitur
Margeritenblüten (nach Belieben)

Kaninchenfilet in Breitwegerich auf Gierschstiel-Gemüse

1 Giersch und Breitwegerich waschen, die Stiele abschneiden. Stiele vom Breitwegerich wegwerfen und die Stiele des Giersch ganz klein schneiden, einige Blätter beiseitelegen.

2 In einer Pfanne die Butter erhitzen und die Zwiebelwürfel darin anschwitzen. Gierschstiele zugeben, kurz mit anschwitzen und mit dem Fleischfond ablöschen. Das Ganze einige Minuten leicht kochen lassen, dann warm halten.

3 Die Kaninchenfilets rundum mit Salz und Pfeffer würzen, mit Breitwegerichblättern umwickeln und bei mäßiger Hitze anbraten. Etwa 5 Minuten bei schwacher Hitze ziehen lassen.

4 Die Filets auf dem Gierschstiel-Gemüse anrichten, nach Belieben mit einer Margerite und Gierschblättern garnieren und servieren.

TIPP
Aus den Gierschblättern lässt sich auch ein schmackhafter Salat zubereiten.

Für 6 Personen
4–5 Zweige Beifuß
1 küchenfertige Gans (5–6 kg)
¼ Sellerieknolle, geschält
2 Äpfel, Kerngehäuse entfernt

Maronenfüllung
200 g Maronen, vorgegart
2 alte Brötchen oder
4 Scheiben Toastbrot
1 Ei
125 ml Sahne
2 Zwiebeln, geschält und
gewürfelt
1 Zweig Salbei
2 TL Butter
etwas abgeriebene Bio-
Zitronenschale
etwas abgeriebene Bio-
Orangenschale
1 kleine Prise Zucker
Salz, Pfeffer
1 l Geflügelfond

Gefüllte Weihnachtsgans

1 Die Gans gut waschen und trocken tupfen, leicht abnehmbares Fett entfernen. Die Bauchhöhle mit Beifußzweigen auskleiden.

2 Den Sellerie in feine Streifen schneiden und in die Äpfel füllen.

3 Maronenfüllung: Die Maronen grob zerkleinern. Brötchen oder Toastbrot würfeln. Das Ei mit der Sahne verquirlen und die Brotwürfel darin einweichen. Zwiebeln und fein gehackte Salbeiblätter in der zerlassenen Butter anschwitzen. Beiseitestellen und etwas abkühlen lassen. Die Maronen zur Brötchenmasse geben. Mit Zitronen- und Orangenschale, Zucker, Salz und Pfeffer würzen und die Zwiebel-Salbei-Mischung untermischen.

4 Die Maronenfüllung und die Äpfel in die Bauchhöhle der Gans stecken. Die Bauchhöhle mit Küchengarn zunähen oder kleine Metallspieße durchstechen und sie kreuzweise umwickeln.

5 Die Gans leicht salzen und im kalten Backofen auf den Rost legen; eine Auffangschale darunterschieben. Bei 120 °C Ober-/Unterhitze 1 Stunde braten, dann ½ Liter heißen Hühnerfond darübergießen. Die Hitze auf 80 °C reduzieren und mindestens weitere 3 Stunden, besser noch etwas länger, weiterbraten.

6 Die Gans abkühlen lassen. Das ausgebratene Fett abschöpfen und die entstandene Sauce in eine Kasserolle abseihen. Angesetzte Bratränder mit etwas Fond lösen und ebenfalls in die Kasserolle geben.

7 Eine gute Stunde vor dem Servieren den Backofen auf 220 °C vorheizen, die Haut der Gans um die Schlegel anstechen und die Gans weitere 30–60 Minuten braten. Den restlichen Fond kräftig salzen und die Gans während des Bratens mehrmals damit bestreichen.

TIPP
Meist steckt im Bauch der Gans, in ein Plastiksäckchen verpackt, die Gänseleber. Sie schmeckt hervorragend in der Füllung. Dazu schneidet man sie in kleine Würfel und mischt sie unter die übrigen Zutaten.

Staudenknöterichragout mit Entenbrust

Für 4 Personen

600 g junge Stauden-
knöterichstangen

8 Blätter vom Staudenknöterich [1]

4 Entenbrüste à 180 g

100 g Zucker

200 ml Apfelsaft

4 cl Sherry

2 El Honig

Salz, Pfeffer

Öl zum Frittieren

1 Die Staudenknöterichstangen und -blätter waschen und in etwa ½ Zentimeter große Stücke schneiden. Die Knöterichblätter trocken tupfen, in heißem Öl frittieren und auf Küchenpapier abtropfen lassen.

2 Die Entenbrüste säubern und die Haut rautenförmig einschneiden.

3 Den Zucker in einem Topf karamellisieren und mit dem Apfelsaft ablöschen. Sherry, Honig und den Staudenknöterich zugeben, etwa 10 Minuten kochen lassen und mit Salz und Pfeffer abschmecken.

4 Die Entenbrust auf der Hautseite bei starker Hitze in wenig Öl scharf goldbraun anbraten und wenden. Salzen und pfeffern. Bei schwacher Hitze knapp 10 Minuten weiterbraten.

5 Das Fleisch auf dem Staudenknöterichragout anrichten und mit den frittierten Knöterichblättern garniert servieren. Den Tellerrand ziert zusätzlich eine Stauden-knöterichstange.

Für 4 Personen
4 Handvoll Blüten und Blätter
vom Echten Dost
4 Koteletts aus dem Wild-
schweinrücken à 180 g
Öl zum Braten
100 g Butter
1 Zwiebel, fein gewürfelt
1 Knoblauchzehe
100 ml Fleischfond
Salz, Pfeffer

Garnitur
Blüten vom Echten Dost

Wildschweinrücken
mit Echtem Dost

1 Den Backofen auf 180 °C vorheizen. Dost waschen, grob schneiden.

2 Das Fleisch mit Salz und Pfeffer würzen und in heißem Öl beidseitig scharf anbraten. Aus der Pfanne nehmen und im vorgeheizten Backofen etwa 10 Minuten
   fertig garen.

3 Butter in den Bratensatz geben, Zwiebelwürfel darin anschwitzen, ein wenig Knoblauch dazupressen, mit Fleischfond ablöschen und die Sauce einkochen lassen.
   Gegen Ende den Dost zugeben.

4 Das Fleisch auf dem Dost anrichten, mit Sauce beträufeln und mit den Blüten
   garniert servieren.

Für 4 Personen
4 Handvoll Knoblauchsrauke[1]
4 Kalbsfilets à 160 g
½ Zwiebel, fein gewürfelt
2 EL Butter
Öl zum Braten
Salz, Pfeffer

Gefülltes Kalbsfilet mit Knoblauchsrauke

1 Die Knoblauchsrauke blanchieren und in Eiswasser abschrecken.

2 Den Backofen auf 180 °C vorheizen. Jedes Kalbsfilet mit einem langen, scharfen Messer von der Seite aus längs aufschlitzen.

3 Die Zwiebelwürfel in Butter anschwitzen, die abgetropfte Knoblauchsrauke kurz darin schwenken, mit Salz und Pfeffer abschmecken.

4 Die Kalbsfilets mit der Knoblauchsrauke füllen. Das Fleisch mit Salz und Pfeffer würzen, in heißem Öl auf beiden Seiten scharf anbraten und im vorgeheizten Backofen in 10 Minuten fertig garen. Kalbsfilets aufschneiden und mit etwas Braten-satz servieren.

TIPP

Als Beilage passen selbst gemachte Bärlauchspätzle (siehe Seite 63) sehr gut dazu. Garnieren Sie das Ganze mit ein paar besonders schönen Blättern vom Bärlauch und von der Knoblauchsrauke!

Bärlauchspätzle mit Rind und Siebenkräuterpüree

Für 4 Personen
4 Rindermedaillons à 180 g
Öl zum Braten

Siebenkräuterpüree
400 g Bärlauch
200 g Giersch
150 g junge Brennnesseln
50 g junge Knoblauchsrauke
30 g Sauerampfer
20 g junge Taubnesseln
10 g Schafgarbenblätter
200 g Sahne

Bärlauchspätzle
200 g Bärlauch
4 Eier
400 g Mehl
Milch
Salz, Pfeffer
Butter zum Schwenken

1 Siebenkräuterpüree: Die Kräuter waschen, separat grob hacken. Giersch, Brennnesseln, Sauerampfer, Taubnesseln und Schafgarbe in einen Topf mit wenig Salzwasser geben, kurz aufkochen, umrühren und sofort mit Sahne ablöschen. Die Knoblauchsrauke zugeben und ganz kurz aufkochen lassen, den Bärlauch beifügen und alles pürieren. Mit Salz und Pfeffer abschmecken und warm stellen.

2 Bärlauchspätzle: Eier und Mehl verrühren und dem Teig so viel Milch zugeben, bis eine zähflüssige Masse entsteht. Den Bärlauch waschen, schneiden, im Mörser mit etwas Salz zu einem Brei zerreiben und unter den Spätzleteig heben. Mit Salz und Pfeffer würzen.

3 Die Masse durch eine Spätzlepresse in kochendes Salzwasser drücken und etwa 5 Minuten kochen lassen. Die fertigen Spätzle abseihen und mit kaltem Wasser abschrecken.

4 Die Rindermedaillons mit Salz und Pfeffer würzen, bei starker Hitze in Öl beidseitig scharf anbraten und auf den Punkt garen.

5 Vor dem Servieren die Spätzle kurz in brauner Butter (beurre noisette) schwenken und mit dem Kräuterpüree und den Spätzle anrichten.

Brennnesselspinat mit Petersfisch im Bärlauchmantel

Für 4 Personen
3 Bund Bärlauchblätter
400 g Brennnesselblätter
6–8 zarte Blättchen von
der Schafgarbe
200 g Giersch
2 Handvoll Blättchen und
junge Triebe Knoblauchsrauke
4 Filets vom Petersfisch
1 Zwiebel, fein gewürfelt
100 g Butter
200 ml Sahne
1 Schuss Sherry (nach Belieben)
Mehl
Salz, Pfeffer

1 Die Kräuter waschen und trocken tupfen. 8 große Bärlauchblätter beiseitelegen.

2 Die Zwiebelwürfel in der Hälfte der Butter anschwitzen, Brennnesseln, Schafgarbe und Giersch dazugeben, mit der Sahne und nach Belieben einem Spritzer Sherry ablöschen und kurz aufkochen lassen, pürieren und warm stellen.

3 Fischfilets mit Salz und Pfeffer würzen, jedes mit 2 Bärlauchblättern umwickeln und in Mehl wenden. Bei schwacher Hitze in der restlichen Butter etwa 10 Minuten beidseitig anbraten.

4 Restlichen Bärlauch und die Knoblauchsrauke fein schneiden, zum Püree geben, alles nochmals fein pürieren und erhitzen, aber nicht mehr kochen lassen.

5 Den Fisch auf dem Brennnesselpüree servieren.

Für 4 Personen
800 g Kalbsrückenfilet
etwas Ingwerpulver
1 EL Rapsöl
1 TL Butter
250 ml Vollmilch
Salz

Kohldistelgemüse
2 Schüsseln Kohldistelblätter
2 EL Butter
1 Knoblauchzehe, in Scheiben
2 Scheiben Ingwerwurzel
frisch geriebene Muskatnuss
Pfeffer

Omeletts
2 Eier
200 g Mehl
100 ml Milch
1 Prise Salz
Butter zum Backen

Kalbsrücken mit Kohldistel-Omelett

1 Das Kalbsrückenfilet mit Salz und Ingwerpulver würzen. Das Öl und die Butter erhitzen und das Fleisch darin bei mittlerer Hitze rundum anbraten. Dann im vorgeheizten Backofen bei 120 °C und Ober-/Unterhitze 20 Minuten garen. Herausnehmen und 10 Minuten ruhen lassen.

2 Kohldistelgemüse: Die Kohldistelblätter waschen und putzen, die meist schwarz gewordenen Enden frisch anschneiden und die Blätter grob zerschneiden. Die Blätter in leicht gesalzenem Wasser 4 Minuten blanchieren, dann in Eiswasser abschrecken.

3 Die Butter mit dem Knoblauch und den Ingwerscheiben leicht bräunen lassen, dann die gut abgetropften Kohldistelblätter darin schwenken und mit Muskatnuss, Salz und Pfeffer würzen.

4 Omeletts: Eier, Mehl und Milch verrühren, leicht salzen. Die Butter in einer Pfanne zerlassen und nacheinander dünne Omeletts darin backen.

5 Die Omeletts mit dem Kohldistelgemüse belegen, aufrollen und in dicke Scheiben schneiden. Das Fleisch in Scheiben schneiden und zusammen mit den Kohldistel-Omelett-Scheiben auf den Tellern anrichten.

6 Für den Milchschaum die Milch zum Kochen bringen und mit dem Pürierstab die Oberfläche aufschäumen. Den Schaum abschöpfen, über eine der Fleischscheiben gießen und die Milch erneut aufkochen. Wiederum abschöpfen, abgießen und so weiter arbeiten, bis alle Filets mit Milchschaum bedeckt sind.

HINWEIS
Selbst Kräuterkenner nennen die Kohl-Kratzdistel üblicherweise nicht bei ihrem vollen, korrekten Namen, sondern einfach Kohldistel.

Rinderfilet auf Wildgemüse mit Bärwurz-Raita

Für 4 Personen
600 g Rinderfilet
1 EL Öl
Salz, Pfeffer

Wildgemüse
600 g wilde Gemüsepflanzen
(Blätter und Spitzen des Weißen
Gänsefuß, 1 Büschel Blätter
vom Guten Heinrich, 2 Handvoll
Gierschblätter, Blätter und Spitzen von 4 – 5 Portulakpflanzen)
1 große oder 2 kleine Zwiebeln
1 orangefarbene oder
gelbe Paprikaschote
1 EL Butter
500 ml Gemüsefond

Raita
1 Dolde grüner Bärwurzsamen[1]
3 – 4 Bärwurzblätter
1 kleine Salatgurke
400 g Joghurt
grobes Meersalz
Chili- oder Jalapeñopulver
½ TL Kreuzkümmelsamen
1 Prise Zucker

1 Raita: Die Gurke schälen, längs halbieren und entkernen. In winzige Würfel schneiden und mit dem Joghurt mischen.

2 Bärwurz-Samen im Mörser mit etwas grobem Meersalz verreiben. Die Bärwurz-blätter fein schneiden. Bärwurzblätter, die Samen-Salz-Mischung und Chili- oder Jalapeñopulver zur Joghurt-Gurken-Mischung geben. Mit im Mörser zerriebenem Kreuzkümmel und Zucker abschmecken. Bis zum Verzehr im Kühl-schrank durchziehen lassen.

3 Rinderfilet: Das Fleisch in 4 gleich dicke Scheiben schneiden. Im heißen Öl knapp 1 Minute pro Seite anbraten. Im vorgeheizten Backofen auf dem Rost bei 120 °C Ober-/Unterhitze 20 Minuten garen. Dann salzen und pfeffern und 10 – 15 Minuten auf einer vorgewärmten Platte im ausgeschalteten Backofen ruhen lassen.

4 Wildgemüse: Alle Gemüsepflanzen waschen, trocken schütteln und grob zer-schneiden. Die Zwiebel schälen und klein würfeln. Die Paprikaschote enthäuten, Stiel, Samen und Scheidewände entfernen. Das Fruchtfleisch klein würfeln.

5 Die Zwiebel in der Butter anschwitzen. Gemüse und Paprikawürfel dazugeben, kurz schwenken und mit dem Gemüsefond aufgießen. Köcheln lassen, bis ein Teil der Flüssigkeit verdampft ist, dann mit Salz und Pfeffer abschmecken.

6 Das Fleisch und das Gemüse anrichten, die Bärwurz-Raita dazu servieren. Die Raita nach Belieben mit Glockenblumen garnieren.

TIPP
Beim Schälen einer Salatgurke den Schäler an der Blüte ansetzen und zum Stiel hin ziehen. So wird verhindert, dass Bitterstoffe, die am Stielansatz am stärksten konzentriert sind, in das Fruchtfleisch der Gurke verteilt werden.

Rinderfilet auf
Raps-Paprika-Gemüse

Für 4 Personen
400 g junger Raps[1]
4 Rinderfilets à 180 g
2 rote Paprikaschoten
1 gelbe Paprikaschote
2 Zwiebeln
100 ml Rapsöl
200 ml Fleischfond
Salz, Pfeffer
1 Knoblauchzehe, gepresst

Garnitur
Rapsblüten

1 Den zarten Raps grob schneiden.

2 Paprika und Zwiebeln in grobe Würfel schneiden und alles zusammen in zwei Drittel des Rapsöls anschwitzen. Mit Fleischfond ablöschen, einkochen lassen und mit Salz, Pfeffer und ein wenig Knoblauch würzen.

3 Rinderfilets in der Pfanne in dem restlichen Rapsöl von beiden Seiten scharf anbraten, pfeffern und salzen. Das Fleisch bei mittlerer Hitze rosa braten und mit Rapsblüten garniert servieren.

Lammkeule im Heu und Salzteigmantel

Für 4 Personen

500 g Heu (zusätzlich, sofern vorhanden, selbst gesammelte, getrocknete Gräser und Kräuter wie Ruchgras, wilde Minze, Quendel, Echter Dost, Mädesüß)
knapp 1 kg Lammkeule, entbeint
Salz
1 kg Mehl
1 kg grobes Meersalz
450 ml lauwarmes Wasser

Marinade
4 Zweige Rosmarin
4–5 Zweige Thymian
2 Knoblauchzehen, geschält und in dünnen Scheiben
½ TL Pfefferkörner
1 TL Pimentkörner
1 große Msp. Jalapeñoflocken oder 1 TL Paprikaflocken
150 ml Olivenöl

1 Das Lammfleisch gut parieren und bei Bedarf mit Küchengarn in eine gleichmäßige Form binden.

2 Marinade: Knoblauch und Gewürze in das Olivenöl geben. Von 1 Rosmarinzweig die Nadeln und von 2 Thymianzweigen die Blättchen abzupfen und unter das Öl mischen. Das Fleisch ganz leicht salzen und in dem Würzöl marinieren.

3 Mehl und Meersalz gut miteinander vermengen. Das lauwarme Wasser nach und nach dazugeben und alles zu einem glatten Teig verarbeiten. Den Backofen auf 180 °C Umluft oder 200 °C Ober-/Unterhitze vorheizen.

4 Backpapier leicht mit Mehl bestreuen und etwas weniger als die Hälfte des Teiges darauf 3–4 Millimeter dick ausrollen. Mit der zweiten Teigportion ebenso verfahren. Die zweite Teigplatte sollte etwas größer sein als die erste.

5 Den Teig mit dem Papier auf ein Backblech heben und mit einem Teil des Heus, den restlichen Rosmarin- und Thymianzweigen und, sofern vorhanden, getrockneten Gräsern und Kräutern ein Nest für das Lamm darauf bauen. Das Fleisch aus der Marinade nehmen und in das Heubett setzen. Mit dem restlichen Heu und gegebenenfalls Gräsern und Kräutern gut abdecken. Die zweite Teigplatte mithilfe des Backpapiers über das Lammfleisch im Heubett legen. Das Backpapier abnehmen und die Teigränder übereinanderschlagen.

6 Das Lamm 45 Minuten im Backofen garen, dann bei 100 °C Umluft bzw. 120 °C Ober-/Unterhitze 1 weitere Stunde garen. Den Backofen ausschalten und den Braten 30 Minuten darin ruhen lassen. Dann den Teig am überlappenden Rand aufschlagen und wie einen Deckel abheben.

TIPP

Neben grünen Bohnen, dem Klassiker zu Lammgerichten, kann man je nach Jahreszeit ein Gemüse aus Tomaten und »Wildem Brokkoli« (Wiesen-Bärenklau), Brokkoli oder Zucchini zubereiten. Auch Wildkräuter-Wedges (siehe Seite 23) oder Kartoffel-Karotten-Püree (siehe Seite 222) passen sehr gut.

Für 4 Personen als Fingerfood
4–5 Zweige Quendel
250 g Lammhackfleisch
3 Schalotten, geschält und
fein gewürfelt
2 Knoblauchzehen, geschält
und fein gewürfelt
Olivenöl zum Braten
½ TL Ras el Hanout oder
Masala-Gewürzmischung
schwarzer Pfeffer
Chilipulver
Salz
1 Eigelb
2 EL Sahne

Sauce
1 Handvoll Minzeblättchen
½ Salatgurke, geschält
½ rote Paprikaschote
250 g griechischer oder türki-
scher Joghurt aus Schafsmilch
1 Knoblauchzehe, geschält
1 Msp. Kreuzkümmelsamen
grobes Meersalz
Chilipulver

Garnitur
Spießchen oder Zahnstocher,
Minzeblättchen, rote oder
orangefarbene Paprika-
schotenwürfelchen

Lammbällchen mit Joghurt-Minz-Sauce

1 Joghurt-Minz-Sauce: Am besten schon am Vortag zubereiten, damit sich die Aromen entfalten können. Die Salatgurke entkernen. Die Paprika mit dem Sparschäler schälen, Stiel, Samen und Scheidewände entfernen. Beides klein würfeln. Joghurt und Gemüsewürfelchen in die Schüssel geben. Den Knoblauch in hauchfeine Scheiben schneiden und untermischen.

2 Den Kreuzkümmel mit etwas grobem Meersalz im Mörser zerreiben und mit dem Chilipulver zur Sauce geben. Alles gut vermengen und mit etwas zerriebenem Meersalz abschmecken. Die Minzeblätter in feine Streifen schneiden und untermischen. Die Sauce über Nacht kalt stellen.

3 Lammbällchen: Die Schalotten in heißem Olivenöl leicht anschwitzen. Knoblauch zufügen und 1 Minute mitbraten. Vom Herd nehmen, etwas abkühlen lassen.

4 Hackfleisch und Gewürze in eine Schüssel geben, etwas Salz zufügen. Die Blätter und, sofern vorhanden, die Blüten von den Quendelzweigen zupfen und zum Lammhackfleisch geben. Die Schalotten-Knoblauch-Masse zufügen und alle Zutaten gut vermischen. Das Eigelb mit der Sahne verrühren und unter den Fleischteig mengen. Bei Bedarf noch etwas Sahne zugeben.

5 Aus der Fleischmasse Bällchen von etwa 2 Zentimeter Durchmesser formen. In der Pfanne, in der die Schalotten angebraten wurden, Olivenöl erhitzen und die Bällchen darin rundherum braun anbraten. Ab und zu schwenken.

6 Zum Anrichten zuerst ein Paprikawürfelchen und ein Minzeblättchen, dann ein Lammbällchen auf einen kleinen Spieß oder einen Zahnstocher stecken. Zusammen mit der Joghurt-Minz-Sauce servieren.

TIPP
Wird eine größere Menge an Fleischbällchen benötigt, können diese statt in der Pfanne auch in einer Fritteuse zubereitet werden.

Schwarz-weiße Schokoterrine mit Sauerklee und Beeren

Für 8 Personen
je 200 g dunkle und weiße
Schokolade (oder Kuvertüre)
600 ml Sahne, steif geschlagen
6 cl Amaretto

Garnitur
1 Handvoll Sauerklee[1],
verschiedene Beeren
nach Belieben, Kakaopulver

1 Die dunkle Schokolade über dem heißen Wasserbad schmelzen und langsam wieder abkühlen lassen. Kurz bevor die Schokolade anzieht, die Hälfte der steif geschlagenen Sahne unterheben und mit Amaretto abschmecken.

2 Ebenso mit der weißen Schokolade und der restlichen Sahne verfahren (ohne Zugabe von Amaretto).

3 In eine Kastenform zuerst die dunkle und dann die weiße Masse füllen und mit einem Kochlöffelstiel marmorieren. Im Eisfach gefrieren lassen.

4 In Scheiben schneiden und mit Sauerklee und Beeren garnieren. Den Tellerrand leicht mit Kakaopulver bestauben.

Staudenknöterich-Granité

Ergibt ca. 500 ml
1 kg Staudenknöterichstangen[1]
250 ml Apfelsaft
1 Vanilleschote, Mark heraus-
geschabt
2 cl Grenadine
100 g Zucker
1 Spritzer Limettensaft
2 El Honig
1 Flasche Sekt

Garnitur
nach Belieben Blüten des
Jelängerjelieber

1 Knöterich waschen und in 1 Zentimeter dicke Stücke schneiden. Mit Apfelsaft, Vanillemark, Grenadine, Zucker und Limettensaft kochen, bis der Knöterich sehr weich ist.

2 Das Kompott durch ein Sieb streichen, nochmals aufkochen und mit Honig abschmecken. Auf etwa 300 Milliliter reduzieren lassen und nach dem Abkühlen mit Sekt auf 500 Milliliter auffüllen.

3 In einem geschlossenen Behälter 24 Stunden einfrieren. Vor dem Servieren mit einem Löffel oder einer Gabel das Eis grob abschaben.

4 In schönen Gläsern anrichten, erneut mit Sekt auffüllen und nach Belieben mit den Blüten des Jelängerjelieber garniert servieren.

Für 4 Personen
Mousse
10 g Lindenblätter,
frisch ausgetrieben
1 Bio-Limette
1 reife Avocado
50 g brauner Rohrzucker

Panna cotta
2 Blatt rote Gelatine
400 ml Sahne
50 g Zucker
½ Vanilleschote
250 g Erdbeeren

Garnitur
Lindenblätter
flüssiger Honig

Lindenblattmousse mit Erdbeer-Panna-cotta

1 Panna cotta: Die Gelatine in kaltem Wasser einweichen. Sahne und Zucker vorsichtig erhitzen und den Zucker unter Rühren auflösen. Das Mark der Vanilleschote mit einem Messerrücken herausschaben. Mark und Schote in die Sahne geben und zum Kochen bringen. Vom Herd nehmen und die Vanillesahne auf 70–80 °C abkühlen lassen. Die Schote herausnehmen.

2 Die Gelatine leicht ausdrücken und in der heißen Flüssigkeit vollständig auflösen. Die Sahne unter Rühren weiter abkühlen lassen.

3 Die Erdbeeren putzen, waschen, pürieren und durch ein feines Sieb streichen. Das Erdbeermus nach und nach mit dem Schneebesen vorsichtig unter die Sahne heben.

4 Die Panna cotta in Förmchen füllen und einige Stunden zum Festwerden in den Kühlschrank stellen.

5 Mousse: Mit einer feinen Reibe etwas Schale von der Limette abreiben, den Saft auspressen. Die Avocado halbieren, den Stein entfernen und das Fruchtfleisch mit einem Löffel aus der Schale heben. Sofort mit dem Limettensaft beträufeln.

6 Die Lindenblätter in feine Streifen schneiden und mit dem braunen Zucker und der Limettenschale zur Avocado geben. Mit dem Pürierstab zu einer glatten Mousse verrühren.

7 Die Erdbeer-Panna-cotta auf Dessertteller stürzen. Die Mousse auf je 1 Lindenblatt geben, dieses etwas einrollen und auf der Panna cotta platzieren. Das Dessert mit flüssigem Honig servieren. Nach Belieben noch mit ein paar kleinen Lindenblättern garnieren.

Für 4 Personen
2 Handvoll Sauerkleeblätter
½ Bund Basilikum,
Blätter abgezupft
150 g Joghurt
4 Blatt Gelatine
1 Bio-Zitrone
1 Bio-Limette
125 ml Weißwein (z. B. Riesling)
50 g Puderzucker
150 g Quark
1 Prise Salz
brauner Zucker

Sauerklee-Basilikum-Creme

1 Die Sauerklee- und Basilikumblätter grob zerkleinern und mit einem Teil des Joghurts im Mixer fein pürieren. Die Gelatine in kaltem Wasser einweichen.

2 Von der Zitrone und der Limette die äußere Schale dünn abreiben und in eine Kasserolle geben. Den ausgepressten Saft der Früchte und den Weißwein dazugeben und unter leichtem Erhitzen den Puderzucker darin auflösen.

3 Die Flüssigkeit vom Herd nehmen und auf knapp 80 °C abkühlen lassen. Die Gelatine ausdrücken und in der Flüssigkeit auflösen. Den Topf in Eiswasser stellen und stetig rühren.

4 Sobald die Masse dicklich wird, den restlichen Joghurt, den Quark und die Joghurt-Kräuter-Mischung unter die Weinmasse heben, eine Prise Salz zufügen und mit braunem Zucker abschmecken.

5 Die Creme in Gläser füllen und kalt stellen. Nach Belieben mit Sauerkleeblättchen garnieren.

TIPP
Ähnlich der Mimose klappen Sauerkleeblätter bei Berührung zusammen. Aus diesem Grunde die Blätter rechtzeitig garnieren, sodass sie sich wieder entfalten können.

Fichtenspitzensorbet auf kandiertem Breitwegerichblatt

Für 4 Personen
Sorbet
400 g Fichtenspitzen
200 g Zucker
400 ml Weißwein oder
Mineralwasser
30 g Glukose (aus der Apotheke)
1 Eiweiß, steif geschlagen

Kandierter Breitwegerich
pro Person 1 großes Breit-
wegerichblatt
25 g Zucker
Kristallzucker oder
brauner Zucker

Garnitur
Glockenblumen und Malven

1 Sorbet: Den Zucker karamellisieren lassen, mit Wein oder Mineralwasser ablöschen und aufkochen. Die Fichtenspitzen zugeben, nochmals kurz aufkochen und zugedeckt etwa 20 Minuten ohne Hitze ziehen lassen. Den Sirup durch ein Tuch oder feines Sieb filtern und mit der Glukose einmal aufkochen lassen.

2 300 Milliliter vom Sirup abmessen, in eine Eismaschine füllen und darin anfrieren lassen. Danach herausnehmen, das Eiweiß unterziehen und die Masse wieder zurück in die Eismaschine geben. Zu Sorbet gefrieren lassen.

3 Kandierter Breitwegerich: Die Breitwegerichblätter waschen und die Strünke ziehen. Dafür den Stiel nach hinten brechen und über das Blatt ziehen. Dabei werden die meisten Fasern entfernt.

4 Den Zucker in etwas Wasser auflösen. Die Breitwegerichblätter durch das Zuckerwasser ziehen, in Kristallzucker oder braunem Zucker wenden und 30 Minuten trocknen lassen.

5 Je 1 Blatt kandierten Breitwegerich zusammen mit einer Portion Fichtenspitzensorbet anrichten und mit Glockenblumen und Malvenblüten garniert servieren (s. Abb. links).

Fichtenspitzencocktail

Ergibt ca. 200 ml Sirup
200 g Fichtenspitzen
100 g Zucker
200 ml Weißwein oder
Mineralwasser

Sekt oder Prosecco
zum Aufgießen

1 Den Zucker karamellisieren lassen, mit Wein oder Mineralwasser ablöschen und aufkochen. Die Fichtenspitzen zugeben, nochmals kurz aufkochen und bei geschlossenem Deckel etwa 20 Minuten ohne Hitze ziehen lassen. Den Sirup durch ein Sieb passieren und in eine Flasche füllen.

2 Etwas Sirup in ein Sektglas geben und mit eisgekühltem Sekt oder Prosecco auffüllen.

TIPP
In einem geschlossenen Gefäß ist der Sirup etwa 1 Woche im Kühlschrank haltbar.

Fichte

*Nur einen Tag lang öffnet
sich eine Taglilienblüte.*

Bunte Blütenvielfalt

Blüten auf dem Teller werden meist nur als Dekoration empfunden und beiseitegelegt. Das ist schade, denn sie können ein wahrer Genuss sein. In der Regel verbindet man mit Blüten die Geschmacksrichtung »süß«, da ja schließlich ihr süßlicher Duft die Insekten lockt, doch zu Unrecht, denn viele schmecken scharf oder bitter. So erklärt sich aber, dass Blüten nicht nur Desserts, sondern auch deftige Gerichte geschmacklich und optisch veredeln können.

Neben vielen essbaren Blüten gibt es auch manche, die Giftstoffe enthalten. Besonders die Blüten von stark giftigen Pflanzen wie Eisenhut und anderen Hahnenfußgewächsen oder Blüten der Digitalis dürfen keinesfalls auf den Teller gelangen. Auch sind Blüten aus Gärten oder dem Anbau, die als Vasenschmuck bestimmt sind, häufig mit Pestiziden behandelt und somit zum Verzehr keinesfalls geeignet.

In der Küche werden nur frische Blüten verwendet, was sich eigenlich von selbst versteht. Waschen sollte man sie nicht, denn die empfindlichen, zarten Aromen würden erheblich leiden. Da oft auch Käferchen oder winzige Fliegen vom süßen Nektar naschen, müssen diese vor dem Verarbeiten oder Servieren vorsichtig von den Blüten abgeschüttelt werden.

Blütenstände, die aus vielen Einzelblüten zusammengesetzt sind wie etwa Holunderblüten, eignen sich gut zum Ausbacken. Der größte Teil der Blüten aber findet roh Verwendung, teils als Salat, großteils aber als Schmuck und oft zugleich als Gewürz. Daher muss man sich vor dem Einsatz einer Blüte unbedingt von ihrem Geschmack ein Bild machen, damit nicht etwa eine Kapuzinerkresseblüte mit ihrem scharfen Kressearoma ein Dessert garniert. Vor allem Rosenblüten variieren sehr in ihrem Geschmack. So können die Blütenblätter manch süß duftender Art sehr bitter, wenig duftende Rosenblüten jedoch salatähnlich oder sogar süßlich schmecken. Selbstverständlich zupft man die Blütenblätter einer Rose ab, wenn sie zum Verzehr bestimmt sind, denn wer möchte schon einer schönen roten Rose mit Messer und Gabel zu Leibe rücken? Ähnliches gilt für viele andere gefüllte oder zusammengesetzte Blüten wie Ringelblumen oder Nelkenblüten.

Die Blüten mancher Pflanzen bringen beim Verzehr wenig Genuss, können aber ihren Duft an Wasser, Öle oder alkoholische Lösungen abgeben. Auch hochkonzentrierte Essenzen und ätherische Öle werden aus Blüten gewonnen. Um mit ihnen in der Küche das gewünschte Aroma zu erreichen, ist viel Erfahrung notwendig. Ein Tropfen Essenz muss erst zehnfach und stärker verdünnt werden, um zum Aromatisieren verwendet werden zu können. Ein wenig Fingerspitzengefühl und Ausprobieren ist also nötig, will man Blüten in der Küche verwenden, doch es macht Freude, sie in all ihrer Schönheit zur Geltung kommen zu lassen.

Ergibt ca. 2 l
2 Blütenzweige Echtes Labkraut[1]
2 Blütenzweige Giersch[2]
1 Blütenzweig Mädesüß[3]
2 Zweige frische Pfefferminze
1 Zweig frische Melisse
1 Bio-Zitrone
1 l stilles Mineralwasser
1 l kohlensäurehaltiges
Mineralwasser

Sommerblütenbowle

1 Die gewaschenen Blüten- und Kräuterzweige mit Küchengarn oder einem sauberen, nicht ausfärbenden Faden zu einem Strauß binden und in ein Bowlengefäß legen.

2 Die Zitrone mit heißem Wasser von der Wachsschicht befreien, in feine Scheiben schneiden und über die Blüten legen. Mit dem stillen Wasser aufgießen und für 10–15 Minuten kühl stellen.

3 Den Blumenstrauß herausnehmen. Kohlensäurehaltiges Mineralwasser zugeben und die Bowle als erfrischendes Sommergetränk servieren (s. Abb. rechts).

TIPP

Für eine süße Variante für Kinder und alle, die es weniger herb lieben: den Blütenzweig Mädesüß weglassen und durch 2–3 zusätzliche Blütenzweige Labkraut ersetzen. Außerdem dem Ansatz noch knapp 150 Gramm braunen Zucker beigeben.

Ergibt ca. 6 l
20–30 Holunderblüten-
dolden, voll aufgeblüht,
aber noch nicht abfallend
1 Bio-Zitrone
500 g Zucker
6 l Wasser

Holunderblütensekt

1 Die Holunderblütendolden leicht ausschütteln, um Käfer etc. zu entfernen. Die dicken Stiele abschneiden und die Doldenteile in einen Glasballon oder in ein großes, verschließbares Glas füllen.

2 Die Zitrone mit heißem Wasser von der Wachsschicht befreien und in Scheiben schneiden. Zitronenscheiben und Zucker zu den Holunderblüten geben und mit dem Wasser aufgießen.

3 Den Ballon für mindestens 10 Tage an einen sonnigen Platz stellen und täglich schütteln. Dann durch ein feines Sieb abseihen und in sterilisierte Glasflaschen abfüllen.

4 Die Flaschen noch für etwa 3 Wochen an einen kühlen, dunklen Ort stellen. Zu Beginn des Hochsommers ist dieses leicht prickelnde, herrlich erfrischende, durstlöschende Getränk fertig.

Gänseblümchen, Bärwurz, Senf, Kornblume, Weidenröschen, Tagetes

Blütengelee

Für 4 Personen
1 Strauß kleine essbare Blüten
der Saison (z. B. Gänse-
blümchen, Bärwurzblüten,
Senfblüten, Kornblumen,
Weidenröschenblüten, Tagetesblüten)
1 Handvoll frische Kräuter
(z. B. Petersilie, Dill, Bärwurz)
3 Blatt Gelatine
200 ml Weißwein (z. B. Riesling)
1 Prise Salz
1 Prise Zucker

1 Die Gelatine in kaltem Wasser einweichen. Den Wein zum Kochen bringen, dann vom Herd nehmen. Mit Salz und Zucker würzen. Die Gelatine ausdrücken und im Wein auflösen.

2 Eine flache Form mit Klarsichtfolie auslegen und etwas von der Flüssigkeit hineingießen (sie soll den Boden höchstens 1 Millimeter hoch bedecken). Die restliche Flüssigkeit beiseitestellen.

3 Die Kräuter waschen und fein schneiden. Von den essbaren Blüten die Blüten-blätter, von Blütenrispen die kleinen Einzelblüten abzupfen.

4 Sobald die Flüssigkeit in der Form zu gelieren beginnt, die Gänseblümchen mit den »Gesichtern« nach unten und die übrigen Blüten in einem schönen Muster auflegen.

5 Kurz bevor die beiseitegestellte Flüssigkeit fest wird, die Kräuter und restlichen kleinen Blüten unterrühren und über das Blümchenbeet gießen.

6 Das Gelee im Kühlschrank gut auskühlen lassen, auf ein Blech oder Brett stürzen und die Folie abziehen. (Wenn sich die Folie schlecht lösen lässt, ein mit heißem Wasser getränktes Geschirrtuch darüberlegen und mit der Folie aufrollen.) Das Gelee in beliebige Portionen schneiden.

TIPP
Das Gelee passt gut zu gegartem Fisch oder Geflügel, die separat gereicht oder mit eingearbeitet werden können. Dazu die doppelte bis dreifache Menge Wein und Gelatine verwenden. In einer tiefen Form zuerst wie im Rezept beschrieben die Schicht mit Blüten herstellen und etwas gelieren lassen, dann die gegarten Fisch-oder Geflügelteile locker daraufschichten und mit der Kräuter-Wein-Gelatine-Lösung auffüllen. Über Nacht im Kühlschrank fest werden lassen.

Ergibt ca. 500 ml
2 Blütenstände der Schafgarbe
2 blühende Zweige Echter Dost
5 blühende Zweige Quendel
1 Zweig Lavendelblüte
500 ml Sonnenblumenöl

Blütenöl

1 Die sauberen und trockenen Blütenzweige in eine sterilisierte, trockene Glasflasche stecken und mit dem Öl übergießen (s. Abb. rechts).

2 Die Flasche bis knapp unter den Rand füllen, damit möglichst wenig Sauerstoff hineingelangt; dadurch ist das Öl länger haltbar. Die Flasche gut verschließen.

TIPP
Das Öl hat bereits nach 1 Woche genug Aroma aufgenommen und kann verwendet werden. Die Pflanzenzweige können im Öl bleiben und müssen vor der Verwendung nicht herausgenommen werden.

Johanniskraut

Ergibt ca. 500 ml
150 g frische, blühende
Johanniskrautzweige
500 ml Olivenöl

Johanniskrautöl

1 Die sauberen und trockenen Johanniskrautzweige in ein sterilisiertes, trockenes Einweckglas stecken und mit dem Öl übergießen.

2 Das Glas dicht verschlossen für etwa 8 Wochen an ein sonniges Fenster stellen, bis das Öl darin eine intensiv rote Farbe angenommen hat. Danach abfiltern und in dunkle Glasflaschen umfüllen.

TIPP
Das rote Johanniskrautöl ist ein hübscher Farbtupfer auf einem Salatteller; es sollte aber nur tropfenweise verzehrt werden. Neben seinem kulinarischen Wert ist es ein hervorragendes Körperpflegeöl bei trockener Haut.

Tagetes

Ergibt ca. 125 g
10–15 Blättchen Gewürztagetes
2 Blüten Tagetes
125 g Butter
2–3 Tropfen Zitronensaft
etwas abgeriebene
Bio-Zitronenschale
Salz

Tagetesbutter

1 Die Butter bei Zimmertemperatur weich werden lassen. Die Blättchen der Gewürztagetes fein schneiden, von den Tagetesblüten die Blütenblätter aus den Kelchen herauszupfen und ebenfalls ganz fein schneiden.

2 Alles zusammen mit Zitronensaft und -schale und etwas Salz gut vermengen. Die Tagetesbutter möglichst randvoll und ohne Lufteinschlüsse in ein kleines Gefäß füllen und in den Kühlschrank stellen.

TIPP
Wenn man die Butter 2 Tage im Kühlschrank durchziehen lässt, schmeckt sie noch besser. Man kann auch andere Kräuter dazugeben, besonders empfehlenswert sind Estragon oder Portulak.

Kartoffelrose

Ergibt ca. 150 g
10–15 Blüten der Kartoffelrose
125 ml Weißwein (nach Geschmack trocken oder lieblich)
2 TL Blütenhonig
50 ml Rosenwasser
125 g Butter
½ TL Fleur de Sel

Rosenbutter

1 Die Blütenblätter von den Rosenblüten zupfen und klein schneiden.

2 Den Weißwein erhitzen und auf etwa ein Drittel einkochen lassen. Den Honig darin auflösen, weiter reduzieren, das Rosenwasser zugeben und nochmals etwas einkochen lassen. Die Flüssigkeitsmenge sollte gering sein, damit sie von der Butter aufgenommen werden kann.

3 Die Butter sanft erwärmen, bis sie gerade zu schmelzen beginnt. Butter, Wein-Rosenwasser-Mischung, die geschnittenen Blütenblätter und etwas Salz im Mixer gut miteinander vermengen.

4 In ein Schälchen abfüllen und im Kühlschrank mindestens über Nacht, besser 2 Tage durchziehen lassen.

Rapsblütencremesuppe

Für 4 Personen
200 g Rapsblüten[1]
1 Zwiebel, klein gewürfelt
50 g Butter
400 ml Fleischfond
200 ml Sahne
Salz, Pfeffer

Garnitur
Rapsblüten
etwas Kürbiskernöl

1 Die Zwiebelwürfel mit den Rapsblüten kurz in Butter anschwitzen, mit Fleisch-fond und Sahne ablöschen und etwa 10 Minuten köcheln lassen. Mit Salz und Pfeffer abschmecken und pürieren.

2 Die Suppe mit Rapsblüten und Kürbiskernöl garniert servieren.

TIPP
Auch mit Senfblüten lässt sich diese Suppe zubereiten, dazu aber weniger Blüten verwenden!

Wiesenschaumkraut-Süppchen mit Wildkräuterkern

Für 4 Personen

1 kleiner Strauß Wiesenschaumkraut mit Blättchen
4 Schalotten, geschält
1 Knoblauchzehe, geschält
2 EL Butter
1 gehäufter EL Mehl
1 Glas Sekt (200 ml)
gut 500 ml Geflügel- oder
Gemüsefond
200 ml Sahne
2 EL frisch geriebener Meerrettich

Wildkräuterkern

10–15 junge Gierschblätter
50 g junge Taubnessel
50 g junge Brennnessel
1 Bund Bärlauchblätter
1–2 Schalotten, geschält
1 große Kartoffel, geschält
20 g Butter
150 ml Gemüsefond
100 ml Sahne
Meersalz

1 Wildkräuterkern: Schalotten und Kartoffel würfeln. Die Schalotten in der zer-lassenen Butter anschwitzen. Die Kartoffelwürfel zufügen, mit dem Gemüsefond aufgießen und 10–15 Minuten kochen. Giersch, Taubnessel und Brennnessel waschen und grob zerkleinern. Wenn die Kartoffelwürfel fast gar sind, die Wild-kräuter zufügen und die Suppe weitere 2 Minuten kochen.

2 Die Sahne angießen, die Suppe mit einem Pürierstab pürieren und vom Herd nehmen. Den gewaschenen Bärlauch in Streifen schneiden, zufügen, nochmals alles pürieren und mit Meersalz abschmecken. Warm stellen.

3 Suppe: Schalotten und Knoblauch klein würfeln. In der zerlassenen Butter glasig anbraten, aber nicht bräunen. Mit Mehl bestauben und mit Sekt ablöschen.

4 Den Fond nach und nach zugeben und alles immer wieder aufkochen lassen. Die Suppe pürieren, dann durch ein Sieb passieren.

5 Die Sahne halbsteif schlagen. Die Blätter vom Wiesenschaumkraut fein schneiden und die Einzelblüten von den Stielen zupfen. Ein paar Blütenträubchen und Blättchen zum Garnieren beiseitelegen. Sahne, Meerrettich, Wiesenschaumkraut-blättchen und -blüten unter die Suppe ziehen.

6 Die Wildkräuter-Kartoffel-Suppe als grünen »Kern« in die Mitte des Wiesen-schaumkraut-Süppchens gießen. Dazu muss ihre Konsistenz jedoch etwas fester sein. Ist das nicht der Fall, die Wildkräuter-Kartoffel-Suppe noch ein wenig einkochen lassen oder noch eine gekochte Kartoffel einarbeiten.

7 Das Gericht mit den beiseitegelegten Wiesenschaumkrautblüten und -blättchen garnieren.

Für 4 Personen
1 frisches Lachsfilet (etwa 1 kg)

Beize für den Lachs
300 g Salz
200 g Zucker
30 g schwarze Pfefferkörner,
grob zerstoßen
100 ml Limettenöl
100 ml Olivenöl
5 Limettenblätter, mittlere
Blattader entfernt, die Blätter
in feinste Streifen geschnitten
2 Stangen Zitronengras, das
dickere Ende sehr fein gehackt
2 Zweige Rosmarin, die Nadeln
fein gehackt
2 Knoblauchzehen, fein gehackt

Johannisbeervinaigrette
(ergibt etwa 350 ml)
8 EL Johannisbeeressig
3 EL Kürbiskernöl
3 EL Traubenkernöl
6 EL Olivenöl
¼ TL Senf
125 ml Gemüsefond
etwas Zucker
wenig Knoblauch
Salz, weißer Pfeffer

Garnitur
Schnittlauchblüten, Bärlauch-
blüten[1], Vogelmiere[2], Dill

Gebeizter Lachs mit verschiedenen Lauchblüten

1 Beize für den Lachs: Die Zutaten für die Beize in einer Schüssel kräftig vermengen. Die Hälfte der Gewürzmischung auf eine Platte streuen, das Fischfilet
darauflegen und mit der restlichen Gewürzmischung bedecken.

2 Den Fisch mit Frischhaltefolie gut abdecken und mindestens 12 Stunden im
Kühlschrank ruhen lassen.

3 Filet aus der Beize nehmen, gründlich abwaschen und trocken tupfen. Wenn der
Fisch zu salzig schmeckt, vor dem Servieren 1 Stunde in kaltes Wasser legen,
trocken tupfen und bis zum Gebrauch in den Kühlschrank stellen.

4 Johannisbeervinaigrette: Alle Zutaten mit einem Pürierstab aufmixen und die
Vinaigrette abschmecken.

5 Garnitur: Die Blüten säubern, den Dill zupfen. Das gebeizte Fischfilet in feine
Scheiben schneiden, mit den verschiedenen Blüten und Kräutern garnieren, mit
Johannisbeervinaigrette beträufeln und servieren.

TIPP
*Fruchtessige bekommen Sie in vielen Feinkostgeschäften. Johannisbeeressig
können Sie selbst herstellen, indem Sie 6 Esslöffel Essig mit 1 Teelöffel
schwarzem Johannisbeergelee verrühren. Lassen Sie dann den Zucker bei den
Vinaigrettezutaten weg.*

Für 4 Personen
1 ungeschälter Maiskolben
150 g Couscous
150 ml Gemüsefond
8 kleine Strauchtomaten
½ rote Paprikaschote
2 Zuckermaiskolben, gegart
(aus dem Kühl- oder Gemüse-
regal im Supermarkt)
1 Handvoll Vogelkirschen
(ersatzweise schwarze Süßkirschen)
je 1–2 frische Blätter Minze,
Petersilie, Giersch, Melisse und
Vogelmiere

Dressing
2 EL Olivenöl
1 EL weißer Balsamicoessig
1 TL Honig
Chilipulver
gemahlener Ingwer
Rosensalz (ersatzweise ein
anderes Blütensalz)

Couscous-Salat mit Wildkirschen und Maisgriffeln

1 Couscous nach Packungsanweisung im Gemüsefond zum Kochen bringen und 7 Minuten quellen lassen. Mit einer Gabel auflockern.

2 Die Tomaten in kleine Würfel schneiden. Die Paprikaschote mit einem Sparschäler schälen, Stiel, Samen und Scheidewände entfernen, dann ebenfalls klein würfeln. Die Zuckermaiskörner von den Kolben lösen. Die Kirschen entsteinen und etwas zerkleinern. Die Kräuter fein schneiden und mit dem vorbereiteten Gemüse und den Kirschen zum Couscous geben.

3 Die Zutaten für das Dressing verrühren. Einen Großteil davon mit dem Couscous-Salat vermischen. Den Salat abschmecken und bei Bedarf noch etwas Dressing zufügen. Der Salat darf aber nicht zu feucht werden und soll sich noch gut formen lassen. Einige Minuten durchziehen lassen.

4 Vom Maiskolben die grünen Blätter abziehen und die Maisgriffel vorsichtig vom Kolben trennen. Die oberen, klebrigen Teile der Maisgriffel abschneiden und das restliche Büschel in zwei gleichmäßig lange Stücke von gut 5 Zentimetern schneiden.

5 Den Couscous-Salat in Förmchen füllen und auf die Teller stürzen. Mit einem Kochlöffelstiel eine Vertiefung in die Mitte der Couscous-Törtchen stechen. Die Maisgriffel in vier gleich große Büschel aufteilen, an der Unterseite leicht drehen und in die Vertiefungen stecken.

Ahornblüten-Sprossen-Salat

Für 4 Personen
1 Schale Ahornblüten
½ Schale jung getriebene
Ahornsprossen, nur mit
Keimblättern

Dressing
(ergibt etwa 200 ml)
25 ml Sherryessig
50 ml Gemüsefond
50 ml Walnussöl
10 ml Limettenöl
50 ml Sonnenblumenöl
1 TL Senf
1 TL Honig
2 TL Ahornsirup
etwas abgeriebene Schale
von 1 Bio-Orange
Salz

1 Die Zutaten für das Dressing mit dem Pürierstab gut vermengen.

2 Die Ahornblüten gut sauber schütteln. Die Ahornsprossen waschen und trocken tupfen.

3 Beides anrichten und mit dem Dressing zum Garnieren beträufeln.

TIPP
Dressing, das übrig bleibt, ist im Kühlschrank mehrere Tage haltbar und muss vor einer erneuten Verwendung nur kurz aufgemixt werden.

Primel, Weinbergslauch, Luzerne (Alfalfa)

Für 4 Personen
20 Jakobsmuscheln
250 g Beluga-Linsen
2 Lorbeerblätter
2 Schalotten, geschält und
fein gewürfelt
1 TL und 1 EL Butter
150 ml Sherry
Kräutersalz, Pfeffer
1 Spritzer Balsamico- oder
Sherryessig
1 Knolle junger Knoblauch
feines Meersalz

Garnitur
Primelblüten, junge Stiele
Weinbergslauch und frisch
ausgetriebene Luzernen-
Keime (Alfalfa)

Jakobsmuscheln mit Beluga-Linsen und Frühlingsdekoration

1   Linsen: Die Linsen mit den Lorbeerblättern in ½ Liter Wasser zum Kochen bringen und 20 Minuten kochen lassen. Die Schalotten in einer Kasserolle in 1 Teelöffel Butter anschwitzen. Mit Sherry ablöschen und um gut die Hälfte einkochen lassen.

2   Sobald die Linsen gar sind, das überschüssige Wasser abgießen und die Linsen zu den Schalotten geben, die Lorbeerblätter entfernen. Mit Kräutersalz und Pfeffer würzen und unter Rühren so lange bei sanfter Hitze einkochen, bis keine Flüssigkeit mehr am Boden der Kasserolle zusammenläuft. Nochmals abschmecken.

3   Die restliche Butter erhitzen, die Knoblauchknolle quer halbieren und auf den Schnittflächen mitbraten.

4   Die Jakobsmuscheln trocken tupfen, darauf achten, dass keine Reste des Schließmuskels am Muschelfleisch haften, und auf beiden Seiten 2 Minuten braten. Erst dann mit feinem Meersalz salzen.

5   Das Gericht auf Tellern anrichten und mit den Primelblüten, dem frischen Weinbergslauch und dem Alfalfa würzig-frühlingsfrisch garnieren.

Für 4 Personen als Vorspeise
Blüten von etwa 30 Blütenständen der Schafgarbe[1]
16 Zucchiniblüten
8 kleine aromatische Tomaten
1 Zwiebel, fein gewürfelt
200 g Butter
1 kleine Knoblauchzehe, gepresst
Salz, Pfeffer
200 g Semmelbrösel, kurz
geröstet
50 g Parmesan

Panade
50 g Mehl
2 Eier, verschlagen
200 g Semmelbrösel

Garnitur
1 Zucchiniblüte
Schafgarbenblüten
(nach Belieben)

Mit Schafgarbenblüten gefüllte Zucchiniblüten

1 Die Schafgarbenblüten abzupfen. Die Zucchiniblüten von den Stempeln und Staubgefäßen vorsichtig befreien, um sie füllen zu können. Die Tomaten waschen, halbieren und aushöhlen. Den Backofen auf 160 °C vorheizen.

2 Die Zwiebelwürfel in der Hälfte der Butter glasig anschwitzen. Mit ein wenig Knoblauch, Salz und Pfeffer würzen. Die Schafgarbenblüten zugeben und das Ganze kurz (etwa 1 Minute) erhitzen, damit sich die Aromen entfalten. Dann so viel geröstete Semmelbrösel beigeben, dass genügend von der leicht bröckeligen Masse entstanden ist, um damit die Zucchiniblüten und die Tomaten zu füllen.

3 Die Tomaten mit der Bröselmischung füllen und mit Parmesanspänen bestreuen. Im vorgeheizten Backofen etwa 10 Minuten überbacken.

4 Panade: Die Zucchiniblüten erst im Mehl, dann im Ei und anschließend in den Semmelbröseln wenden. Restliche Butter erhitzen und die Blüten darin ausbacken. Das Ganze zwei- bis dreimal panieren (um eine gleichmäßige Kruste zu erhalten).

5 Tomaten und Zucchiniblüten anrichten und nach Belieben mit einer Zucchiniblüte und mit einigen Schafgarbenblüten bestreut lauwarm servieren.

Gladiolenblüten mit Lachsfarce

Für 4 Personen als Vorspeise
Farce
Gladiolenblüten (Menge je nach
Größe und Geschmack)
200 g gebeizter Lachs
(siehe Seite 92)
Saft und abgeriebene Schale
von ½ Bio-Zitrone
100 g Rahmfrischkäse
50 ml Sahne

1 Den Lachs in kleine Stücke schneiden. Zitronensaft und -schale dazugeben und mit dem Pürierstab grob pürieren. Frischkäse und Sahne zufügen und zu einer glatten, cremigen Farce verarbeiten.

2 Die Lachsfarce in einen Spritzbeutel füllen und mit kleiner Tülle in die Blütenböden der Gladiolen füllen.

Gladiolenblüten mit Sardellen-Ei-Füllung

Für 4 Personen als Vorspeise
Füllung
Gladiolenblüten (Menge je nach
Größe und Geschmack)
6 Sardellen
50 ml Sahne
6 Eier, hart gekocht

1 Die Sardellen in etwas Sahne marinieren.

2 Die Eier schälen, halbieren und die Dotter in eine kleine Schüssel geben. Mit der restlichen Sahne vermengen, sodass eine cremige Masse entsteht. Die Sardellen aus der Marinade heben, abtropfen lassen, klein schneiden und ebenfalls dazugeben.

3 Die Sardellen und Eidotter mit einem Pürierstab glatt pürieren und gegebenenfalls durch ein Sieb streichen, um feine Gräten zu entfernen. Mit einem Spritzbeutel in die Blütenböden füllen.

4 Auch die Eiweißhälften können mit der Sardellen-Ei-Masse oder der Lachsfarce (siehe oben) gefüllt werden.

TIPP
Als sehr leicht und schnell hergestellte Füllung können Quark oder Schmand mit den verschiedensten Zutaten wie Chilisalz, Gewürzmischung Masala, Ras el Hanout, Dill- und Selleriesaat, Schalottenwürfelchen oder Preiselbeerkonfitüre vermengt werden. Zwar harmonieren Gladiolenblüten und pikante Füllungen besonders gut, aber auch süße Beigaben sind durchaus möglich.

Thunfischsteak mit Wilder Möhre

Für 4 Personen
12 Blütendolden der
Wilden Möhre[1]
4 Thunfischsteaks à 160 g
200 ml Karottensaft
50 ml Sahne
50 g Butter
2 Tomaten
Salz, Pfeffer
Mehl
Olivenöl

1 Den Backofen auf 100 °C vorheizen. Blütendolden waschen und auf einem Tuch abtropfen lassen. 4 Dolden zum Garnieren beiseitelegen.

2 Karottensaft in einem Topf mit Sahne und Butter kochen und stark reduzieren lassen, mit Salz und Pfeffer abschmecken.

3 Tomaten blanchieren, enthäuten, entkernen und vierteln. Die Tomaten auf ein Blech geben, mit Salz und Pfeffer würzen und im vorgeheizten Backofen 10 Minuten erwärmen.

4 Währenddessen die Thunfischsteaks salzen und pfeffern, die Blütendolden auf die Steaks legen, leicht mit Mehl bestauben und in Olivenöl bei mittlerer Hitze maximal 3 Minuten auf jeder Seite anbraten (sonst wird der Thunfisch zu trocken).

5 Den Fisch aufschneiden und mit den Tomaten auf dem Saucenspiegel anrichten. Mit Blütendolden der Wilden Möhre garnieren.

TIPP
Dazu passt ein Karottengemüse.

Lachs auf Klatschmohn und Kornblumen

Für 4 Personen
4 Handvoll Klatschmohn-
blütenblätter[1]
2 Handvoll Kornblumen-
blütenblätter
4 Lachssteaks à 180 g
2 Tassen Basmatireis
200 ml Fischfond
Salz, Pfeffer
1 Schuss Pernod

Garnitur
1 Handvoll Kamillenblüten

1 Reis: Den Reis gründlich waschen. In einer Schüssel mit Wasser 30 Minuten einweichen lassen. Reichlich frisches Wasser mit 1 Teelöffel Salz zum Kochen bringen. Eingeweichten Reis abgießen, ins kochende Wasser geben und in 5–7 Minuten sprudelnd »al dente« kochen.

2 Reis in ein Sieb abgießen und zurück in den Topf geben. Den Topfdeckel in ein sauberes Tuch einschlagen und fest aufsetzen, Herd ausschalten. Den Reis 20 Minuten dämpfen lassen.

3 Die Teller mit Mohn- und Kornblumenblütenblättern auslegen.

4 Fischfond in einem Topf erhitzen und mit Salz, Pfeffer und Pernod abschmecken. Die Lachs-steaks zugeben und in 3–5 Minuten gar ziehen lassen.

5 Die Lachssteaks und den Reis mittig auf den Tellern platzieren, etwas Fischfond über den Lachs geben und mit Kamillenblüten garniert servieren.

TIPP
Die Blüten sind nicht nur ein optisches Highlight: Mohnblüten schmecken würzig-fruchtig, Kornblumen knackig-frisch und die Kamille hat eine leicht süßliche Note.

Für 4 Personen
25–30 Blütenknospen
des Wiesen-Bärenklau[1]
4 Tauben
500 g violette Kartoffeln
200 ml Sahne
150 ml Fleischfond
200 g Butter
3–4 EL Öl
Salz, Pfeffer

Garnitur
Malvenblüten[2]

Gebratene Tauben mit Wiesen-Bärenklau-Knospen

1 Die Bärenklau-Blütenknospen in kochendem Salzwasser 2 Minuten blanchieren und in Eiswasser abschrecken. Kartoffeln waschen, halbieren und in Salzwasser weich kochen.

2 Sahne und Fleischfond mit der Hälfte der Butter erhitzen, nicht kochen lassen. Die Kartoffeln abseihen, mit der heißen Sahnemischung pürieren und mit Salz und Pfeffer abschmecken. Das Püree warm halten.

3 Die Tauben zerlegen, mit Salz und Pfeffer würzen und im Öl von allen Seiten scharf anbraten. Die Hälfte der übrigen Butter zugeben und die Tauben darin bei schwacher Hitze etwa 10 Minuten gar ziehen lassen.

4 Die restliche Butter zerlassen und die Bärenklau-Blütenknospen darin schwenken, dabei leicht erwärmen.

5 Die Täubchen aufschneiden, alles hübsch anrichten und mit den Malven-Blütenblättern garniert servieren.

TIPP
Lassen Sie die violetten Kartoffeln nur sanft köcheln – so halten sie die schöne Farbe viel besser.

Für 4 Personen
2 Handvoll Schlehenblüten[1]
4 Hirschfilets à 180 g
200 ml Schlehensirup
(siehe Rezept Seite 158)
2–3 EL Öl
Salz, Pfeffer
200 ml Fleischfond

Garnitur
blühende Schlehenzweige

Hirschfilet mit Schlehenblütensauce

1 Den Backofen auf 180 °C vorheizen. Die Hirschfilets mit Salz und Pfeffer würzen. Das Öl erhitzen und die Filets von beiden Seiten scharf anbraten. Fleisch aus der Pfanne nehmen und auf einem Blech im Backofen etwa 10 Minuten fertig garen.

2 Den Bratensatz der Hirschfilets mit Fleischfond aufgießen, den Schlehensirup und gut die Hälfte der Schlehenblüten zugeben. Die Sauce etwa 5 Minuten einkochen lassen, dabei ab und zu umrühren.

3 Die restlichen Schlehenblüten über das Hirschfilet streuen, darüber etwas Sauce träufeln. Die Schlehenzweige zieren zusätzlich den Teller, dann servieren.

TIPP
Dazu passen selbst gemachte Spätzle, kurz in Butter und gehackten Haselnüssen geschwenkt (siehe Seite 138).

Veilchenmousse mit Mango

Für 4 Personen

Veilchenmousse
2 Handvoll Veilchenblüten
250 g weiße Schokolade
50 ml Sahne
2 Blatt Gelatine
250 g Sahne, steif geschlagen
1 Mango

Veilchensauce
1 Handvoll Veilchenblüten
100 ml Sahne
20 g Zucker

Garnitur
Veilchenblüten und -blätter
(nach Belieben)

1 Veilchenmousse: Die weiße Schokolade mit der flüssigen Sahne über dem heißen Wasserbad unter Rühren schmelzen lassen, die Veilchen unterheben.

2 Die Gelatine in kaltem Wasser einweichen, ausdrücken und unter die heiße Schokolade ziehen. Das Ganze über einer Schüssel mit Eis langsam abkühlen, dabei ständig rühren. Kurz vor dem Anziehen der Schokolade die geschlagene Sahne unterheben. Die Mousse für einige Stunden kalt stellen.

3 Veilchensauce: Die Sahne aufkochen, Zucker und Veilchenblüten zugeben und kalt stellen. Die erkaltete Sahne mit dem Pürierstab aufmixen.

4 Die Mango schälen, in Spalten aufschneiden und mit der Veilchenmousse und Sahnesauce servieren. Nach Belieben mit Veilchenblüten garnieren und den Teller abschließend mit Veilchenblättern verzieren.

Für 4 Personen
10–12 Trauben Robinienblüten,
voll erblüht, aber noch nicht im
Verblühen
2 Eier und 1 Eiweiß
1 Prise Salz
150 g Mehl
50 g Zucker
2–3 Gläser Champagner
(etwa 300 ml)
Butterschmalz oder Pflanzenöl
zum Ausbacken

Robinienblüten im Champagnerteig

1 Die Eier trennen. Deren Eiweiß zusammen mit dem zusätzlichen Eiweiß und dem Salz steif schlagen. Die Eigelbe, Mehl, Zucker und 2 Gläser Champagner mit dem Schneebesen zu einem glatten Teig verrühren. Ist der Teig zu dick, noch mehr Champagner angießen. Dann den Eischnee unterheben.

2 Das Butterschmalz oder Pflanzenöl erhitzen. Die Blütentrauben durch den Teig ziehen und im heißen Fett goldgelb ausbacken. Auf Küchenpapier abtropfen lassen.

3 Die Blüten noch warm servieren, nach Belieben mit Puderzucker bestauben und z.B. Zitronensorbet dazu reichen (s. Abb. rechts).

ACHTUNG!
Da die grünen Pflanzenteile und die Samen giftig sind, die Robinienblüten nur voll erblüht, aber noch nicht im Verblühen verarbeiten. Die Stiele auf keinen Fall mitessen (siehe Seite 6).

Für 4 Personen
50 g Tagetesblüten mit Blättern
1 l Apfelsaft
1 großer Apfel
50 g Zucker
etwas Zitronensaft

Tagetes-Apfel-Kaltschale

1 Den Apfelsaft in einen Topf geben und erhitzen (nicht kochen lassen), den Zucker und die gezupften Tagetesblüten und -blätter zugeben und zugedeckt 5 Minuten ziehen lassen.

2 Den Apfel schälen, entkernen und in Würfelchen schneiden. Mit Zitronensaft beträufeln und zum Apfelsaft geben. Erneut ziehen lassen und im Kühlschrank 3–4 Stunden kalt stellen.

TIPP
Nach Belieben zur Kaltschale etwas Crème fraîche reichen.

Rotklee, Weißklee

Kleeblütengelee-Panna-cotta

Für 6–8 Personen

Panna cotta
500 ml Sahne
2 cl Amaretto
75 g Zucker
1 Vanilleschote, Mark heraus-
geschabt
4 Blatt Gelatine

Kleeblütengelee
4 Handvoll rote und weiße Kleeblüten, plus ein paar zur Garnitur
75 g Zucker
500 ml Apfelsaft
Limettensaft
1 EL Honig
6 Blatt Gelatine

Himbeer-Aprikosen-Spiegel
300 g Himbeeren
500 g Aprikosen
200 ml Apfelsaft
½ TL Kartoffelstärke

1 Panna cotta: Die Sahne mit dem Amaretto und dem Zucker in einem Topf erwärmen. Das Vanillemark samt Schote hineingeben und kurz aufkochen. Bei schwacher Hitze 10 Minuten köcheln lassen. Die Vanilleschote herausnehmen, den Topf vom Herd ziehen.

2 Die Gelatine in kaltem Wasser 5 Minuten einweichen, ausdrücken und in der heißen Sahne unter Rühren auflösen. Die Förmchen zur Hälfte mit der Vanillesahne füllen und mindestens 5 Stunden im Kühlschrank fest werden lassen.

3 Kleeblütengelee: Die Kleeblüten auszupfen. Den Zucker hell karamellisieren lassen, mit Apfelsaft und etwas Limettensaft ablöschen, den Honig und die Kleeblüten dazugeben.

4 Die Gelatineblätter in kaltem Wasser einweichen, ausdrücken und in die heiße Flüssig-keit rühren. Über Eiswasser kalt rühren. Sobald das Gelee anzieht, dieses auf die Panna cotta geben und die Förmchen über Nacht in den Kühlschrank stellen.

5 Himbeer-Aprikosen-Spiegel: Die Himbeeren mit der Hälfte des Apfelsafts aufkochen, pürieren und durch ein Sieb drücken. ¼ Teelöffel Kartoffelstärke mit 1 Esslöffel kaltem Wasser verrühren, unter die Sauce ziehen und kalt stellen. Die Aprikosen enthäuten, entsteinen und die Sauce wie bei den Himbeeren aus den übrigen Zutaten zubereiten.

6 Die beiden Saucen als Spiegel auf Tellern anrichten. Das Panna-cotta-Gelee darauf-stürzen. Mit Kleeblüten verzieren.

Süße Kleeblütenknödel

Für 4 Personen
Knödel
16 rote Kleeblüten
400 g Brötchen vom Vortag,
gewürfelt
200 ml Sahne
50 g Butter
4 Eier
75 g Zucker
Semmelbrösel (nach Bedarf)
500 ml Milch

Weiße Kleeblütensauce
200 g weiße Kleeblüten
2 EL Honig
200 ml Apfelsaft
etwas Zitronensaft
100 g kalte Butter

Garnitur
Kleeblüten und -blätter
(nach Belieben)

1 Knödel: Die Brotwürfel in einer Pfanne anrösten. Sahne und Butter in einem Topf erhitzen.

2 In einer Schüssel die Semmelwürfel mit der heißen Sahne übergießen und vermengen. Eier und Zucker zugeben. Bei Bedarf zur Festigung der Masse noch Semmelbrösel zugeben.

3 Den Teig in 8 Portionen teilen, jede Portion mit 2 Kleeblüten füllen und zum Knödel drehen.

4 Die Milch in einem großen Topf zum Kochen bringen, vom Herd nehmen, Temperatur herunterschalten. Die Knödel einlegen und bei schwacher Hitze in etwa 10 Minuten gar ziehen lassen.

5 Weiße Kleeblütensauce: Die Kleeblüten abzupfen. Honig in eine Pfanne geben und erwärmen. Weiße Kleeblüten dazugeben und unter ständigem Rühren im Honig sachte köcheln lassen. Mit dem Apfelsaft und einem Spritzer Zitronensaft ablöschen, aufkochen lassen, vom Herd nehmen und die Butter unterziehen.

6 Die Knödel anrichten und mit Sauce beträufeln. Die Kleeblüten und -blätter zieren das Gericht, dann servieren.

Holunderblüten im Bierteig

Für 4 Personen
10–12 Blütendolden vom
Schwarzen Holunder
2 Eier und 1 Eiweiß
1 Prise Salz
100–150 g Mehl
etwas abgeriebene Schale und
Saft von ½ Bio-Zitrone
250 ml helles Hefeweizenbier
(keine bittere Biersorte!)
2 EL brauner Zucker
Butterschmalz oder Ausbackfett
Puderzucker zum Bestreuen

1 Die Holunderblütendolden leicht ausschütteln, um Käfer etc. zu entfernen.
Die beiden Eier trennen und deren Eiweiß zusammen mit dem zusätzlichen
Eiweiß und dem Salz steif schlagen.

2 Die Eigelbe in einen Rührbecher geben und das Mehl dazusieben. Zitronensaft
und -schale, das Bier und den Zucker zufügen und alles mit einem Schneebesen zu einem glatten, relativ flüssigen Ausbackteig verrühren. Zuletzt den
Eischnee unterziehen.

3 In einem flachen, weiten Topf so viel Butterschmalz oder Ausbackfett erhitzen,
dass die Blüten schwimmend ausgebacken werden können. Sobald an einem
hölzernen Kochlöffelstiel beim Eintauchen Bläschen entstehen, ist das Fett heiß
genug.

4 Eine Blütendolde in den Ausbackteig tauchen, sodass sie rundum gut bedeckt ist,
am Stiel hochziehen, ganz kurz abtropfen lassen und in das heiße Fett geben.
Mit den übrigen Blüten ebenso verfahren.

5 Nach kurzer Zeit, wenn der Teig auf der Unterseite der Blütendolde bereits fest ist,
mit einer Küchenschere den Hauptstiel und die kräftigen Seitenstiele abschneiden.
Sobald die Unterseite gebräunt ist, die Dolde wenden und die andere Seite kurz
bräunen, dann mit einem Schaumlöffel aus dem Fett nehmen und auf Küchenpapier legen.

6 Nach dem Auskühlen mit Puderzucker bestauben und frisch, am besten noch
leicht lauwarm, servieren.

TIPP
*Geben Sie beim Ausbacken nicht zu viele Blütendolden auf einmal in den Topf,
sonst sinkt die Temperatur des Fettes zu sehr ab. Außerdem sollen die einzelnen
Blütendolden schwimmen können, damit sie nicht miteinander verkleben.*

Maisgriffel-Honig-Dessert

Für 4 Personen
3 junge, ungeschälte Maiskolben
3 EL Honig
1 reife Banane
Saft von 1 Zitrone
200 g Mascarpone
100 ml Sahne

Garnitur
Bananenscheiben und
Minzeblättchen

1 Die Maiskolben vorsichtig von den grünen Hüllblättern befreien und die Griffel herauslösen.

2 In einer Kasserolle den Honig erhitzen, bis er zu kochen beginnt, dann vom Herd nehmen. Sofort die Maisgriffel hineingeben und etwa 5 Minuten ziehen lassen. Mit einer Gabel die Maisgriffel-Schöpfe herausheben und abtropfen lassen. Den aromatisierten Honig zum Auskühlen beiseitestellen.

3 Die Banane schälen und in Scheiben schneiden. Mit dem Zitronensaft in eine Schüssel geben und zerdrücken. Mascarpone und Honig untermengen. Die Sahne nach und nach zufügen, bis die gewünschte cremige Konsistenz erreicht ist.

4 Die Creme mit eingen Maisgriffeln belegen, das Dessert mit Bananenscheiben und Minzeblättern garnieren (s. Abb. rechts).

Rosencreme

Für 4 Personen
je 3 Blatt rote und weiße Gelatine
400 ml Sahne
250 ml halbtrockener Weißwein
etwa 50 g Zucker
2 EL Rosenwasser
1 cl Rosenlikör

Garnitur
Rosenblütenblätter
und Himbeeren

1 Die Gelatine in kaltem Wasser einweichen. Die Sahne steif schlagen.

2 In einem kleinen Topf den Wein erhitzen und den Zucker darin auflösen. Kurz bevor er zum Kochen kommt, den Wein vom Herd nehmen und auf 70–80 °C abkühlen lassen. Die ausgedrückte Gelatine im Wein auflösen und die Flüssigkeit durch ein Sieb in eine Schüssel gießen. Diese in ein kaltes Wasserbad stellen.

3 Unter ständigem Rühren das Rosenwasser und den Rosenlikör zugeben und so lange weiterrühren, bis die Masse dicklich wird.

4 Die steif geschlagene Sahne unterheben und die Creme in 1–2 Stunden im Kühlschrank fest werden lassen. Mit Rosenblüten und Himbeeren garnieren.

Ergibt ca. 1 l

Eis

1 l Sahne

8 Eigelb

100 g Zucker

Rosenöl-Verdünnung

(aus der Apotheke, siehe Tipp)

Walderdbeerspiegel

200 g Walderdbeeren[1]

150 g Zucker

frischer Limettensaft

(nach Belieben)

Garnitur

Heckenrosenblüten[2]

Roseneis auf Walderdbeermark

1 Roseneis: Die Sahne aufkochen, vom Herd ziehen.

2 Die Eigelbe und den Zucker in einer Schüssel (aus Metall, für das Wasserbad) vermischen und die noch heiße Sahne langsam und unter ständigem Rühren dazugeben.

3 Für das Wasserbad in einem Topf einige Zentimeter hoch Wasser zum Sieden bringen und die Schüssel so auf den Topf setzen, dass der Boden das Wasser nicht berührt. Die Eiermischung über dem Wasserbad unter Rühren auf 60 °C erhitzen. So lange weiterrühren, bis sie dickcremig wird (nicht zu heiß werden lassen, da die Masse sonst gerinnt).

4 Die Eiercreme über einer Schüssel mit Eiswasser kalt rühren, dabei 2 Tropfen der Rosenöl-Verdünnung zugeben. Anschließend in eine Eismaschine füllen (siehe Tipp).

5 Walderdbeerspiegel: Ein paar schöne Walderdbeeren für die Garnitur beiseitelegen. Die restlichen Walderdbeeren mit 150 Gramm feinem Zucker pürieren, bis eine glatte Masse entsteht (wem das zu süß ist, der kann einige Tropfen Limettensaft beigeben).

6 Je eine Portion Eis auf einem Spiegel aus Walderdbeermark anrichten. Mit Rosenblüten und restlichen Erdbeeren garniert servieren.

TIPPS

Am besten in der Apotheke aus dem Rosenöl eine Rosenöl-Verdünnung herstellen lassen, und zwar mit Äthanol im Verhältnis 1:10. Man kann auch Rosenwasser verwenden, muss aber selbst herausfinden, wie viel man der Eismischung zugibt, damit das Eis nicht seifig schmeckt, denn die Qualitäten sind sehr unterschiedlich.

Für ein optimales Resultat nehmen Sie eine Eismaschine. Falls Sie keine besitzen, können Sie das Eis auch manuell herstellen: Dafür die vorbereitete Eismasse in einen entsprechend großen Gefrierbehälter füllen. Es müssen bis zum Rand mindestens 4 Zentimeter frei sein, damit die angefrorene Masse kräftig durchgerührt werden kann. Das Eis 1½ Stunden anfrieren lassen, dann herausnehmen und kräftig mit einer Gabel durchrühren (vom Rand in Richtung flüssigere Mitte vorarbeiten). Die Masse erneut für etwa 2 Stunden einfrieren (sie sollte nicht hart gefroren sein) und in eine Küchenmaschine umfüllen. In der Küchenmaschine 1–2 Minuten rühren, bis sie weich ist. Diesen Vorgang wiederholen. Danach kann das Eis tiefgekühlt werden.

Lindenblütensorbet

Ergibt ca. 500 ml
200 ml Lindenblütentee
(siehe Seite 121)
200 g Lindenblütenhonig
Saft von 2 Limetten
Saft von 1 Orange
1 Eiweiß
1 Prise Fleur de Sel

1 In einer Kasserolle den Lindenblütentee mit dem Lindenblütenhonig erhitzen und rühren, bis sich der Honig aufgelöst hat. Wenn die Flüssigkeit kocht, noch 1–2 Minuten bei leichter Hitze weiterköcheln, um die Lösung zu konzentrieren. Dann kalt stellen.

2 Den Limetten- und Orangesaft unter den Tee-Honig-Sirup mischen.

3 Das Eiweiß mit dem Fleur de Sel mit dem Schneebesen oder einem Rührgerät steif schlagen und zur kalten Saft-Sirup-Mischung geben.

4 In die Eismaschine füllen und zu Sorbet verarbeiten; je nach Gerät ist das Sorbet in etwa 20 Minuten fertig. Alternativ wie im Tipp Seite 118 verarbeiten.

TIPP
Das Lindenblütensorbet schmilzt sehr rasch, daher muss es sofort serviert werden. Man kann auch ein wenig davon in den Lindenblüten-Eistee (s. Abb. rechts) geben und das Dessert mit Lindenblüten garnieren.

Mädesüß-Eis

Für 6 Personen
1 gehäufter EL getrock-
nete Mädesüßblüten
(aus der Apotheke)
200 ml Sahne
100 ml Milch
75 g Zucker
5 Eigelb
2 cl Amaretto

1 Sahne und Milch in einem Topf erhitzen und den Zucker darin auflösen. Kurz bevor die Mischung aufkocht, die Mädesüßblüten dazugeben und den Topf vom Herd nehmen. Die Blüten in der Mischung zugedeckt etwa 6 Minuten ziehen lassen.

2 Die Eigelbe in einer Metallschüssel mit dem Schneebesen schaumig schlagen. Die Mädesüßblüten abseihen und die Sahne-Mischung weiter abkühlen lassen, bis sie nicht mehr heiß, aber noch gut warm ist.

3 Den Amaretto zufügen und die Masse unter ständigem Rühren mit dem Schneebesen zu den Eigelben in die Schüssel geben. Im warmen Wasserbad bei etwa 60 °C so lange rühren, bis die Masse cremig wird. Danach die Schüssel in Eiswasser stellen und die Creme kalt rühren.

4 Die Masse in einer Eismaschine weiterverarbeiten oder ins Tiefkühlgerät stellen und ab und zu rühren, damit das Eis cremig bleibt.

Lindenblüten-Eistee

Für 4 Personen
30 g getrocknete Lindenblüten
(aus der Apotheke)
6 TL Lindenblütenhonig
1 kleiner Lindenzweig mit Blüten
Saft von 1 Limette

1 Die getrockneten Lindenblüten mit 800 Milliliter kochendem Wasser übergießen und zugedeckt 10 Minuten ziehen lassen. Abseihen und mit dem Lindenblüten-honig süßen. Vollständig abkühlen lassen.

2 Die Fächer einer Eiswürfelschale je zur Hälfte mit etwas Lindenblütentee füllen, den restlichen Tee in den Kühlschrank stellen. Einzelne Lindenblüten vom Zweig zupfen und in die halb gefüllten Eiswürfelfächer streuen. In das Eisfach stellen und anfrieren lassen.

3 Den Limettensaft gleichmäßig auf dem angefrorenen Eistee verteilen. Dann die Fächer bis zum Rand mit Wasser füllen. Gefrieren lassen.

4 Den kalten Lindenblütentee in Gläser füllen und einige Lindenblüten-Eiswürfel dazugeben. Nach Belieben mit Lindenblüten garnieren (s. Abb. links).

Mädesüß-Milchshake

Ergibt ca. 1 l
100 g Mädesüßblüten
1 l Milch
50–80 g Zucker (je nach
Geschmack)

1 Mädesüßblüten mit Milch und Zucker in einem Topf erhitzen, abkühlen lassen. Die Milch über Nacht im Kühlschrank stehen lassen.

2 Am nächsten Tag durch ein Sieb passieren, mit einem Mixer oder Pürierstab kurz aufschäumen und servieren.

Ergibt ca. 750 ml
4 Handvoll Märzveilchenblüten
4 TL getrocknete Veilchenwurzel
(aus der Apotheke)
4 EL dunkelrote, getrocknete
Rosenblütenblätter
1 Stück Vanillestange (etwa 2 cm)
4 Zimtblüten
4 Kardamomkapseln
1 kleines Stück Muskatblüte
1 TL Anisfrüchte
400 ml Äthanol, 96 Vol.-%
(aus der Apotheke)
300 ml Wasser
250 g brauner Zucker
50 ml Heidelbeersaft

Märzveilchen

Ergibt ca. 50 g
2–3 Handvoll Märzveilchenblüten
1 Eiweiß
100 g Puderzucker

Veilchen-Rosenblüten-Likör

1 Alle Zutaten mit Ausnahme des Heidelbeersaftes in ein gut verschließbares Glasgefäß (kein Kunststoff!) füllen und 10 Tage stehen lassen. Dabei mehrmals täglich den Inhalt gut durchschütteln.

2 Nach Ablauf der Zeit muss der Zucker gelöst sein. Dann den Gefäßinhalt durch ein Sieb seihen und die Blüten und Gewürze gut ausdrücken. Die Flüssigkeit zugedeckt 1–2 Stunden stehen lassen, dann nochmals durch ein Tuch oder ein mit Watte ausgelegtes Sieb seihen.

3 Schließlich den Heidelbeersaft zufügen, gut vermischen und den Likör in eine gut verschließbare Karaffe füllen. In einem breiten Likörglas servieren (s. Abb. links).

TIPP
Erst nach mehreren Wochen hat sich das Aroma voll entwickelt.

Kandierte Veilchen

1 Das Eiweiß mit 50 Milliliter Wasser verdünnen und in eine Sprühflasche füllen.

2 Die Veilchenblüten auf einem großen Teller ausbreiten und mit der Lösung besprühen. Den Puderzucker durch ein feines Sieb großzügig über die Veilchen streuen.

3 Einen zweiten Teller mit Puderzucker bestreuen und die Veilchen mit einer kleinen Gabel oder einer Pinzette wenden und in das Puderzuckerbett legen. Dann die freie Seite der Veilchenblüten wieder mit der Eiweißlösung besprühen und nochmals mit Puderzucker bestreuen.

4 Die Blüten zum Trocknen auf ein Backpapier legen; dazu ist etwas Geduld nötig, da die Blüten recht klebrig sind.

TIPP
Mit Backofenwärme trocknen die Veilchenblüten schneller, aber die Temperatur darf 60 °C nicht überschreiten, sonst klebt die Zuckermasse zu sehr und verläuft.

Quitten sind Halbwildfrüchte,
denn sie sind vor vielen Jahren
als kultivierte Pflanzen in unsere Gefilde gelangt.

Wilde Früchte und Samen

Viele wilde Beeren zeichnen sich durch ihr wunderbar intensives Aroma aus und übertreffen damit ihre kultivierten Artgenossen bei Weitem. Dafür gestaltet sich das Sammeln der meist deutlich kleineren Wildfrüchte wesentlich mühsamer, man denke dabei nur an die Ernte von Walderdbeeren im Vergleich zu Gartenerdbeeren. Zudem muss man bei Wildfrüchten mit Maden, Schnecken oder den Fraßspuren mancher Waldbewohner rechnen. Mangelhafte Früchte sollte man gar nicht erst vom Strauch pflücken, der eigenen Gesundheit und der Natur zuliebe, die die nicht verwertbaren Früchte in ihrem eigenen, natürlichen Kreislauf behalten kann. Auch sollte man stets daran denken, dass die Früchte der Vermehrung und der Arterhaltung der Pflanze dienen. Das Ernten sollte sich auf den Eigenbedarf beschränken.

Die hocharomatischen Walderdbeeren, -himbeeren und -brombeeren sind vor allem frisch ein Hochgenuss. Erhitzen nimmt ihnen viel Aroma oder verändert es sogar, sodass diese Beeren zum Konservieren durch Einkochen fast zu schade sind.

Andere Wildfrüchte dagegen enthalten so viele Gerbstoffe, die ihnen einen extrem herben Geschmack verleihen, dass sie gar nicht roh verzehrt werden können. Einen Übergang bildet hier die Preiselbeere, die zwar roh gegessen werden kann, den meisten Menschen aber nur gekocht schmeckt. Bei einer weiteren roten Waldfrucht, der Vogelbeere, sind die rohen Früchte sogar leicht giftig und können vor allem bei Kindern Magenverstimmungen und Durchfall bewirken. Hier ist der unangenehme Geschmack der rohen Früchte von Vorteil, denn er reduziert die Gefahr einer Vergiftung erheblich. Frost, vor allem aber Kochen beseitigen den schlechten Geschmack und den Giftstoff der Vogelbeeren. Frost und Erhitzen sind auch die Maßnahmen, die weitere Wildfrüchte wie Schlehen oder Mispeln erst verzehrbar machen und ihr Aroma zum Tragen bringen.

Fermentieren und Vergären sind weitere Möglichkeiten der Aufbereitung, die aber im Küchenalltag heute kaum mehr eine Rolle spielen und lieber darauf spezialisierten Betrieben überlassen werden sollten. Der Einsatz von Beerenweinen oder Obstbränden aus Wildfrüchten ist allerdings auch für die Wildkräuterküche nicht zu verachten.

Wildfrüchte wie Nüsse und Samen sind, sofern sie gut getrocknet sind, lange haltbar. Sie zeichnet ihr hoher Energiegehalt aus, der auf hochwertigem Pflanzenöl mit teilweise mehrfach ungesättigten Fettsäuren beruht. Bei ihrer Verwendung ist deswegen besonders darauf zu achten, sie nur schonend zu erhitzen, um ihre hohe Wertigkeit und ihr ganz eigenes, charakteristisches Aroma nicht zu zerstören.

Ergibt ca. 250 g
1 kg Hagebutten
etwa 500 ml Apfelsaft
2 TL Waldhonig
1 kleine Prise Salz
1 Msp. Chilipulver
Pfeffer
½–1 TL frisch gemahlener
weißer Senf

Hagebuttensenf

1 Die Hagebutten waschen, abtropfen lassen, mit Apfelsaft knapp bedecken und in etwa 30 Minuten weich kochen. Durch ein Sieb streichen. Sollte die Masse im Sieb zu trocken werden und doch noch relativ viel Mark enthalten, dieses mit etwas heißem Apfelsaft herauslösen.

2 Vom Hagebuttenmark etwa 250 Gramm abnehmen und vorsichtig erwärmen, es darf nicht kochen. Mit dem Waldhonig und Salz würzen.

3 Sobald das Mark nur noch lauwarm ist, Chilipulver, schwarzen Pfeffer und ½ Teelöffel des weißen Senfmehls unterrühren. Den Hagebuttensenf abschmecken und bei Bedarf noch weiteres Senfmehl zufügen.

TIPP
Hagebuttensenf schmeckt wie Quittensenf sehr gut zu Fleischfondue, als Dip zum Grillen, zur Käseplatte oder zu dem Rezept Käse-Stracciatella (siehe Seite 147). Vor allem Stilton und Hagebuttensenf sind ein echtes Traumpaar (s. Abb. rechts).

Ergibt ca. 1 kg
3 große Quitten
1 Bruchstück Zimtrinde
6 Kardamomkapseln
3 Gewürznelken
200 g Kandiszucker
300 ml Weißwein
2 TL gemahlener Ingwer
100 g weißer Senf,
fein gemahlen
50 g schwarzer Senf,
fein gemahlen

Quittensenf

1 Die Quitten mit einem Küchentuch abreiben, schälen, vierteln und vom Kerngehäuse befreien. Die Quittenschalen mit Zimtrinde, Kardamom und Nelken in ein Säckchen füllen.

2 Die Früchte in Stücke schneiden und mit dem Zucker und dem Gewürzsäckchen im Weißwein kochen, bis sie weich sind und der Zucker gelöst ist.

3 Das Säckchen herausnehmen und die Quitten in dem süßen Wein zu einem feinen Mus pürieren. Ingwer zugeben und das Mus nochmals kurz erhitzen, dann heiß über die fein gemahlenen Senfkörner gießen.

4 Sorgfältig vermengen und abkühlen lassen. Ist die Masse zu fest, noch etwas heißen Weißwein unterrühren.

TIPP
Ganz frischer Quittensenf ist häufig sehr scharf. Warten Sie ein paar Tage, dann ist die erste Schärfe verflogen und Sie haben einen idealen Begleiter zu einer Käseplatte mit Frisch- und Hartkäse, zu Käse-Stracciatella (siehe Seite 147), zu Fleischfondue oder Gegrilltem.

Süßer Senf

Ergibt ca. 1 kg
360 g weiße Senfkörner
180 g schwarze Senfkörner
400 g Zucker
1 l milder Kräuteressig
½ Zwiebel, fein gehackt
3 ganze Kardamomkapseln
2 Gewürznelken
½ g Zimtrinde
2–3 EL Honig

1 Die Senfkörner fein mahlen. Den Zucker im Essig kochen, bis er sich aufgelöst hat. Zwiebelwürfel und Gewürze zugeben und kurz mitkochen.

2 Die Lösung vom Herd nehmen, noch 5 Minuten ziehen lassen und durch ein Sieb über die gemahlene Senfsaat gießen. Das Ganze gut vermengen, mit Honig abschmecken und abkühlen lassen (s. Abb. links).

TIPP
Der Senf ist anfangs noch sehr scharf, erst nach etwa 1 Woche hat er die richtige Schärfe. Auf alle Fälle beim Probieren erst einmal vorsichtig sein! Er kann für Senfkrusten, Salatdressings oder mit scharfem Senf gemischt für Senfsaucen verwendet werden. Zur Weißwurst ist er ein Klassiker.

Vogelbeer-Preiselbeer-Cocktail

Ergibt ca. 750 ml Sirup
6 Dolden Vogelbeeren
200 g Preiselbeeren
3 Birnen, geviertelt
5 Wurzelbärte Nelkenwurz
1 Bruchstück Zimtrinde
etwa 500 g grobkristalliner
Zucker oder Kandiszucker
Sekt, Crémant oder Prosecco
zum Aufgießen

1 Die Vogelbeeren von den Stielen zupfen, waschen und über Nacht ins Tiefkühlfach legen, es sei denn, sie sind erst nach dem ersten Frost gesammelt worden.

2 Vogelbeeren, Preiselbeeren und Birnen mit so viel Wasser zum Kochen bringen, dass sie gerade bedeckt sind. Nelkenwurz und Zimtrinde zugeben und 1–2 Stunden köcheln lassen.

3 Erst heiß durch ein Sieb, dann durch ein Passiertuch seihen. Den Saft abmessen und zu gleichen Teilen mit Zucker versetzen. Nochmals aufkochen und unter Rühren so lange erhitzen, bis der Zucker aufgelöst ist.

4 Ein Schnapsglas Sirup (etwa 2 Zentiliter) in einen Sektkelch geben und mit Sekt, Crémant oder Prosecco aufgießen.

TIPP
Den abgekühlten Sirup in sterilisierte Glasflaschen füllen und kühl und dunkel aufbewahren. So ist er mehrere Wochen haltbar.

Mehlbeerensuppe

Für 4 Personen
750 g Mehlbeeren[1]
800 ml Fleischfond
150 ml Portwein
1 Zwiebel, fein gewürfelt
50 g Butter
1 Chilischote, fein gehackt
Salz, Pfeffer
1 kleine Knoblauchzehe, gepresst

Garnitur
Stiefmütterchenblüten

1 Die Mehlbeeren im Tiefkühlfach leicht anfrieren, es sei denn, sie sind erst nach dem ersten Frost gesammelt worden.

2 Fleischfond und Portwein mischen und auf 400 Milliliter kräftig einkochen lassen.

3 Die Zwiebel in einem Topf in der Butter anschwitzen. Mehlbeeren zugeben und mit der Fleischfond-Portwein-Mischung auffüllen. Die Chilischote zugeben und einige Minuten kochen lassen. Die Suppe mit einem Pürierstab pürieren und durch ein Sieb streichen. Bei Bedarf mit etwas Fond oder Wasser strecken. Mit Salz, Pfeffer und ein wenig Knoblauch abschmecken. Mit Stiefmütterchenblüten garniert servieren.

Für 4 Personen
400 g Maronen, vorgegart
¼ Kopf Wirsing
4 Karotten
2 Petersilienwurzeln
1 Pastinakenwurzel
¼ Sellerieknolle
1 Stange Lauch
750 ml Gemüsefond
120 – 150 g Parmaschinken
in einer dicken Scheibe mit
relativ viel Fett
2 EL Tomatenmark
Salz (nach Bedarf)
Parmesan nach Belieben

Minestrone mit Maronen

1 Den Wirsing vom Strunk befreien und in Streifen schneiden. Karotten, Wurzeln und Sellerie putzen und würfeln. Den Lauch in dünne Ringe schneiden.

2 Den Wirsing im Gemüsefond blanchieren. Mit einem Schaumlöffel herausnehmen und in Eiswasser abschrecken. Den heißen Fond auf dem Herd stehen lassen.

3 Den Parmaschinken würfeln und in einem Topf anbraten. Karotten, Petersilien- und Pastinakenwurzeln und Sellerie dazugeben. Zugedeckt 2 – 3 Minuten braten lassen. Lauch zufügen und das Gemüse unter Rühren mit dem Tomatenmark aromatisieren. Mit einem Großteil des heißen Fonds aufgießen und 10 Minuten zugedeckt köcheln lassen.

4 Wirsing und Maronen dazugeben und den Rest des Fonds dazugießen. 5 Minuten weiterkochen lassen und bei Bedarf mit etwas Salz würzen.

5 Zum Servieren nach Belieben den Parmesan in Spänen über den Teller hobeln.

Walderdbeere, Waldhimbeere, Heidelbeere, Franzosenkraut, Portulak, Vogelmiere, Sauerklee, Sauerampfer, Giersch

Für 4 Personen
2 Handvoll frische Wald-
erdbeeren, Waldhimbeeren,
Heidelbeeren
Zur Saison verfügbare Wild-
kräuter (z. B. Franzosenkraut,
Portulak, Vogelmiere, Sauerklee,
Sauerampfer, Giersch)

Dressing
1 EL Balsamicoessig
1 TL Sommerhonig
2 EL Apfelsaft
2 EL Olivenöl
Salz

Waldbeeren-Wildkräuter-Salat

1 Die Wildpflanzen zupfen und waschen.

2 Die Zutaten für das Dressing gut vermischen.

3 Die Wildpflanzen auf einem großen Teller anrichten, mit dem Dressing beträufeln und mit den frischen Waldbeeren bestreuen.

TIPP
Der Waldbeeren-Wildkräuter-Salat schmeckt wunderbar zu gefüllten Kalbspflanzerln (siehe Seite 202).

Für 4–6 Personen
100–120 g getrocknete
Berberitzen
500 g Basmatireis
150 ml Hibiskustee
3 mittelgroße Karotten
100 g geschälte Mandeln
3 EL brauner Zucker
3–4 EL Butterschmalz oder Ghee
80 g grüne Pistazien
gemahlener Zimt
Salz, Pfeffer
0,1 g (1 Döschen) Safranfäden
6 TL Rosenbutter (siehe Seite 88)

Garnitur
Blütenblatt der Kartoffelrose

Juwelenreis mit Rosenbutter

1 Den Reis waschen, bis klares Wasser abläuft, dann in reichlich gut gesalzenem Wasser 6–7 Minuten kochen. Abseihen und mit kaltem Wasser abbrausen, um den Garvorgang zu unterbrechen.

2 Den Hibiskustee aufkochen und die Berberitzen darin einweichen. Die Karotten schälen und in feine Juliennestreifen, dann in 2–3 Zentimeter lange Stifte schneiden. Einige Mandeln zum Garnieren beiseitelegen, die restlichen Mandeln längs halbieren.

3 In einer Pfanne den braunen Zucker in 1½ Esslöffeln Butterschmalz schmelzen lassen. Die Karottenstifte zufügen und bei reduzierter Hitze darin karamellisieren. Mandeln und Pistazien dazugeben, zuletzt die Berberitzen abseihen, zufügen und erwärmen. Mit etwas Zimt, Salz und Pfeffer würzen und beiseitestellen.

4 Den Safran in 100 Milliliter heißem Wasser auflösen. 1–2 Esslöffel Butterschmalz in einem großen Topf zerlassen. Das Safranwasser zugeben und die Hälfte des vorgekochten Reises gleichmäßig darin verteilen. Ganz kurz zum Kochen bringen, dann die Hitze auf niedrigste Temperatur reduzieren.

5 Die Gemüse-Nüsse-Beeren-Mischung darüber verteilen, den restlichen Reis daraufschichten. Den Topfdeckel mit einem feuchten Geschirrtuch umwickeln und fest auf den Topf setzen. Den Reis bei ganz schwacher Hitze 50 Minuten garen lassen, ohne den Deckel zu öffnen.

6 Zum Servieren den Reis mischen und auf einer Platte anrichten. Die Kruste vorsichtig vom Topfboden lösen und in Teilen auf den Reis legen. Die Rosenbutter auf dem heißen Reis verteilen. Mit den restlichen Mandeln und einem Blütenblatt der Kartoffelrose garnieren.

TIPP
Der Juwelenreis wird im Orient, besonders in Persien, gerne als Beilage zu Huhn gereicht. Durch den hohen Anteil an Nüssen ist er sehr sättigend und kann auch als eigenständiges Gericht serviert werden. Dazu nach Belieben etwas mehr Karotten, Mandeln und Pistazien verwenden.

Für 4 Personen
2 Handvoll Brennnesselsamen[1]
8 Scampi, ausgelöst
4 Steinbuttfilets à 100 g
Saft von 1 Limette
1 EL Mehl
1 Ei, verschlagen
Salz, Pfeffer
Olivenöl

Garnitur
Kapuzinerkresseblüten[2]

Scampi und Steinbutt mit Brennnesselpanade

1 Die Scampi halbieren und den Darm entfernen. Steinbuttfilets und Scampi mit Salz und Pfeffer würzen und mit Limettensaft beträufeln. Erst im Mehl, dann im Ei und schließlich in den Brennnesselsamen wenden.

2 Die panierten Scampi und den Steinbutt in heißem Olivenöl bei mittlerer Hitze ausbacken. Mit Kapuzinerkresseblüten garnieren.

TIPP
Dazu passen Kartoffelpüree oder Basmatireis.

Für 4 Personen
300 g Kornelkirschen[1]
4 weiße Heilbuttfilets à 160 g
2 EL Honig
200 ml Fischfond
½ Sellerieknolle
250 ml Öl zum Frittieren

Weißer Heilbutt mit Kornelkirschsauce

1 Kornelkirschen entkernen und mit dem Honig in den Fischfond geben, etwas einkochen lassen.

2 Den Heilbutt in den Fond legen und darin kurz pochieren, herausnehmen und warm halten. Den Fond weiter einkochen lassen.

3 Den Sellerie schälen, erst in dünne Scheiben, dann in feine Streifen schneiden und in heißem Öl frittieren.

4 Vor dem Servieren die Sauce abschmecken und gegebenenfalls mit etwas Honig nachsüßen. Den Heilbutt mit Sellerie und Kornelkirschsauce anrichten.

TIPP
Sie können den Heilbutt mit leuchtenden, essbaren Blüten von Kapuzinerkresse, Gladiolen oder Ringelblumen garnieren oder auch, wie hier im Bild, mit frischem Kerbel und glacierten Karottenscheiben.

Für 4 Personen als Beilage
500 g Emmer-Mehl
100 g Haselnüsse[1], gemahlen
5 Eier und 1 Eigelb
1 TL Salz
2 EL Butter

Emmer-Haselnuss-Spätzle

1 Das Mehl mit 250–300 Milliliter lauwarmem Wasser, Eiern, Eigelb und Salz zu einem glatten Teig verrühren. Die Konsistenz soll zähflüssig und fester als Ausbackteig sein.

2 Den Teig 10 Minuten ruhen lassen, nochmals durchrühren und nach Belieben Spätzle vom Brett schaben oder mit einem Spätzlehobel oder einer Spätzlepresse zubereiten und in kochendes Salzwasser gleiten lassen. Sobald sie an die Oberfläche steigen, die Spätzle mit einem Schaumlöffel herausheben und in einem Sieb abtropfen lassen.

3 In zwei oder mehr Pfannen (je nach Größe) die Butter zerlassen. Die Haselnüsse darin kurz anbräunen und die Spätzle darin schwenken.

INFO
Emmer ist eine Urweizenform. Das Mehl hat einen recht kernigen, vollen Geschmack, der das Haselnussaroma unterstreicht.

Für 4 Personen
2 Handvoll Brennnesselsamen[1]
4 Kalbsrückensteaks à 180 g
100 ml Kalbsfond
2 EL Mehl
2 Eier, verschlagen
Olivenöl
Salz, Pfeffer

Kalbsrückensteaks im Brennnesselsamenmantel

1 Die Brennnesselsamen auf einem flachen Teller verteilen. Die Kalbsrückensteaks vorsichtig flach klopfen, mit Salz und Pfeffer würzen.

2 Den Kalbsfond in einem kleinen Topf reduzieren lassen.

3 Die Kalbssteaks erst im Mehl, dann im Ei und schließlich in den Brennnesselsamen wenden. In einer beschichteten Pfanne reichlich Olivenöl erhitzen. Das panierte Fleisch bei mittlerer Hitze darin ausbacken.

4 Die Kalbssteaks mit etwas Kalbsfond benetzt servieren.

TIPP
Dazu passt Kartoffel- oder Selleriepüree.

Für 4 Personen
Rehspieße
500–600 g Rehrückenfilet
200 g wacholdergeräucherter
Bauchspeck
2–3 kleine Zucchini,
Stielansatz entfernt
Pfeffer

Marinade
1 TL Wacholderbeeren, zerdrückt
1 kleiner Douglasienzweig
einige Pimentkörner
grobes Meersalz, Rapsöl

Wildbeeren-Ketchup
100 g Preiselbeerkonfitüre
50 g Mehlbeerenmark
(aus dem Reformhaus oder
Bio-Supermarkt)
50 g Hagebuttenmark
100 g Tomatenmark
100 ml Wildfond
1–2 Schalotten, geschält
und fein gewürfelt
200 ml Portwein
einige Pimentkörner, zerrieben
gemahlener Zimt
Meersalz, Cayennepfeffer
2 EL Balsamicoessig

Rehspieße mit Wildbeeren-Ketchup

1 Marinade: Die Wacholderbeeren mit den klein geschnittenen Douglasiennadeln, Piment und Meersalz im Mörser fein zerreiben. Mit einem Teil des Rapsöls zu einer Marinade verrühren.

2 Spieße: Das Rehfilet in 1 Zentimeter dicke Scheiben schneiden und von allen Seiten mit der Marinade überziehen. Speck in Streifen, Zucchini in 1 Zentimeter dicke Scheiben schneiden.

3 Fleisch, Speck und Zucchini abwechselnd auf Schaschlikspieße stecken und in einer Grillpfanne mit wenig Fett oder auf einem Grillrost braten. Gegen Ende der Garzeit die Spieße mit dem schwarzen Pfeffer bestreuen. Soll das Fleisch ganz durchgebraten werden, die Spieße nach dem Anbraten im vorgeheizten Backofen bei 120 °C fertig garen.

4 Ketchup: Den Wildfond mit den Schalottenwürfeln zum Kochen bringen. Portwein angießen und reduzieren lassen, bis kaum noch Flüssigkeit übrig ist. Preiselbeerkonfitüre, Mehlbeeren-, Hagebutten- und Tomatenmark und Gewürze zugeben und gut vermengen. Den Balsamicoessig untermischen. Ist die Konsistenz zu fest, noch etwas Wildfond und/oder Portwein zugeben. Nur noch ganz kurz zum Kochen bringen und abschmecken.

TIPP
Besonders gut passen hier Wildkräuter-Wedges (siehe Seite 23) dazu.

Für 4 Personen

Lendchen

2 Wildschweinfilet

1 EL Butterschmalz

1 Douglasienzweig

grobes Meersalz

rosa Pfefferbeeren

Quitten in Wacholdersauce

1 große oder 2 kleine Quitten

2 EL Wacholderbeeren

6 Schalotten, gewürfelt

500 ml Wildfond

500 ml kräftiger Rotwein

1 TL schwarze Pfefferkörner

3 Kardamomkapseln

1 TL Pimentkörner

1 TL Koriandersamen

3 frische oder 2 getrocknete
Lorbeerblätter

1 Bruchstück Zimtrinde

etwas Butter

etwas feiner Zucker

250 ml Portwein

20 g kalte Butter, in Stückchen

1 kleines Stück Bitterschokolade

Salz

Wildschweinfilet mit Quitten in Wacholdersauce

1 Das Wildscheinfilet sauber parieren, waschen und trocken tupfen. Im heißen Butterschmalz gut anbraten und im vorgeheizten Backofen bei 80 °C 30 Minuten garen.

2 Quitten und Sauce: Im verbliebenen Bratensatz die Schalotten anbraten. Mit Wildfond und Rotwein ablöschen und reduzieren lassen.

3 Die Gewürzkörner in einer beschichteten Pfanne rösten, bis sie zu duften beginnen. Mit Lorbeerblättern und Zimtrinde in ein Säckchen oder einen Teebeutel füllen und zur Sauce geben.

4 Die Quitten mit einem Küchentuch abreiben, schälen, vierteln und das Kerngehäuse entfernen. Das Fruchtfleisch in gleichmäßige Spalten schneiden und in der Pfanne, in der die Gewürze angebraten wurden, mit etwas Butter und Zucker von beiden Seiten anbraten. Mit Portwein aufgießen, kurz aufkochen lassen und mit der Wildfond-Rotwein-Sauce mischen. Die Quitten darin gar kochen (sie sollen aber bissfest bleiben).

5 Filet: Die Douglasiennadeln zerkleinern und mit dem groben Meersalz und den rosa Pfefferbeeren im Mörser zerreiben. Das vorgegarte Fleisch damit würzen und so nochmals einige Minuten bei 120 °C erhitzen, dann 10 Minuten ruhen lassen.

6 Sobald die Quitten gar sind und die Sauce genügend reduziert ist, die Quitten und das Gewürzsäckchen herausnehmen und die Sauce durch ein Sieb passieren. Etwas Salz zufügen, abschmecken und mit den kalten Butterstücken und der Bitterschokolade andicken.

7 Das durchgegarte Fleisch mit den Quittenspalten und der Sauce anrichten. Nach Belieben mit einigen rosa Pfefferbeeren garnieren.

TIPP
Eine gute Beilage dazu sind Emmer-Haselnuss-Spätzle (siehe Seite 138).

Für 4 Personen
4 Fasanenbrüste
2 EL Butter
Fleur de Sel

Waldorfsalat
75 g Walnüsse
1 große Sellerieknolle, geschält
3 säuerliche Äpfel (z. B. Boskop)
etwas Zitronensaft
100 ml Sahne

Marinade
75 ml Walnussöl
50 ml Olivenöl
1 Eigelb
Saft und abgeriebene Schale
von ½ Bio-Zitrone
Saft und abgeriebene Schale
von 1 Bio-Orange
1 TL frisch geriebener Ingwer
1 TL Honig
Salz

Ergibt ca. 500 g
500 g unreife Walnüsse
(Juninüsse)
1 TL Salz
600 g Zucker
½ Vanilleschote
2 Bruchstücke Mazisblüte
1 Bruchstück Zimtrinde
1 TL Pimentkörner
3 Gewürznelken
Zesten von 1 Bio-Zitrone
Zesten von 1 Bio-Orange

Fasanenbrust mit Waldorfsalat

1 Marinade: In einem hohen Gefäß mit dem Pürierstab langsam das Walnuss- und Olivenöl in das Eigelb einarbeiten. Zitronensaft und -schale, Orangensaft und -schale, Ingwer, Honig und Salz untermixen und abschmecken.

2 Waldorfsalat: Sellerie in feine Streifen schneiden. Äpfel vom Kerngehäuse befreien und in feine Spalten schneiden. Mit Zitronensaft beträufeln. Walnüsse grob hacken. Alles mit der Marinade mischen und 4–5 Stunden ziehen lassen. Die Sahne nicht ganz steif schlagen und unterheben.

3 Fasanenbrust: Das Fleisch von Haut und Knochen lösen und parieren, die Sehnen vorsichtig herauslösen. Dadurch entstehen pro Bruststück 3 filetähnliche Teile. Diese sanft plattieren.

4 Die Fasanenstreifen in zerlassener Butter bei ganz milder Hitze auf beiden Seiten je 3–4 Minuten garen. Dabei mit der Butter nappieren (überziehen). Mit Fleur de Sel würzen und servieren (s. Abb. rechts).

TIPPS

Eine gute Beilage dazu sind Schwarze Walnüsse (siehe Rezept unten).

Wer keinen rohen Sellerie mag, kann ihn kurz blanchieren, abkühlen lassen und dann zur Marinade geben.

Schwarze Walnüsse

1 Die Walnüsse rundum fest anstechen. In ein Gefäß mit reichlich Wasser legen und 14 Tage kühl stellen. Das Wasser in der ersten Woche zweimal täglich erneuern, in der zweiten Woche einmal täglich wechseln.

2 Die Walnüsse in reichlich frischem Wasser in etwa 30 Minuten weich kochen. Gegen Ende der Garzeit das Salz zugeben. Die Nüsse sollten da schon schwarz sein. Abseihen und abtropfen lassen.

3 400 Gramm Zucker unter Kochen in 1 Liter Wasser auflösen, dabei die Gewürze mitkochen lassen. Die Zuckerlösung noch heiß, aber nicht mehr kochend über die Nüsse gießen und über Nacht ziehen lassen.

4 Den Sirup abgießen, mit 100 Gramm Zucker erneut aufkochen, wieder über die Nüsse gießen und über Nacht ziehen lassen.

5 Nochmals abseihen, mit dem restlichen Zucker aufkochen und erneut über die Nüsse gießen. In Gläser füllen und 45 Minuten sterilisieren. Die eingelegten Walnüsse bis zum Verzehr 6 Monate ruhen lassen.

Für 4 Personen
3 TL Knoblauchsraukensamen
100 g dunkle Schokolade
300 g milder Ziegenfrischkäse

Garnitur
Knoblauchsrauke (nach Belieben)

Käse-Stracciatella

1 Die Schokolade über einem Wasserbad vorsichtig schmelzen. Auf einem mit Backpapier belegten Blech die Masse etwa 1 Millimeter dick ausstreichen. Die Samenkörner gleichmäßig darüberstreuen. Erkalten lassen.

2 Ist sie richtig fest, die Schokoladenmasse in kleine Streusel zerbrechen. Einen Streifen Schokostreusel auf ein Stück Klarsichtfolie streuen – er soll etwa doppelt so breit sein wie der Durchmesser der Bällchen, die man formen möchte.

3 Den Frischkäse in einen Spritzbeutel füllen. Mitten auf den Schokostreusel-Streifen eine glatte Bahn Frischkäse spritzen und noch ein paar Streusel darüberstreuen. Die Masse mit der Folie umwickeln. Mit einem Kochlöffelstiel die Folie noch etwas andrücken, sodass sich eine gleichmäßig dicke Rolle ergibt.

4 Die Rolle mit einer festen Umdrehung schließen und quer in gleich große Stücke teilen. Durch Abdrehen der Folie kleine Bällchen formen, abschneiden und vorsichtig herauslösen. Die getrockneten Zweige der Knoblauchsrauke zieren den Teller.

TIPP
Hagebuttensenf (siehe Seite 128) oder Quittensenf (siehe Seite 128) sind köstliche Begleiter zu diesem Dessert. Auch Walnussbrot, das hier auf dem Bild in Rauten geschnitten zu sehen ist, passt vorzüglich dazu.

**Hauptgericht für 2 Personen
oder Dessert für 4 Personen**
2 EL getrocknete Berberitzen
½ Tasse Vogelbeerbrand
5 Eier
80 g Zucker
100 ml Sahne
1 Päckchen Vanillezucker
100 ml Milch
120 g Mehl
1 Prise Salz
1 EL Butterschmalz
Puderzucker zum Bestreuen

Kaiserschmarrn mit Berberitzen

1 Die Berberitzen etwa 30 Minuten vor der Zubereitung des Kaiserschmarrns in Vogelbeerbrand einweichen, dann abseihen.

2 Die Eier trennen und die Eigelbe mit dem Zucker schaumig rühren. Die Sahne mit dem Vanillezucker steif schlagen. Die Milch unter die Eigelbe rühren und das Mehl klümpchenfrei einarbeiten.

3 Die Hälfte der Schlagsahne unterziehen. Die Eiweiße mit dem Salz steif schlagen und vorsichtig unter den Teig heben.

4 Den Backofen auf 160 °C Umluft oder 180 °C Ober-/Unterhitze vorheizen. In einer beschichteten Pfanne mit abnehmbarem oder ofenfestem Stiel das Butterschmalz erhitzen, den Teig hineingießen, die Berberitzen daraufstreuen und bei mittlerer Hitze backen, bis sich der Teig vom Boden lösen lässt und eine goldgelbe Farbe angenommen hat.

5 Den Kaiserschmarrn im vorgeheizten Backofen in 15 Minuten fertig garen. In grobe Stücke zerteilen, mit Puderzucker bestreuen und mit der restlichen Schlagsahne garnieren (s. Abb. rechts).

Ergibt ca. 400 ml
300 g tiefgefrorene Heidelbeeren
2 EL brauner Zucker
1 cl brauner Rum
100 ml Sahne, gut gekühlt

Schnelles Heidelbeereis

1 Alle Zutaten in einem Mixer gut aufmixen. Sollte die Masse zu wenig gefroren sein, kann man sie in Gläser füllen und für kurze Zeit im Tiefkühlfach nachfrosten.

Für 4 Personen
Quittensuppe
Reste von 3–4 Quitten
(Schalen, Kerngehäuse und
nicht verdorbene Abschnitte)
125 g brauner Zucker
300 ml Weißwein
¼ Vanilleschote
4–6 Kardamomkapseln
je 2 breite Streifen Bio-
Zitronen- und Bio-Orangenschale, hauchdünn abgetrennt
1 kleine Prise Fleur de Sel

Walnüsse
100 g geschälte Walnüsse
2 EL Puderzucker, 2 EL Honig

Garnitur
Schlagsahne und gekochte
Quittenstücke (nach Belieben)

Quittensüppchen mit karamellisierten Walnüssen

1 Quittensüppchen: Quittenreste mit 125 Milliliter Wasser und dem Zucker erhitzen. Wein angießen und zum Kochen bringen. Die Vanilleschote längs aufschneiden und dazugeben, Kardamom zufügen und zuletzt die Zitronen- und Orangenschalenstreifen.

2 Köcheln lassen, bis der Zucker ganz gelöst ist. Durch ein Sieb passieren, eine Prise Meersalz dazugeben und eventuell mit noch etwas Zucker abschmecken.

3 Walnüsse: Den Zucker zum Schmelzen bringen, die Walnüsse dazugeben, den Honig darüberträufeln. Die Walnüsse vorsichtig umwenden, dann zum Trocknen neben-einander auf Backpapier legen.

4 Das Süppchen kalt servieren. Nach Belieben mit einem Klecks Schlagsahne garnieren. Die karamellisierten Nüsse an einen Spieß kleben – mit etwas Marzipan dazwischen geht es noch leichter –, gekochte Quittenstücke auf den Spieß stecken und diesen quer über die Suppentasse legen (s. Abb. links).

Für 4 Personen
500 g Mispeln
500 g Quitten
1 kleines Stück Ingwerwurzel,
geschält
500 ml weißer Balsamicoessig
300 g brauner Zucker
4 EL Honig
1 Bio-Zitrone
3 Gewürznelken
2 Bruchstücke Zimtrinde
1 Prise Salz

Mispel-Quitten-Kompott süßsauer

1 Mispeln und Quitten schälen, entkernen und in gleichmäßige Stückchen schneiden. Den Ingwer fein würfeln. Alles mit dem Essig und 250 Milliliter Wasser übergießen, Zucker und Honig dazugeben und aufkochen.

2 Die Zitrone mit heißem Wasser abwaschen und von der Schale ein paar dünne Streifen abschneiden, es sollte möglichst nichts von dem weißen Schalenpolster daran haften.

3 Zitronenschale, Gewürznelken, Zimtrinde und Salz zu den Früchten geben, 15 Minuten kochen. An einem Quittenstück testen, ob die Früchte bissfest und schon gar sind. Wenn nötig, die Kochzeit verlängern. Alles in eine Porzellan- oder Glasschüssel geben und zugedeckt über Nacht kühl stellen und durchziehen lassen.

4 Am folgenden Tag die Flüssigkeit abgießen und nochmals aufkochen. Abschmecken und wenn nötig mit Essig oder etwas Zitronensaft nachsäuern. Die Früchte in sterili-sierte Einmachgläser füllen, mit dem heißen Essigsud übergießen und gut verschließen.

TIPP
Hat man für das Rezept recht reife Mispeln zur Hand, gibt man sie erst einige Zeit nach den Quitten zum Kochen in den Topf.

Für 4 Personen

Holundertörtchen
600 g reife Holunderbeeren
400 ml Holundersaft
75 g Zucker
6 Blatt Gelatine

Aprikosenspiegel
300 g reife Aprikosen
100 ml Apfelsaft
50 g Puderzucker

Garnitur
einige Tropfen Holunderbeersirup und Zuckergespinst
(nach Belieben)

Holundertörtchen
auf Aprikosenspiegel

1 Holundertörtchen: Holunderbeeren und -saft 10 Minuten kochen lassen. Den Zucker
   zugeben und 2–3 Minuten in der Flüssigkeit köcheln lassen. Vom Herd nehmen.

2 Die Gelatine 5 Minuten in kaltem Wasser einweichen, ausdrücken und im heißen Saft
   auflösen. Die Masse in kleinen Formen für 5 Stunden kalt stellen.

3 Aprikosenspiegel: Die Aprikosen enthäuten und entsteinen. Die Früchte mit Apfelsaft
   und Puderzucker erhitzen und aufkochen lassen. Anschließend pürieren und durch ein
   Sieb passieren. Bis zum Gebrauch kalt stellen.

4 Die Förmchen vor dem Servieren kurz in heißes Wasser tauchen. Einen Spiegel aus
   Aprikosensauce auf die Teller geben, mit einigen Tropfen Holunderbeersirup garnieren
   und je ein Törtchen daraufstürzen. Nach Belieben mit Zuckergespinst (siehe Tipp) garniert servieren.

TIPP
*Für das Zuckergespinst Isomalt aus der Apotheke 10 Minuten kochen lassen. Backpapier
flach auslegen. Aus den Isomalt-Fäden ein Muster aufzeichnen und nach dem Erkalten
vorsichtig vom Papier lösen.*

Hagebuttenmousse mit Bucheckern

Für 8 Personen
400 g Hagebutten[1]
100 g Zucker
200 ml Apfelsaft
6 Blatt Gelatine
500 ml Sahne, steif geschlagen
1 Handvoll geschälte Bucheckern

Garnitur
Karamellsauce (Fertigprodukt
oder frisch zubereitet; nach Belieben)

1 Hagebutten waschen und abtropfen lassen. Den Zucker in einem Topf hell karamellisieren lassen und mit Apfelsaft ablöschen. Die Hagebutten zugeben und verkochen
lassen. Anschließend durch ein Sieb streichen und das aufgefangene Fruchtpüree
nochmals erhitzen.

2 Die Gelatine 5 Minuten in kaltem Wasser einweichen, ausdrücken und unterrühren,
bis sie sich im Fruchtpüree aufgelöst hat. Die Masse über einer Schüssel mit Eis-
würfeln kalt rühren und kurz vor dem Anziehen die Sahne unterheben. Für mindestens 3 Stunden kalt stellen.

3 Die Bucheckern ohne Fett knusprig anrösten und mit der Mousse servieren. Nach Belieben lauwarme Karamellsauce dazu reichen. Hagebuttenzweige zieren den Tellerrand.

Zweierlei Maronencreme

Für 4 Personen
200 g Maronen, gekocht
300 ml Milch
100 g brauner Zucker
½ Vanilleschote
1 sehr kleine Prise Salz
50 g Nugatmasse
1 EL Kakaopulver
2 cl brauner Rum
200 ml Sahne
2 TL Puderzucker

1 Maronen mit Milch, Zucker, der längs halbierten Vanilleschote und Salz kochen, bis der Zucker gelöst ist und die Maronen die Milch weitgehend aufgesaugt haben. Die Vanilleschote entfernen und die Masse mit dem Pürierstab pürieren, dann durch ein Sieb streichen.

2 Die Menge halbieren. In eine Portion vorsichtig bei ganz milder Hitze, am besten auf dem Wasserbad, die Nugatmasse einschmelzen und das Kakaopulver einrühren. Darauf achten, dass keine Klümpchen entstehen. Die Hälfte des Rums untermischen und mit Folie abgedeckt beiseitestellen.

3 Die Sahne mit dem Puderzucker steif schlagen. Die Hälfte davon mit dem restlichen Rum unter die zweite Portion Maronencreme heben.

4 Das Dessert mit der restlichen Sahne schichtweise anrichten (s. Abb., rechts im Bild).

TIPP
Als Zwischenböden eignen sich flache Kekse oder Brioche vom Vortag, in feine Scheiben geschnitten.

Heidelbeercreme

Für 4 Personen
300 g Heidelbeeren
2 EL Zucker
Salz
1 kleine Prise Zimt
1 cl brauner Rum
3 Blatt Gelatine
200 ml Sahne
1 EL Puderzucker

1 Ein paar Heidelbeeren zum Garnieren zur Seite legen. Die restlichen Heidelbeeren mit dem Zucker und einem Körnchen Salz aufkochen, nach 2 Minuten vom Herd nehmen, sehr wenig Zimt (er darf nicht vorschmecken, man soll ihn nur ahnen) und den Rum zugeben. Durch ein Sieb streichen.

2 Die Gelatine in kaltem Wasser einweichen. 4 Esslöffel Heidelbeermus als Fruchtspiegel zum Anrichten abnehmen. Das restliche Mus nochmals erwärmen, aber nicht kochen. Die Gelatine ausdrücken und im Heidelbeermus auflösen. Abkühlen lassen und dabei ab und zu umrühren, bis die Masse anzuziehen beginnt.

3 Die Sahne mit dem Puderzucker steif schlagen. Zwei Drittel des Heidelbeermuses mit einem Drittel der Sahne verrühren. Das restliche Drittel Heidelbeermus mit zwei Drittel der Sahne vermengen. Für mindestens 2 Stunden kalt stellen. Danach mit den übrigen Heidelbeeren und dem Fruchtspiegel anrichten (s. Abb., links im Bild).

Wildpflaumencreme

Für 8 Personen
1 kg Wildpflaumen[1]
200 ml Apfelsaft
200 g Puderzucker
500 ml Sahne, steif geschlagen
8 Blatt Gelatine
Zucker und 1 Spritzer Zitronensaft (nach Belieben)

Garnitur
Himbeer-Aprikosen-Spiegel (siehe
Seite 112), Wildpflaumen

1 Die Wildpflaumen, den Apfelsaft und den Puderzucker zusammen einkochen, mit einem Kochlöffel zerdrücken und das Püree durch ein Sieb streichen.

2 Die Gelatine 5 Minuten in kaltem Wasser einweichen, ausdrücken und in der noch heißen Fruchtmasse auflösen. In eine größere Schale mit Eiswasser stellen und kalt rühren.

3 Sobald die Gelatine anzieht, die Sahne unterheben. Die Creme nach Belieben noch mit etwas Zucker und Zitronensaft abschmecken und auf Himbeer-Aprikosen-Spiegel und mit Wildpflaumen garniert servieren.

Heidelbeerkonfitüre

Ergibt ca. 800 g
500 g Heidelbeeren
1 Bio-Zitrone
1 kleines Stück Ingwerwurzel, geschält
½ Vanilleschote
1 Bruchstück Zimtrinde
200 ml Rotwein
300 g Gelierzucker (2:1)

1 Die Heidelbeeren verlesen, waschen und in einen beschichteten Topf geben. Die Zitrone mit heißem Wasser gut abwaschen und 2–3 dünne Streifen von der Schale abtrennen. Den Ingwer in Scheibchen schneiden, die Vanilleschote längs halbieren und das Mark herausschaben.

2 Zitronenzesten, Ingwerscheibchen, Vanillemark und Zimtrinde zu den Heidelbeeren geben, den Rotwein angießen und mit dem Gelierzucker nach Packungsanweisung kochen und wie im folgenden Rezept konservieren.

Sanddornkonfitüre

Ergibt ca. 1,7 kg
700 ml Sanddornsaft
2 Bio-Zitronen
2 EL Vanillezucker
1 kg Gelierzucker (1:1)

1 Sanddornsaft, etwas abgeriebene Zitronenschale und den Saft der beiden Zitronen mit dem Vanillezucker zum Kochen bringen. Den Gelierzucker zufügen. Sobald die Mischung kräftig kocht, 4 Minuten weiterkochen lassen. Eventuell gebildeten Schaum abschöpfen und die Konfitüre noch heiß in saubere, vorgewärmte Gläser füllen.

2 Die Gläser schließen und zum Auskühlen auf den Kopf stellen. Vor dem endgültigen Festwerden wieder umdrehen, damit sich die enthaltenen Schwebstoffe verteilen und nicht absetzen.

TIPP
Aus Sanddornkonfitüre lässt sich im Handumdrehen ein köstliches Sanddornmus zubereiten, das wunderbar z. B. zu Räucherlachs mit Sahnemeerrettich (siehe Seite 217) schmeckt. Dazu 2 Esslöffel Sanddornkonfitüre mit 1 Zentiliter Cointreau verrühren und mit Szechuanpfeffer würzen.

Ergibt ca. 1 l
1,5 kg Schlehen
1 kg weißer Kandiszucker
700 ml Grappa

Schlehenfeuer

1 Die Schlehen gut waschen und über Nacht ins Tiefkühlfach legen, falls sie noch vor dem ersten Frost geerntet wurden.

2 Am Folgetag leicht auftauen lassen und in ein helles, verschließbares Glas mit weiter Öffnung geben. Den Kandiszucker zufügen und mit dem Grappa aufgießen, bis die Früchte und der obenauf liegende Zucker bedeckt sind.

3 Das Glas verschließen und für 10–14 Tage an einen hellen, warmen Ort stellen, bis sich der Zucker vollständig aufgelöst hat (in dieser Zeit windet sich der austretende rote Fruchtsaft in flammenähnlichen Schlieren nach oben).

4 Den Likör abseihen und in sterilisierte Glasflaschen füllen.

Ergibt ca. 250 ml
2 kg Schlehen
200 g Zucker
Saft von 4 Zitronen

Schlehensirup

1 Die Schlehen gut waschen und über Nacht ins Tiefkühlfach legen, falls sie noch vor dem ersten Frost geerntet wurden. Dann mit so viel Wasser aufsetzen, dass sie etwa zur Hälfte bedeckt sind. Aufkochen lassen und zugedeckt bei kleinster Hitze 1 Stunde ziehen lassen.

2 In ein Sieb abgießen, den Saft auffangen. Den Zucker mit 150 Milliliter Wasser unter Erhitzen und Rühren auflösen. Den Schlehen- und Zitronensaft zur Zucker-lösung geben.

3 Abschmecken und eventuell mit Zucker nachsüßen; in diesem Fall erneut erhitzen, bis der Zucker sich aufgelöst hat. Den Sirup durch ein feines Sieb in ein verschließ-bares, sauberes Glasgefäß abfüllen.

TIPP
Der Sirup ist etwa 1 Woche im Kühlschrank haltbar. Er eignet sich sehr gut zum Ver-feinern von Wildgerichten und Wildsaucen sowie als Aperitif, mit eisgekühltem Sekt oder Prosecco aufgefüllt.

Schlehengelee

1,5 kg Schlehen
Saft von 1 Zitrone
2 EL Vanillezucker
250 ml Portwein
1 kg Gelierzucker (1:1)

1 Die Schlehen gut waschen und über Nacht ins Tiefkühlfach legen, falls sie noch vor dem ersten Frost geerntet wurden.

2 Die Schlehen in einem Topf knapp mit Wasser bedecken. Zitronensaft und Vanillezucker dazugeben und 2–3 Stunden köcheln lassen.

3 Abseihen und die Flüssigkeit auf 500 Milliliter reduzieren. Mit Portwein und Gelierzucker zum Kochen bringen und 4 Minuten kräftig sprudelnd kochen lassen. Noch heiß in saubere, vorgewärmte Gläser füllen. Sofort verschließen und zum Auskühlen auf den Kopf stellen.

Brombeersirup

Ergibt ca. 750 ml
1 kg Waldbrombeeren
1 kg grobkristalliner Zucker
oder weißer Kandiszucker
1 Päckchen Zitronensäure

1 Die Brombeeren mit der Hälfte des Zuckers im Dampfentsafter zu Saft verarbeiten oder in 400 Milliliter Wasser kochen und durch ein feines Sieb oder Passiertuch abseihen.

2 Mit der zweiten Portion Zucker einen Läuterzucker herstellen, d.h. zu gleichen Teilen Zucker und Wasser mischen (in diesem Fall 500 Milliliter Wasser und 500 Gramm Zucker) und so lange kochen, bis der Zucker restlos aufgelöst ist.

3 Brombeersaft und Läuterzucker mischen und die Zitronensäure darin auflösen. Bei sehr süßen Früchten eventuell etwas mehr Zitronensäure zufügen. Den Sirup in saubere, vorgewärmte Glasflaschen abfüllen und am besten liegend abkühlen lassen.

Vogelbeeren-Birnen-Likör

Ergibt ca. 800 ml
4 Dolden Vogelbeeren
300 ml Birnensaft
500 g weißer Kandiszucker
500 ml Birnenbrand
1 Bruchstück Zimtrinde

1 Die Vogelbeeren von den Stielen zupfen, waschen und einige Stunden, am besten über Nacht, ins Tiefkühlfach legen, falls sie noch vor dem ersten Frost geerntet wurden.

2 Mit etwa der Hälfte des Kandiszuckers und dem Birnensaft aufkochen, 15 Minuten kochen und danach vollständig abkühlen lassen.

3 In ein weithalsiges, verschließbares Glasgefäß füllen, den restlichen Kandiszucker darüberschichten, die Zimtrinde zufügen und den Birnenbrand darübergießen An einen hellen, warmen Ort stellen. Mindestens 2 Wochen ziehen lassen, dabei das Glas ab und zu schütteln.

4 Dann durch ein feines Sieb abseihen und in saubere Glasflaschen füllen. Zum Reifen noch mindestens 1–2 Monate ruhen lassen.

Semmelstoppelpilz, Rotfuß-röhrling oder Birkenpilz – der Herbstwald hat aufgetischt!

Aus dem Wald – Pilze

Um jegliche Verwechslungsgefahr auszuschließen, dürfen nur Pilze in den Sammelkorb, die man absolut sicher bestimmen kann – eine Regel, die hinlänglich bekannt sein dürfte. Was aber leider meist zu wenig beachtet wird, ist die Frische von Pilzen. Ältere Exemplare sind unbedingt stehen zu lassen. Man kann sie nicht immer an der Größe, wohl aber an ihrer Beschaffenheit erkennen. Ist das Futter schon sehr ausgeprägt, ist der Hut noch geschlossen oder schon weit geöffnet? Fühlt sich der Pilz matschig an oder ist er schon halb verdörrt? Hat er dunkle Druckstellen oder ist er sogar schon von Schimmelpilzen befallen? All das sind Kriterien, die bestimmen, ob ein Pilz gesammelt bzw. im Supermarkt gekauft werden kann. Zeigt der Pilz auch nur eines der genannten Merkmale, ist er unbedingt zu meiden, denn die Haltbarkeit seiner Fruchtkörper ist sehr begrenzt. Biochemische Vorgänge, beschleunigt durch Wärme und Feuchtigkeit, verwandeln in kurzer Zeit einen wohlschmeckenden Pilz in ein verdorbenes, gesundheitsschädliches Lebensmittel!

Wegen der raschen Verderblichkeit ist der richtige Transport von Pilzen besonders wichtig. In Plastiktüten können Pilze nicht atmen. Stofftaschen oder Körbe, die zusätzlich Druckstellen vorbeugen, sind die bessere Wahl. Im Idealfall reinigt man Pilze bereits ein wenig im Wald, transportiert sie zügig nach Hause, putzt sie sofort küchenfertig und verspeist sie noch am selben Tag. Bei Tintlingen, die ganz besonders rasch verderben, ist dies gar nicht anders möglich; Pilze wie sehr feste kleine Röhrlinge oder Pfifferlinge dagegen können geputzt und unverschlossen in einem luftigen Gefäß im Kühlschrank bis zum nächsten Tag aufbewahrt werden.

Die meisten Pilze lassen sich gut einfrieren. Auch das Einwecken ist eine Möglichkeit der Haltbarmachung, bringt aber häufig Zähigkeit und den Verlust der Bissfestigkeit mit sich. Der Vergleich von frischen Champignons mit jenen aus Glas oder Dose macht den Unterschied deutlich.

Viele Pilze lassen sich durch Trocknen konservieren, wobei dieser Vorgang bei guter Belüftung und möglichst rasch vollzogen werden muss, damit sich kein Verderb oder Schimmelbefall einstellen kann. Vor dem Abfüllen in Gefäße muss der Pilzschnitt restlos trocken sein. Durch das Trocknen werden die Pilze meist zäh, oft verändert sich auch ihr Aroma. Das muss aber nicht unbedingt negativ sein, denn eine Morchel zum Beispiel schmeckt getrocknet noch intensiver als frisch. Vor der Zubereitung brauchen getrocknete Pilze eine längere Einweichzeit. Das Wasser, in dem die Pilze eingeweicht wurden, verwendet man am besten mit, denn es hat viel Pilzaroma aufgenommen und verleiht Saucen und Suppen einen feinen Geschmack.

Für 4 Personen
2 Handvoll Nelkenschwindlinge[1]
2 Bund Suppengemüse
1 EL Butter
1 Kohlrabi
1–2 Karotten
Salz

Garnitur
Baby-Mangold-Blätter oder
frische Kräuter nach Belieben

Nelkenschwindlinge in Gemüsefond

1 Das Suppengemüse putzen und in Stücke schneiden. Die Wurzelgemüse davon in der Butter etwas anschwitzen. Die anderen Gemüse zugeben und mit 1,5 Liter heißem Wasser aufgießen. Zum Kochen bringen, salzen und bei schwacher Hitze etwa 1 Stunde köcheln lassen.

2 Die Nelkenschwindlinge putzen, die Stiele abschneiden und wegwerfen. Den Kohlrabi schälen, holzige Teile entfernen. Die kleinen Blättchen aus der Mitte beiseitelegen, die größeren Blätter und die Schalen zum Auskochen in die Suppe geben. Die Karotten schälen, die Schalen ebenfalls in die Suppe geben.

3 Kohlrabi und Karotten mit einem Sparschäler in dünne Streifen schneiden und in den Suppentellern anrichten.

4 Den Gemüsefond abseihen und abschmecken. Die Pilzkäppchen in der Suppe 1–2 Minuten kochen.

5 Die kochend heiße Suppe über die Kohlrabi- und Karottenstreifen in die Teller schöpfen. Mit den Kohlrabiblättchen und einem Mangoldblatt garniert servieren.

HINWEIS
Nelkenschwindlinge sind die ideale Einlage für diese Suppe. Sollten Sie gerade keine finden, sind Stockschwämmchen (wie hier in der Abb. rechts zu sehen) eine gute Alternative. Diese haben aber einen hochgiftigen Doppelgänger, daher sollte man sie nicht selbst sammeln, sondern auf Pilze aus dem Glas zurückgreifen.

TIPP
Fein geschnittene Kräuter wie Giersch, Bibernelle und Bärwurz passen farblich und geschmacklich gut zu dieser Suppe. Die Kräuter erst zum Servieren darüberstreuen.

Für 4 Personen
300 g Pfifferlinge, sorgfältig
geputzt
2–3 Schalotten
2 EL Butter
1–2 EL Olivenöl
3 Zweige glatte Petersilie
einige Gierschblätter
500 ml Gemüse- oder
Rinderfond
200–300 ml Sahne
(mehr nach Bedarf)
1 Prise Zucker, Salz
2 Scheiben wacholder-
geräucherter Räucherspeck

Garnitur
4 Gierschblätter, Speisechrysan-
themen (oder Tagetes)

Pfifferling-Rahmsuppe

1 Die Schalotten klein würfeln und in der heißen Butter-Öl-Mischung glasig anbraten.

2 Einige schöne Pfifferlinge zum Garnieren beiseitelegen. Von den übrigen Pilzen große Exemplare zerkleinern und zu den Schalotten geben, kleine Pilze im Ganzen zufügen und kurz mit anbraten.

3 Petersilie und Giersch fein schneiden und zu den Pilzen geben. Den Fond angießen und etwas reduzieren lassen. Die Sahne zugeben. Die Suppe mit Zucker und Salz abschmecken, pürieren und nochmals abschmecken.

4 In einer Pfanne den Räucherspeck erhitzen und die beiseitegelegten Pfifferlinge im Speckfett braten.

5 Die Suppe in die Teller schöpfen, die im Speck ausgebratenen Pfifferlinge auf je 1 kleines Gierschblatt legen und die Suppe mit den Blütenblättern der Speisechrysantheme garnieren (s. Abb. links).

Für 4 Personen
Pilz-Bouillon
50 g getrocknete Steinpilze
1 l Rinderfond

Pfannkuchen
200 ml Milch
100 ml Hefeweizen-Bier
2 Eier
100 g Mehl
Salz
100 g Butter zum Backen

Füllung
2 Paar Kalbsbratwürste
100 ml Sahne
frisch geriebene Muskatnuss

Steinpilz-Bouillon

1 Die Steinpilze mehrere Stunden, am besten über Nacht, in kaltem Wasser einweichen.

2 Milch, Weizenbier, Eier, Mehl und Salz zu einem glatten Pfannkuchenteig verrühren und 30 Minuten ruhen lassen.

3 Die Steinpilze abseihen, das Einweichwasser auffangen und beiseitestellen. Die Pilze sehr fein hacken. Das Kalbsbrät aus den Bratwürsten streichen und mit der Sahne, den Pilzen und etwas Muskat gut vermengen.

4 In einer Pfanne jeweils etwas Butter erhitzen und nach und nach dünne, auf beiden Seiten goldbraune Pfannkuchen darin backen. Auf einem Teller warm stellen.

5 Ein Stück Alufolie ausbreiten, mit einem Stück Klarsichtfolie gleicher Größe bedecken und einen Pfannkuchen darauflegen. Gleichmäßig mit der Steinpilzfarce bestreichen und mithilfe der Folien stramm aufrollen. Die Folienenden wie bei einem Bonbon zusammendrehen. Mit den anderen Pfannkuchen ebenso verfahren.

6 Die gefüllten Pfannkuchen in kochendem Wasser 15 Minuten ziehen lassen. Herausheben und abkühlen lassen. Vorsichtig aus den Folien wickeln und im Kühlschrank für 1 Stunde kalt stellen. Danach in knapp ½ Zentimeter dicke Scheiben schneiden.

7 Den Rinderfond mit dem Steinpilz-Einweichwasser aufkochen und abschmecken. Die Pilzrouladen-Scheiben in tiefe Teller legen und mit heißem, klarem Fond übergießen.

Für 4 Personen als Vorspeise
8 feste, mittelgroße Steinpilze
1 EL Butter
1 TL Haselnussöl
einige Cocktailtomaten
Blattsalate und Wildkräuterblätter (z. B. Sauerampfer,
Bachbunge), geputzt und
gewaschen

Dressing
2 EL Haselnussöl
50 ml Olivenöl
1 EL süßer Senf (siehe Seite 131)
2 EL Himbeeressig
1 Schuss Weißwein
Salz, Pfeffer

Steinpilz-Carpaccio

1 Dressing: Die Zutaten mit einem Pürierstab gut vermischen und abschmecken.

2 Die geputzten Steinpilze mit einem (Käse-)Hobel vorsichtig in gleichmäßige Scheiben teilen. Nur die schönen Scheiben verwenden, gebrochene Stücke und die Anschnitte für eine Essenz oder Sauce verwenden oder trocknen und zu Pilzpulver verarbeiten.

3 Butter und Haselnussöl in einer Pfanne bei mittlerer Hitze erwärmen und die schönen Pilzscheiben darin vorsichtig und nur ganz kurz anbraten, sodass sie nicht mehr roh sind. Behutsam herausnehmen und wie Carpaccio auf Tellern anrichten.

4 Die Tomaten halbieren. Salatblätter, Wildkräuterblätter und Tomatenhälften auf den Steinpilzen anrichten und mit dem Dressing beträufeln.

TIPP
Sollten Sie beim Sammeln der Steinpilze auch noch ein paar Waldhimbeeren entdecken, können Sie Beeren anstelle der Tomaten verwenden und so einen fruchtigen Akzent setzen.

Semmelstoppelpilz-Sülze

Für 4 Personen als Vorspeise
250–300 g Semmelstoppelpilze
2 Schalotten
1 EL Rapsöl
6 Blatt Gelatine
400 ml Gemüsefond
100 ml Pilzessenz (siehe Seite 15)
2 EL dunkle Sojasauce
(oder Oystersauce)
2 EL Balsamicoessig
Salz, Pfeffer
Öl für die Förmchen

Garnitur
ein paar Semmelstoppelpilze, in
Scheiben geschnitten

1 Die Pilze sorgfältig putzen, von älteren Exemplaren die Stoppeln entfernen. Halbieren und größere Pilze noch ein- bis zweimal durchschneiden. Die Schalotten klein würfeln.

2 Die Pilze bei mittlerer Hitze zunächst ohne Fett 2–3 Minuten anbraten. Dann das Rapsöl dazugeben und die Schalottenwürfel darin kurz schwenken. Beiseitestellen.

3 Die Gelatine in kaltem Wasser einweichen. Gemüsefond und Pilzessenz zum Kochen bringen, vom Herd nehmen und etwas abkühlen lassen. Mit Sojasauce, Balsamicoessig, Salz und Pfeffer würzen und abschmecken. Die eingeweichte Gelatine ausdrücken und in der noch gut warmen Flüssigkeit auflösen.

4 Förmchen mit Öl auspinseln und mit den gebratenen Pilzen füllen. Mit dem Würzfond aufgießen und für 5–6 Stunden, besser über Nacht, kalt stellen.

5 Die Förmchen auf einen Teller stürzen. Die Semmelstoppelpilzscheiben in wenig Fett kurz anrösten. Die Sülze damit garnieren.

Grundrezept
1 kg junge Pilze
5 – 6 Schalotten oder
2 Zwiebeln
500 ml Weinessig
30 g Zucker
1 – 2 Chilischoten
(je nach Schärfe)
2 Lorbeerblätter
je 1 TL schwarze und
weiße Pfefferkörner
2 TL Pimentkörner
2 EL Senfkörner
Salz

Essigpilze

1 Die sorgfältig geputzten, ganzen, halbierten oder geviertelten Pilze in wenig kochendem Salzwasser blanchieren, bis sie gar, aber noch bissfest sind (das dauert meist nur knapp 5 Minuten). Die Pilze abseihen und den Pilzsud auf etwa 100 Milliliter einkochen.

2 Die in Ringe geschnittenen Schalotten bzw. Zwiebeln, Essig, Zucker, Gewürze und etwas Salz dazugeben und den Sud etwa 5 Minuten köcheln lassen. Nochmals abschmecken und abkühlen lassen.

3 Die Pilze in verschließbare sterilisierte Gläser füllen und mit dem kalten Gewürzsud übergießen. Die verschlossenen Gläser für einige Tage in den Kühlschrank stellen.

4 Den Sud verkosten und gegebenenfalls mit Essig nachsäuern.

TIPPS

Am besten eignen sich zum Einlegen ganz junge Pilze, die nicht zerkleinert werden müssen. Die Gewürze lassen sich variieren: Reizker (siehe Abb. rechts) und ein wenig Estragon passen gut zusammen, ebenso Sandröhrling und Bockshornkleesamen. Steinpilze harmonieren mit Fenchelsamen und Walnüssen, Champignons mit Knoblauch und Ingwer.

Manche Pilze können, je nach Pilzart und Witterung zur Sammelzeit, nachwässern. Das kann die Zeit der Haltbarkeit verkürzen. Daher ist die Verkostung nach einigen Tagen und das eventuelle Nachsäuern so wichtig. Bei kühler Lagerung und ausreichend Säure sind die Pilze bis zu einem Jahr haltbar.

Für 4 Personen
1 Krause Glucke (600 – 800 g)
1,5 l Fleisch- oder Gemüsefond
2 EL Apfelessig
1 rote Zwiebel, gewürfelt
2 EL weißer Balsamicoessig
1 EL Walnussöl
3 EL Sonnenblumenöl
Salz, Pfeffer
1 Prise Zucker

Garnitur
8 Blätter Chicorée
rote Zwiebelringe
Stiefmütterchenblüten
(nach Belieben)

Salat aus Krauser Glucke

1 Die Krause Glucke putzen und unter fließendem Wasser waschen. Durch seine Form und seinen Standort in sandigen Böden ist der Pilz recht schwer zu säubern. Teilweise muss er dazu auch in größere Stücke zerteilt werden. Wichtig ist, dass der Sand unter fließendem Wasser vollständig entfernt wird.

2 Fond und Apfelessig erhitzen und die Krause Glucke darin 7 – 10 Minuten (je nach Größe der Pilzstücke) garen. Die Zwiebelwürfel kurz darin blanchieren. Krause Glucke und Zwiebel mit einem Schaumlöffel herausnehmen und etwas abkühlen lassen.

3 Aus 75 – 100 Milliliter des Pilzfonds, Balsamicoessig, Walnuss- und Sonnenblumenöl, Salz, Pfeffer und Zucker eine Vinaigrette rühren.

4 Die Krause Glucke in feine Scheiben schneiden und zusammen mit den Zwiebelwürfeln in der Vinaigrette marinieren. Auf je 2 Chicoréeblättern anrichten und nach Belieben mit roten Zwiebelringen und Stiefmütterchenblüten garnieren (s. Abb. rechts).

Für 4 Personen
600 g junge weiße Flaschenboviste
1 – 2 Blütenstände der Goldrute
200 g Butter

Beilage
ofenwarmes Baguette und
gesalzene Butter

Flaschenbovist mit Goldrute

1 Die Boviste enthäuten. Die Pilze mindestens 10 Minuten bei mäßiger Hitze in der Butter braten, bis sie schön knusprig sind.

2 Auf Tellern anrichten und mit abgezupften Blüten der Goldrute garnieren. Warmes Baguette und gesalzene Butter dazu reichen.

Für 4 Personen als Vorspeise
4 schöne, große Kräuterseitlinge
1 EL Gänseschmalz
16 dünne Scheiben geräucherte
Gänsebrust

Blaukrautsalat
1 Kopf Rotkohl
(etwa 500 g), Strunk und
äußere Blätter entfernt
1 EL Gänseschmalz
50 ml Pflanzenöl
2 EL Apfelessig
4 EL Cidre oder Apfelsaft
Salz, Pfeffer
1 Prise Zucker

Glacierte Äpfel
1 säuerlicher Apfel (z. B. Boskop)
1 EL Butter

Kräuterseitlinge auf Blaukrautsalat mit glacierten Äpfeln

1   Blaukrautsalat: Das Blaukraut in sehr dünne Streifen hobeln. Aus Gänseschmalz, Pflanzenöl, Apfelessig, Cidre, Salz, Pfeffer und Zucker eine Marinade herstellen und das gehobelte Blaukraut darin über Nacht ziehen lassen.

2   Äpfel: Den Apfel waschen und mit einem Apfelausstecher Stiel und Kerngehäuse entfernen. Das Fruchtfleisch in Spalten schneiden. Die Butter erhitzen, etwas Zucker zufügen und die Apfelspalten darin glacieren.

3   Die Pilze säubern und der Länge nach in Streifen schneiden. Das Gänseschmalz bei mittlerer Hitze erwärmen und die Pilzstreifen darin braten. Mit Salz und Pfeffer würzen.

4   Den Krautsalat abschmecken, gut abtropfen lassen und mit den noch warmen Apfelspalten und Pilzstreifen belegen. Die Gänsebrust daneben anrichten.

TIPP
Um eine weihnachtliche Vorspeise oder Zwischenmahlzeit zuzubereiten, kann man die Äpfel leicht mit Zimt bestreuen.

Gefüllte Champignons

Für 4 Personen
8 – 10 Champignons
3 Schalotten
200 g Serrano-Schinken
2 EL Olivenöl
200 g Datteln, entsteint
und klein gewürfelt
1 Chilischote, entkernt
1 Knoblauchzehe,
fein gewürfelt
200 g Couscous
200 ml Geflügel- oder
Gemüsefond
50 g Mandelblätter
1 TL Ras el Hanout
Salz

Garnitur
Kressesprossen oder Luzerne

1 Die Champignons putzen, die Stiele vorsichtig heraustrennen. Stiele, die noch nicht zäh sind, fein hacken und für die Füllung verwenden.

2 Schalotten und Schinken klein würfeln und in 1 Esslöffel Olivenöl anbraten.

3 Champignonstiele und Dattelwürfel kurz mitbraten. Die Chilischote in feine Streifen schneiden, dazugeben, zuletzt den fein gewürfelten Knoblauch zufügen.

4 Den Couscous unterrühren und nach kurzem Braten den Fond angießen. Zum Kochen bringen, dann den Couscous sofort vom Herd nehmen und zugedeckt 5 Minuten ziehen lassen, bis die Flüssigkeit aufgesaugt ist.

5 Die Mandelblätter in einer beschichteten Pfanne ohne Fett anrösten; sie dürfen nicht schwarz werden. Grob hacken und mit Ras el Hanout unter den Couscous mengen.

6 Mit Salz abschmecken und den Couscous in die Champignonköpfe füllen.

7 Das restliche Olivenöl auf ein Backblech träufeln, die gefüllten Champignons daraufsetzen, mit Alufolie gut abdecken und im Backofen 15 Minuten bei 120 °C Umluft garen. Abschließend mit Sprossen garnieren und servieren.

Für 4 Personen als Vorspeise

Pilze
6–8 Milchbrätlinge
Olivenöl
Salz, Pfeffer
geröstetes Weißbrot
(nach Belieben)

Pesto
1 Bund glatte Petersilie und
ebenso viel möglichst jung
nachgewachsener Giersch
6 EL Olivenöl, mehr nach Bedarf
100 g Pinienkerne
50 g Parmesan, gerieben
1 TL Zitronensaft
etwas abgeriebene
Bio-Zitronenschale

Gebratene Milchbrätlinge mit Petersilien-Giersch-Pesto

1 Pesto: Die Kräuter waschen. Zunächst die Petersilie 1 Minute in kochendem Wasser blanchieren, dann den Giersch dazugeben und beide Kräuter noch 1 weitere Minute blanchieren. Kurz in Eiswasser abschrecken, herausheben und auspressen. Petersilie und Giersch grob zerkleinern und in einen Mixer geben.

2 Die Pinienkerne kurz anrösten. Mit dem Olivenöl zu den Kräutern geben und im Mixer fein pürieren.

3 Parmesan, Zitronensaft und -schale, Salz und Pfeffer untermischen. So viel Olivenöl zufügen, bis die gewünschte Konsistenz erreicht ist, dann das Pesto nochmals abschmecken.

4 Pilze: Die Milchbrätlinge erst unmittelbar vor der Zubereitung von Sand und Nadeln befreien und das untere Ende der Stiele abschneiden.

5 Eine Pfanne ohne Fett erhitzen, die Pilze der Länge nach in 3–5 Millimeter dicke Scheiben schneiden und flach nebeneinander in die heiße Pfanne legen. Etwa 2 Minuten braten, wenden und auf der anderen Seite ebenso lange braten. Mit ein paar Tropfen Olivenöl beträufeln, salzen und pfeffern.

6 Die Milchbrätlinge mit dem Pesto und nach Belieben mit geröstetem Weißbrot servieren.

TIPP

Milchbrätlinge putzt man erst direkt vor der Zubereitung, denn der weiße Milchsaft soll möglichst im Pilz bleiben, da er wesentlich zur Geschmacksbildung des Gerichts beiträgt. Die Pilze auch nicht waschen oder abbrausen, denn sie müssen zur Zubereitung ganz trocken sein.

Für 4 Personen
Omeletts
8 Eier
100 ml Sahne
1 EL Mehl
Salz, 1 Prise Zucker
Butter zum Backen

Pilzsauce
400–500 g junge Schopftintlinge
3 Schalotten
2 EL Butter
200 ml kräftiger Gemüsefond
100 ml Sahne
Salz
Ingwerpulver oder weißer Pfeffer

Garnitur
Petersilie (nach Belieben)

Naturomelett mit Sahne-Tintlingen

1 Pilzsauce: Die geputzten Tintlinge in grobe Stücke schneiden, je nach Größe halbieren oder vierteln. Klein gewürfelte Schalotten in der Butter glasig anbraten. Die Pilze kurz mitbraten, aber nicht bräunen. Mit dem Fond ablöschen und etwas reduzieren lassen.

2 Die Sahne dazugeben und mit den Gewürzen abschmecken. Ist die Sauce zu dünnflüssig, etwas Speisestärke in einer Tasse mit Wasser verrühren und portionsweise zufügen, bis die gewünschte Konsistenz erreicht ist. Die Sauce warm stellen.

3 Omeletts: Die Zutaten zu einem glatten Teig verrühren und in einer Pfanne in der Butter goldbraune Omeletts backen. Sofort auf einen Teller gleiten lassen, mit der Pilzsauce füllen und in der Mitte zusammen- klappen. Nach Belieben mit Petersilie garnieren.

TIPP
Für ein besonders feines Aroma 1–2 Esslöffel fein geschnittene Kräuter (z. B. glatte Petersilie, Giersch, Schnittlauch oder Weinbergslauch) unter den Omelett-Teig rühren.

Für 4 Personen
Ragout
800 g Butterpilze, geputzt
1 EL Butter
200 ml Sahne
Salz, Pfeffer
indischer Curry
1 EL klein geschnittene Petersilie
zum Bestreuen

Serviettenknödel
6 altbackene Brötchen, gewürfelt
500 ml Milch
2 Zwiebeln, gewürfelt
1 EL Butter
je 4 Blätter Petersilie und Giersch
3 Eier
frisch geriebene Muskatnuss
1–2 EL Mehl nach Bedarf
2 EL Butterschmalz zum Backen

Butterpilzragout mit geröstetem Serviettenknödel

1   Ragout: Die geputzten Pilze je nach Größe vierteln oder achteln. Bei milder Hitze in der Butter 7–8 Minuten anschwitzen und die dabei anfallende Flüssigkeit großteils verdampfen lassen.

2   Die Sahne angießen, etwas einkochen lassen und das Ragout mit Salz, Pfeffer und Curry (sparsam verwenden, er soll nicht hervorschmecken) würzen.

3   Serviettenknödel: Die Brötchen mit der heißen Milch übergießen. Die Zwiebeln in der Butter glasig anbraten. Zur Brötchenmasse geben und gut untermengen. Petersilie und Giersch waschen und fein schneiden. Mit den Eiern und etwas Muskat unter die lauwarm abgekühlte Brötchenmasse mischen. Ist diese zu flüssig, etwas Mehl zufügen und kurz nachquellen lassen.

4   Eine Stoffserviette oder ein Geschirrtuch (ohne Weichspüler gewaschen!) ausbreiten und gleichmäßig mit Mehl bestauben. Die Knödelmasse so daraufhäufen, dass sie zylinderartig geformt werden kann, und mit dem Tuch fest zusammenrollen. Die Tuchenden einschlagen und den Knödel in einen großen Topf mit sprudelnd kochendem Wasser legen. Bei reduzierter Hitze schwach siedend 15 Minuten garen lassen.

5   Herausheben, aufrollen und zum Auskühlen vorsichtig und ohne Wasser auf eine Platte gleiten lassen. Kurz ziehen lassen, dann mithilfe eines Bindfadens in Scheiben teilen. Im heißen Butterschmalz auf beiden Seiten kross und goldbraun braten.

6   Das Butterpilzragout mit den Knödelscheiben anrichten und mit der Petersilie bestreuen.

TIPP
Der Serviettenknödel kann bereits am Vortag hergestellt werden.

Für 4 Personen
1 Wintertrüffel
100 ml Milch
100 ml Sahne
200 ml Weißwein
200 g Pecorino, grob geraspelt
2 EL Butter
4 Eigelb
Salz, Pfeffer

Pasta
400 g griffiges Mehl
1 Ei und 4 Eigelb
2 EL Olivenöl
Salz

Wintertrüffel auf Tagliatelle mit Pecorino-Sauce

1 Tagliatelle: Das Mehl auf die Arbeitsfläche sieben und in die Mitte eine Mulde drücken. Ei, Eigelbe, Öl und Salz hineingeben. Alles vorsichtig vermengen und so lange kneten, bis der Teig nicht mehr an der Arbeitsfläche klebt und seine Oberfläche glänzt. Zu einer Kugel formen und in Klarsichtfolie gewickelt bei Zimmertemperatur 30 Minuten ruhen lassen.

2 Den Teig dünn und gleichmäßig ausrollen und in Streifen schneiden oder mithilfe einer Nudelmaschine zu Tagliatelle formen. Reichlich Salzwasser zum Kochen bringen und die Nudeln darin etwa 3 Minuten (je nach Dicke des Teiges) garen.

3 Sauce: Milch, Sahne und Wein zum Kochen bringen, vom Herd nehmen und den Pecorino darin schmelzen lassen. Die zerlassene Butter unter die Käsesauce rühren.

4 Die Eigelbe mit dem Schneebesen schaumig schlagen und unter ständigem Schlagen löffelweise etwa die gleiche Menge Käsesauce einarbeiten. Darauf achten, dass das Eigelb nicht klumpt. Diese Eiermasse in die restliche Käsesauce einrühren. Ist die Sauce zu kalt geworden, vorsichtig erwärmen, aber nicht mehr kochen!

5 Die Tagliatelle mit der Sauce mischen und auf Tellern anrichten. Erst unmittelbar vor dem Verzehr die Trüffel mit einem Trüffelhobel in feinen Scheibchen über die Nudeln raspeln.

Für 4 Personen
1 Weiße Trüffel
8 Wachteleier
250 g Baby-Spinat, gewaschen
und gut abgetropft
1 EL Butter
1 knapper TL Haselnussöl
1 Knoblauchzehe
Fleur de Sel, Pfeffer

Wachteleier auf Baby-Spinat mit Weißer Trüffel

1 Wachteleier: In einer beschichteten Pfanne einen Teil der Butter zerlassen und die Wachteleier als kleine Spiegeleier darin braten. Die Eier vorsichtig öffnen – sie haben eine recht dicke Haut und es ist etwas Übung nötig, um die Dotter nicht zu zerstören. Zum Einlegen die Pfanne vom Herd nehmen.

2 Spinat: In einer etwas tieferen Pfanne die restliche Butter mit dem Haselnussöl erhitzen, den Knoblauch in der Pfanne mit dem Fett etwas verreiben und wieder herausnehmen. Den Spinat in der heißen Butter-Öl-Mischung schwenken. Mit Fleur de Sel und wenig Pfeffer würzen und nochmals schwenken.

3 Den Spinat auf kleinen Tellern anrichten, die Spiegeleier ausstechen, aufsetzen und nur das Weiße der Eier mit etwas Fleur de Sel bestreuen. Mit einem Trüffelhobel die Weiße Trüffel darüberstreuen.

Für 4 Personen

1–2 Wintertrüffel (etwa 10 g)

1 kg gelbfleischige, vorwiegend festkochende Kartoffeln

600–800 g Waller- oder Catfishfilet

500 ml Weißwein

1 kg grüner Spargel

120 g Ghee oder flüssige braune Butter

je 250 ml Milch und Sahne, gemischt

Mehl zum Wenden

Zucker

Meersalz, Pfeffer

frisch geriebene Muskatnuss

50–70 g kalte Butter, gewürfelt

Getrüffeltes Kartoffelpüree mit Wallerfilet und grünem Spargel

1 Die Kartoffeln schälen, halbieren und in Salzwasser in 25–30 Minuten gar kochen. Abseihen und im geschlossenen Topf einige Minuten nachziehen lassen.

2 Das Fischfilet in 8 etwa gleich große Teile portionieren und im Weißwein marinieren.

3 Den Spargel waschen, das untere Drittel abschneiden. In leicht gezuckertem und gesalzenem Wasser 8 Minuten garen, bis er gut bissfest ist. Kurz in Eiswasser abschrecken.

4 Die Fischfilets aus der Marinade nehmen, leicht abtupfen, salzen, pfeffern und in Mehl wenden. Bei geringer Hitze etwa 3 Minuten pro Seite in Ghee braten.

5 In einer zweiten Pfanne das restliche Ghee zerlassen und den Spargel darin kurz schwenken. Herausnehmen und warm stellen. In das in der Pfanne verbliebene Ghee die Trüffel fein hineinhobeln und warm werden lassen.

6 Die Kartoffeln durch eine Presse drücken, mit Salz und Muskat würzen. Einen Teil der Trüffeln mitsamt Ghee untermengen. Die Milch-Sahne-Mischung erhitzen, aber nicht zum Kochen bringen. So viel davon unter die Kartoffeln mischen, bis ein cremiges Püree entsteht. Die restlichen Trüffel darauf anrichten.

7 Den Bratensatz der Fischpfanne mit der Weißweinmarinade ablöschen und einkochen lassen. Mit der kalten Butter mit einem Pürierstab zu einer schaumigen Sauce aufmontieren. Spargel und Fischfilet damit leicht überziehen.

TIPP

Die abgeschnittenen Spargelstücke können in einem Sieb oder Säckchen mitgekocht werden, so wird der Geschmack des Spargels intensiver.

Für 4 Personen
400 – 600 g Edelreizker
800 g Zanderfilet
1 ½ Tassen Arborio-Reis
500 ml Gemüse- oder
Geflügelfond, mehr bei Bedarf
4 Schalotten, gewürfelt
400 ml Crémant oder Prosecco
200 ml Sahne, steif geschlagen
60 – 80 g Parmesan, frisch
gerieben
Olivenöl
Butter
Salz, Pfeffer

Garnitur
Ringelblumenblüten
Petersilie

Reizker-Risotto mit gebratenem Zanderfilet

1 Die Reizker putzen und klein würfeln. Den Fond erhitzen, aber nicht aufkochen.

2 Die Schalotten in 2 Esslöffeln Olivenöl und 1 Esslöffel Butter anschwitzen. Erst die Pilze, dann den Reis zufügen und unter Rühren kurz mitbraten. Mit Crémant oder Prosecco ablöschen. Unter Rühren einkochen lassen, etwas heißen Fond angießen, wieder unter Rühren einkochen lassen und den Vorgang so lange wiederholen, bis der Reis gar, aber noch bissfest ist. Salzen, pfeffern und nach und nach so viel geschlagene Sahne unterrühren, dass der Risotto cremig wird. Zum Schluss den Parmesan untermischen.

3 Die Zanderfilets wenn nötig noch entgräten, in 8 etwa gleich große Stücke schneiden, salzen und pfeffern. Bei mittlerer Hitze in einer Öl-Butter-Mischung zuerst auf der Hautseite etwa 5 Minuten braten, bis sich der Rand auf der Oberseite weißlich verfärbt, dann wenden und etwa 2 Minuten auf der Fleischseite braten.

4 Das Gericht mit den orangefarbenen Blüten der Ringelblumen und etwas Petersilie garnieren.

Für 4 Personen
200 g Shiitakepilze
4 Thunfischsteaks (je 160–180 g)
4 Frühlingszwiebeln
1 EL braunes Sesamöl
1 EL Rapsöl
2 rote Chilischoten
2 EL dunkle Oystersauce
feines Meersalz

Garnitur
getrocknete Peperoni
Grün von 1 Frühlingszwiebel
(nach Belieben)

Thunfischsteaks mit Shiitakepilzen

1 Die Frühlingszwiebeln längs halbieren und in 5 Zentimeter lange Stücke teilen. Die Shiitakepilze säubern und große, zähe Stiele entfernen. Zusammen mit den Frühlingszwiebeln bei mittlerer Hitze im Sesam- und Rapsöl kurz braten.

2 Die Chilischoten in schmale Ringe schneiden und dazugeben (wenn man das Gericht nicht so scharf haben möchte, die Schoten zuerst längs halbieren und die Kerne entfernen). Sobald die Pilze in der Konsistenz weicher und etwas dunkler werden, sind sie gar. Aus der Pfanne nehmen und warm stellen.

3 Die Pfanne erneut auf mittlere Hitze bringen, gegebenenfalls noch etwas Sesamöl zufügen und die Thunfischsteaks auf beiden Seiten kurz anbraten (etwa 30 Sekunden pro Seite). Die Steaks herausnehmen und mit feinem Meersalz würzen.

4 Den Bratensatz mit 1 Tasse Wasser ablöschen, die Oystersauce zufügen und durch kurzes Aufkochen reduzieren.

5 Die Thunfischsteaks in Scheiben schneiden und mit den Pilzen und der Sauce hübsch anrichten. Nach Belieben mit Peperoni und etwas Grün einer Frühlingszwiebel garnieren.

TIPP
Die klassische Beilage zu diesem Gericht ist Basmatireis. Nudeln passen ebenfalls gut dazu, dann sollte die Sauce allerdings etwas dicker sein. Dazu rührt man in das Wasser, das zum Ablöschen des Bratensatzes verwendet wird, zuvor etwas Speisestärke ein und gießt die Lösung nach und nach in die Pfanne, da die Stärke sehr schnell bindet.

Poularde auf Herbsttrompeten mit Springkraut

Für 4 Personen
200 g getrocknete Herbst-
trompeten
4 Maispoulardenbrüste
1 Zwiebel, fein gewürfelt
100 g Butter
50 ml Geflügelfond
1 kleine Knoblauchzehe, gepresst
Salz, Pfeffer
Öl zum Braten

Garnitur
4 Handvoll Springkrautblüten[1]

1 Herbsttrompeten 30 Minuten einweichen, abgießen und abtropfen lassen.

2 Poularde mit Salz und Pfeffer würzen, in heißem Öl auf der Hautseite goldgelb braten und wenden, bei mittlerer Hitze fertig braten.

3 In einer Pfanne die Zwiebelwürfel in der Butter anschwitzen, die Herbsttrompeten zugeben und mit Fleischfond ablöschen. Mit Salz, Pfeffer und
ein wenig Knoblauch abschmecken.

4 Das Fleisch auf den Herbsttrompeten anrichten. Mit Springkrautblüten
garniert servieren.

Für 4 Personen

20 g getrocknete Steinpilze
200–300 g frische oder tiefgefrorene Steinpilze
1,2 kg Ochsenschwanz
(die oberen, fleischigeren Stücke)
½ Sellerieknolle
1 Karotte
½ Stange Lauch
1 Pastinakenwurzel
2 Zwiebeln
2 EL Olivenöl
1 gehäufter EL Tomatenmark
300 ml Rotwein
125 ml Rinderfond
6 Petersilienstängel
2 Knoblauchzehen
1 Lorbeerblatt
1 kleines Stück Ingwerwurzel,
geschält
200 ml Sahne
Salz, Pfeffer

Ochsenschwanzragout in Steinpilzsauce

1 Sellerie, Karotte, Lauch und Pastinake putzen und würfeln, die Zwiebeln in grobe Würfel schneiden. Den Ochsenschwanz waschen, trocken tupfen und in einem Schmortopf in etwas heißem Öl von allen Seiten anbraten, herausnehmen. Wenn sich kein Fett mehr auf dem Topfboden befindet, das restliche Öl zufügen und das Gemüse darin anbraten. Tomatenmark unter Rühren kurz mit anbraten. Mit etwas Rotwein ablöschen, den Rinderfond angießen. Den Ochsenschwanz, Petersilienstängel, Knoblauch, Lorbeerblatt und Ingwerscheibchen hineingeben, mit Salz und Pfeffer würzen. Den restlichen Rotwein angießen und zugedeckt 3 Stunden bei schwacher Hitze köcheln lassen.

2 Getrocknete Steinpilze 1 Stunde einweichen, frische Steinpilze in Scheiben schneiden.

3 Den gegarten Ochsenschwanz herausnehmen und leicht abkühlen lassen. Die Schmorflüssigkeit durch ein Sieb in einen Topf gießen, dabei auch so viel Gemüse wie möglich durch das Sieb passieren, um schon etwas Bindung zu erreichen. Die Sauce auskühlen lassen, dann das oben abgesetzte Fett abschöpfen.

4 Die Einweichflüssigkeit der Steinpilze dazugeben und reduzieren, bis die Sauce dicklich wird. Die eingeweichten, klein geschnittenen Steinpilze, die frischen Pilzscheiben sowie die Sahne zufügen. Etwas einkochen lassen.

5 Den Ochsenschwanz auslösen und in die Sauce geben. Mit Salz und Pfeffer abschmecken.

Für 4 Personen
1 Perigord-Trüffel
500 g Kalbsbries
1–2 EL Puderzucker
3 EL kalte Butter
350 ml Weißwein
Fleur de Sel, Pfeffer

Schwarzwurzelgemüse
500 g Schwarzwurzeln
1 EL Zitronensaft oder Milch
1 EL Butter
500 ml Gemüsefond
100 ml Sahne
frisch geriebene Muskatnuss

Garnitur
nach Belieben Blätter vom
Winterportulak (Postileinchen)

Karamellisiertes Kalbsbries mit Perigord-Trüffel und Schwarzwurzelgemüse

1 Die Kalbsbriese mindestens 2 Stunden, am besten über Nacht, in reichlich Wasser wässern. Das Wasser ab und zu wechseln. Danach die zähen Häute und das Fett entfernen.

2 Die Briese in kochendem Salzwasser 15–20 Minuten köcheln lassen. Herausnehmen, in Röschen teilen und dabei nochmals gut säubern, d.h. von den äußeren Häutchen und durchgehenden Äderchen befreien.

3 Gemüse: Die Schwarzwurzeln schälen (Einweg-Handschuhe tragen!) und sofort in kaltes Wasser mit Zitronensaft oder Milch legen. Die Butter erhitzen, jedoch nicht bräunen. Die Schwarzwurzeln in etwa 3 Millimeter dicke, schräge Scheiben schneiden und in der Butter von beiden Seiten kurz anbraten.

4 Den Fond angießen und in etwa 10 Minuten bei mittlerer Hitze etwas reduzieren lassen. Gegen Ende der Garzeit die Sahne zufügen. Mit Fleur de Sel und Muskat abschmecken.

5 Kalbsbries: Den Puderzucker erhitzen, bis er schmilzt, 2 Esslöffel Butter zufügen. Die Kalbsbriesröschen darin (gegebenenfalls in mehreren Portionen) kurz von allen Seiten glacieren. Herausnehmen, mit Fleur de Sel und etwas Pfeffer würzen und warm stellen.

6 Den Bratensatz mit Weißwein ablöschen und etwas reduzieren lassen. Die Trüffel in feine Scheiben hobeln, ein paar der schönsten Scheiben zur Seite legen, den Rest kurz in der Sauce ziehen lassen. Mit Fleur de Sel und etwas Pfeffer abschmecken. Die restliche Butter in Stückchen zugeben, die Sauce mit dem Pürierstab aufmontieren.

7 Kalbsbriese mit Trüffelsauce und Schwarzwurzeln anrichten. Mit den zurückgelegten Trüffelscheiben und ein paar Blättchen Winterportulak garnieren.

Schweinefilet »Wellington«

Für 4 Personen
Pilzfarce
200 g Waldpilze (siehe Tipp)
1 altbackenes Brötchen, gewürfelt
je 250 ml Milch und Sahne
1 Handvoll Giersch
4 – 6 Stängel Petersilie
1 kleine Knoblauchzehe
1 Ei
1 EL weiche Butter
100 g Kalbsbrät
2 EL grüne Pistazien, gehackt
Salz, Pfeffer
frisch geriebene Muskatnuss

Filet
2 Schweinefilets
1 Packung Blätterteig
1 Eigelb

1 Pilzfarce: Das Brötchen in der Milch-Sahne-Mischung einweichen. Die Pilze säubern und klein würfeln; Giersch, Petersilienstängel und Knoblauch sehr fein schneiden.

2 Das Ei mit der Butter verrühren, zur Brötchenmasse geben, Kalbsbrät, Pilze, Kräuter und Pistazien ebenfalls untermischen. Mit Salz, Pfeffer und Muskat würzen.

3 Filet: Die Schweinefilets parieren, die Filetspitzen umschlagen, sodass das Fleisch die Form einer gleichmäßigen Rolle erhält. Den Backofen auf 200 °C vorheizen.

4 Den Blätterteig ausbreiten und mit der Hälfte der Pilzfarce bestreichen, das Filet darauflegen und mit dem Rest der Farce bedecken. Den Blätterteig darüberfalten, die Enden verschließen und den Teig mit einer Gabel an der Oberseite mehrmals einstechen. Im vorgeheizten Backofen bei 200 °C gut 30 Minuten garen. Nach etwa zwei Drittel der Garzeit die Pastete mit dem Eigelb bestreichen, dann fertig garen.

TIPP

Am besten eignen sich für dieses Gericht Pilze mit dunklem oder dunkel färbendem Pilzfleisch wie Rotkappen, Birkenpilze, Sand- oder Maronenröhrlinge oder Herbsttrompeten.

Kalbsrückensteaks mit Morchelsauce

Für 4 Personen

Steaks

600–800 g Kalbsrückenfilet

Butter und Öl zum Braten

Salz, Pfeffer

Morchelsauce

400 g frische oder

100 g getrocknete Morcheln

4–6 Schalotten (je nach Größe)

40 g kalte Butter, davon 20 g gewürfelt

400 ml trockener Weißwein

500 ml Kalbsfond

200 ml weißer Portwein oder Madeira

2 cl guter Cognac

200 ml Sahne

1 Getrocknete Morcheln etwa 2 Stunden in Wasser einweichen, bis sie vollgesaugt sind. Durch ein Passiertuch abseihen, das Einweichwasser auffangen. Die Morcheln halbieren, gut waschen und abbrausen. Frische Morcheln gründlich putzen und bei Bedarf abbrausen.

2 Steaks: Das Fleisch salzen, pfeffern und in wenig Butter und Öl rundherum leicht bräunen. Dann im Backofen bei 120 °C Ober-/Unterhitze 20 Minuten garen.

3 Sauce: Fein gewürfelte Schalotten in der Hälfte der Butter anschwitzen. Die Morcheln kurz mitbraten und mit Weißwein ablöschen. Morchel-Einweichwasser und Kalbsfond dazugeben und auf deutlich weniger als die Hälfte reduzieren lassen. Den Portwein angießen, nochmals etwas einkochen und mit Salz und Pfeffer würzen.

4 Den Fleisch-Bratensatz mit dem Cognac aufnehmen, die Sahne zufügen. Zur Morchelsauce geben. 1 Schaumlöffel Morcheln aus der Sauce nehmen, damit sie beim Pürieren nicht zerkleinert werden, und beiseitestellen.

5 Die kalten Butterstückchen zufügen und die Sauce mit dem Pürierstab aufmontieren. Die Morcheln wieder hineingeben.

6 Das Kalbsrückenfilet zum Servieren in gleichmäßige Steakscheiben schneiden und mit der Morchelsauce anrichten.

Für 4 Personen

Kalbspflanzerl

750 g Kalbfleisch (Hack vom
Metzger oder durch den
Fleischwolf gedreht)

1 altbackenes Brötchen,
gewürfelt

250 ml Milch

200 ml Sahne

gemahlener Ingwer

Salz, Pfeffer

je 1 EL Butter und
Olivenöl zum Braten

Füllung

50 g getrocknete Steinpilze

250 g frische Steinpilze

2 Schalotten

1 EL Butter

Gefüllte Kalbspflanzerl

1 Füllung: Getrocknete Steinpilze in Wasser einweichen, dann klein schneiden und
das Einweichwasser beiseitestellen. Frische Steinpilze sauber putzen, in Scheiben
schneiden und klein hacken.

2 Fein gewürfelte Schalotten in der zerlassenen Butter anschwitzen. Steinpilze darin
leicht braten, bis die austretende Flüssigkeit verdampft ist. Mit Salz und Pfeffer
würzen, das Einweichwasser angießen. Köcheln lassen, bis die Flüssigkeit verdampft ist.

3 Kalbspflanzerl: Die Brötchenwürfel in Milch einweichen, dann mit dem Kalbshack,
Sahne, Ingwer, Pfeffer und Salz gut vermischen. Aus dem Fleischteig kleine Hand-
teller formen, 1 Teelöffel Pilzfüllung in die Mitte geben und zu einem Bällchen
formen. Butter und Öl erhitzen und die gefüllten Kalbfleischpflanzerl bei mittlerer
Hitze rundum braten.

TIPP

*Für die Füllung können Sie nach Belieben auch Champignons oder eine Waldpilz-
mischung, z. B. aus Steinpilz, Rotkappe, Kuhmaul, Pfifferling verwenden. Als
Beilage passt Waldbeeren-Wildkräuter-Salat (siehe Seite 133 und Abb. rechts)
besonders gut dazu.*

Pfifferlingsravioli mit Rotweinschalotten und Rinderfilet

Für 4 Personen

Ravioliteig
200 g doppelgriffiges Mehl
2 Eier, 1 knapper TL Salz
Olivenöl und 1 Eigelb zum
Bestreichen

Füllung
200 g Pfifferlinge, geputzt
(plus 1 Handvoll zum Garnieren)
1 Schalotte
6–8 Zweige Quendel (ersatzweise 2–3 Zweige Thymian)
2 TL Butter
frisch geriebene Muskatnuss
Semmelbrösel nach Bedarf

Schalotten
8–10 Schalotten
4 Zweige Quendel und
2 kleine Zweige Echter Dost
oder 2 Zweige Thymian
1 EL Butter
1 EL brauner Zucker
250 ml Rotwein
200 ml Portwein
150 ml Rinderfond
2–3 EL Balsamicoessig
1 TL Stärkemehl

Steaks
4 Scheiben Rinderfilet à 150 g
1 EL Öl
Salz, Pfeffer

Garnitur
Douglasiennadeln, gehackt

1 Teig: Mehl, Eier und Salz gut verkneten. Zu einer Kugel formen, mit Olivenöl bestreichen und in Klarsichtfolie gewickelt 30 Minuten im Kühlschrank ruhen lassen.

2 Füllung: Pfifferlinge und Schalotte klein hacken. Butter mit dem Quendel erhitzen, Pfifferlinge darin bei mittlerer Hitze kurz braten. Schalottenwürfel mitbraten
und bei kleiner Hitze die entstandene Flüssigkeit weitgehend verdunsten lassen.
Quendel entfernen, Pilze mit Salz und Muskat würzen und bei Bedarf die Flüssigkeit mit Semmelbröseln binden.

3 Ravioli: Den Teig in 2 Portionen teilen. Beide mit einer Teigrolle auf dem mit Mehl
bestäubten Backbrett (oder mit einer Nudelmaschine) zu 2 Millimeter dicken Platten ausrollen.

4 1 Teigplatte auf ein bemehltes Backblech legen. Kleine Häufchen der Füllung daraufsetzen, die Ränder mit Eigelb bestreichen. Die zweite Teigplatte darüberlegen,
mit einem gewellten Teigrädchen Ravioli ausschneiden. Die Ravioli überprüfen,
ob sie gut verschlossen sind. In reichlich Salzwasser 2–3 Minuten garen.

5 Rotweinschalotten: Schalotten würfeln, Kräuter in ein Säckchen geben. Beides in
zerlassener Butter leicht braten. Den braunen Zucker darin etwas karamellisieren
lassen. Mit Rotwein und Portwein ablöschen und auf die Hälfte reduzieren lassen.
Rinderfond angießen und nochmals auf die Hälfte einkochen.

6 Balsamicoessig kurz mitköcheln lassen, die Kräuter entfernen, abschmecken.
In etwas Wasser angerührte Stärke nach und nach bis zur gewünschten Bindung
in die Sauce rühren.

7 Steaks: Die Steaks in heißem Öl auf beiden Seiten kräftig anbraten und bis zum
gewünschten Gargrad braten. Herausnehmen und mit Salz und Pfeffer würzen,
mit Douglasiennadeln bestreuen. Im verbliebenen Fett die restlichen Pfifferlinge
schwenken und das Gericht damit garnieren.

TIPP
*Wenn Sie öfter Ravioli zubereiten, lohnt die Anschaffung von Ravioliförmchen. Der aus-
gerollte Teig muss nur über die Vertiefungen gelegt, leicht hineingedrückt, gefüllt und
mit der zweiten Teigplatte verschlossen werden. Diese lässt sich mit dem Nudelholz problemlos abwälzen und es entstehen perfekt geformte, gut verschlossene Ravioli.*

Für 4 Personen
600 g Austernpilze
600 g Rinderfilet
4 Schalotten, fein gewürfelt
3 – 4 EL Oliven- oder Rapsöl
1 EL Butter
500 ml Rinderfond
200 ml Portwein
Salz, Pfeffer
1 TL Speisestärke nach Bedarf

Garnitur
Baby-Mangold-Blätter

Rinderfiletspitzen mit Austernpilzen

1 Die Schalotten in 1 Esslöffel Öl und der Butter glasig anbraten. Die Austernpilze von den dicken Strünken befreien, diese sauber geputzt für die Sauce verwenden. Die Pilze zu den Schalotten geben, salzen, pfeffern und bei mittlerer Hitze von beiden Seiten etwa 5 Minuten braten.

2 Das restliche Öl stark erhitzen, das Rinderfilet in feine Streifen schneiden und darin kurz von allen Seiten anbraten. (Die Pfanne sollte zu höchstens zwei Drittel bedeckt sein, da das Fleisch sonst zu kochen beginnt, daher gegebenenfalls das Fleisch in mehreren Pfannen braten.) Filetstreifen salzen, pfeffern und warm stellen.

3 Den Bratensatz des Filets mit Rinderfond ablöschen (und zusammenführen, falls mehrere Pfannen benutzt wurden). Die Pilzstrünke dazugeben und die Sauce etwas einkochen lassen.

4 Den Bratensatz der Pilze mit Portwein ablöschen. Den Bratensatz des Fleisches unterrühren, die Sauce zum Kochen bringen, dann durch ein Sieb passieren. Die Sauce zurück in die Pfanne gießen und etwas einkochen lassen. Dickt die Sauce nicht von selbst ein, in Wasser verrührte Stärke nach und nach in die kochende Sauce einrühren, bis die gewünschte Konsistenz erreicht ist.

5 Austernpilze und Rinderfilet auf einem vorgewärmten Teller anrichten, die Sauce darübergießen und mit den kleinen Mangoldblättern bestreuen.

Die Wilde Möhre tritt gerne in großen Gesellschaften auf.

Wurzeln und Knollen

Wurzelgemüse aus Wildpflanzen sind ein eher seltener Genuss. Meist verhelfen dazu nur Zufälle, wenn gerade eine Wald- oder Wiesenfläche gerodet oder umgegraben wird. Selbst dann ist noch ein Gerät zum Ausgraben der Wurzeln nötig, und das hat man wohl kaum auf einem Spaziergang oder einer Wanderung dabei. Erschwerend kommt hinzu, dass die Wurzeln aus Wildsammlung häufig sehr zäh und verholzt sind und es dadurch kaum möglich ist, sie als Gemüse oder Salat zuzubereiten.

Daher darf der Wildpflanzen-Sammler gerne auf den Gartenbau zurückgreifen, wo gerade unter den Wurzeln einige recht unverfälschte, das heißt durch Züchtung wenig veränderte Sorten zu finden sind. Durch die lockere Erde kann sich eine größere, unverholzte Wurzel bilden. Zudem schont man die Pflanzenart, indem man sie nicht mit der Wurzel ausrottet. Bei der selten gewordenen Schwarzwurzel ist dies durch den Naturschutz ohnedies geboten.

Auf der Suche nach wild wachsenden Wurzeln wird man am häufigsten an Unkraut im Garten geraten, also an die Löwenzahnwurzel und an die Wurzeln der Nelkenwurz. Die Löwenzahnwurzel schmeckt sehr bitter, man kann sie getrocknet mit dem Kraut als Tee trinken. Wird sie pulverisiert und geröstet, kann wie aus der Wurzel des Chicorées oder der wilden Wegwarte ein Kaffee-Ersatz hergestellt werden.

Die Nelkenwurz wird, wie viele andere Wildkräuterwurzeln, wegen ihrer medizinischen Wirkung zu Tinkturen verarbeitet. In der Küche verbindet man gerne den gesundheitlichen mit dem geschmacklichen Aspekt und stellt daraus Liköre und Brände her.

Die durchaus nicht zu unterschätzende Würzkraft heimischer Wurzeln wird heute kaum mehr genutzt, da sie meist um vieles schwächer ist als die Intensität fernöstlicher oder anderer exotischer Gewürze. Der Meerrettich dürfte hier eine der wenigen Ausnahmen sein.

Topinambur-Cremesuppe
mit Räucheraal

500 g Topinambur
400 g Räucheraal
750 ml Geflügelfond
3 Schalotten, gewürfelt
1 TL Butter
1 TL Rapsöl
2 Eigelb
200 ml Sahne
Salz
1 rote Chilischote
abgeriebene Schale von
1 Bio-Orange
rosa Pfefferbeeren

1 Die Topinamburknollen schälen und je nach Größe halbieren oder vierteln. Im leicht gesalzenen Geflügelfond in 10–15 Minuten gerade gar kochen.

2 Den Aal häuten und entgräten. Schalottenwürfel, Aalhaut und -gräten bei mittlerer Hitze in Butter und Öl anbraten. Mit einem Großteil des Topinambursuds ablöschen und 5–7 Minuten köcheln lassen.

3 Topinambur im restlichen Sud mit einem Pürierstab pürieren und durch ein Sieb streichen. Die Flüssigkeit mit Aalhaut und Gräten abseihen und zum Topinamburmus geben. Mit Salz abschmecken.

4 Die Suppe aufkochen lassen, vom Herd nehmen und den in Stücke geschnittenen Aal hineingeben. Die Eigelbe mit der Sahne verquirlen und die Suppe damit binden. Nochmals erhitzen, aber nicht mehr kochen.

5 Die Suppe in vorgewärmte Teller schöpfen und mit der hauchfein gewürfelten Chilischote, Orangenschale und den frisch gemahlenen oder gemörserten rosa Pfefferbeeren bestreuen (s. Abb. rechts).

Topinamburgemüse

800 g Topinambur
1 Zwiebel, fein gewürfelt
2–3 EL Olivenöl
1 Zweig Rosmarin
500 ml Gemüsefond
1 kleine Knoblauchzehe, gepresst
Salz, Pfeffer

Garnitur
Blütenblätter der Topinambur

1 Die Topinamburknollen schälen, in Spalten schneiden und mit den Zwiebelwürfeln in Olivenöl anbraten. Mit Salz und Pfeffer würzen, den Rosmarinzweig zugeben und mit dem Gemüsefond ablöschen.

2 Die weich gekochten Topinamburspalten erneut mit Salz, Pfeffer und ein wenig Knoblauch abschmecken. Mit den Blütenblättern der Topinambur garniert servieren.

TIPP
Für ein vegetarisches Hauptgericht erhöhen Sie die Menge entsprechend und servieren Hirse oder rote Linsen dazu. Das Topinamburgemüse passt auch sehr gut zu kurz gebratenem Fleisch, etwa zu Rinderfilet oder zu Lammkoteletts.

Für 4 Personen
6 Knollen Topinambur
4 Scheiben Gänseleberpastete
(je 3 mm dick)
1 Spritzer Zitronensaft

Vinaigrette
2 g Abschnitte vom Perigord-
Trüffel, fein gehackt
2 TL Puderzucker
125 ml Portwein
100 ml Gemüsefond
1 TL Haselnussöl
1 EL Walnussöl
1 EL Olivenöl
Salz, Pfeffer

Garnitur
nach Belieben Feldsalat oder
Winterportulak

Topinambursalat mit Trüffel-vinaigrette und Gänseleberpastete

1 Vinaigrette: Den Puderzucker in einer Pfanne karamellisieren. Beginnt er braun zu werden, mit dem Portwein ablöschen. Bei milder Hitze einkochen lassen. Sobald die Flüssigkeit eindickt, den Gemüsefond dazugießen.

2 Vom Herd nehmen, die Trüffelstückchen zufügen und abkühlen lassen. Die Öle unterrühren, mit Salz und Pfeffer würzen, gut mischen und mehrere Stunden, am besten über Nacht, durchziehen lassen.

3 Topinambur: Die Knollen schälen und sofort in eine Schale kaltes Wasser mit Zitronensaft legen, damit sie nicht grau anlaufen. In feine Scheiben raspeln und mit der Vinaigrette mischen.

4 Den Salat mit der Gänseleberpastete anrichten und nach Belieben mit Feldsalat oder Winterportulak garnieren.

TIPP

Sollte die Trüffelvinaigrette zu wenig intensiv schmecken, kann man etwas Trüffel-essenz (aus dem Feinkostladen) zufügen; diese enthält jedoch Salz, was beim Würzen zu beachten ist. Man kann auch Trüffelöl verwenden, das aber meist sehr geschmacksintensiv und oft mit künstlichen Aromen versetzt ist, was den feinen Geschmack der Trüffel stören könnte.

Für 4 Personen
knapp 1 kg Schwarzwurzeln[1]
Saft von 1 Zitrone
500 ml Milch
Salz

Ausbackteig
3 Eiweiß, 2 Eigelb
250 ml Weißwein
150 g Mehl, mehr zum Bestauben
frisch geriebene Muskatnuss
1 Prise Zucker, Salz
Butterschmalz oder Öl
zum Ausbacken

Sauce
4 Eigelb
2 cl Weißwein
1 EL Zitronensaft
1 Prise Zucker
frisch geriebene Muskatnuss
Salz, weißer Pfeffer
125 g Butter

Gebackene Schwarzwurzeln mit Sauce hollandaise

1 Schwarzwurzeln: Die Schwarzwurzeln waschen, schälen (Einweg-Handschuhe tragen!), in fingergroße Stücke schneiden und sofort in eine Schüssel mit Zitronenwasser legen.

2 Die Wurzeln in einer Mischung aus Milch und Salzwasser (zu gleichen Anteilen) 10 Minuten garen; sie müssen noch viel Biss haben.

3 Teig: Die Eiweiße mit 1 Prise Salz steif schlagen. Die Eigelbe mit Wein, Muskat, Zucker, Salz und zuletzt Mehl zu einem glatten, dickflüssigen Teig verrühren. Den Eischnee unterheben.

4 Die gut abgetropften Schwarzwurzeln dünn mit Mehl bestauben, durch den Ausbackteig ziehen und im heißen Fett ausbacken. Auf einem Teller mit Küchenpapier warm stellen.

5 Sauce hollandaise: Die Eigelbe mit 1 Esslöffel Wasser, Wein, Zitronensaft und den Gewürzen im Wasserbad unter ständigem Schlagen mit dem Schneebesen erhitzen, bis die Masse dicklich wird. Die Butter zerlassen, sie darf aber nicht braun werden. Langsam und unter ständigem Rühren zu der Eimasse fließen lassen, sodass eine homogene, klümpchenfreie Sauce entsteht.

TIPP
Wie zu Spargel kann man zu den gebackenen Schwarzwurzeln Schinken (z.B. Serrano, San Daniele oder Parma) oder Kalbsmedaillons servieren und Kartoffeln, z.B. die Rote Emma, dazu reichen.

Für 4 Personen
Räucherlachs
(Menge nach Belieben)
Sanddornkonfitüre
(siehe Seite 157)

Sahnemeerrettich
1 Meerrettichwurzel
Saft von ½ Zitrone
100 ml Sahne
Salz

Garnitur
Lachskaviar
Schafgarbenblättchen
(nach Belieben)

Räucherlachs mit Sahnemeerrettich und Sanddornkonfitüre

1 Die Meerrettichwurzel 7–8 Zentimeter weit schälen. Dieses geschälte Stück auf einer scharfen Reibe fein reiben und mit dem Zitronensaft beträufeln.

2 Die Sahne steif schlagen. Den Meerrettich leicht salzen und die geschlagene Sahne unterheben.

3 Den Räucherlachs mit dem Sahnemeerrettich anrichten, mit Lachskaviar und nach Belieben mit Schafgarbenblättchen garnieren. Sanddornkonfitüre dazu reichen (s. Abb. links).

TIPP
Schützen Sie beim Reiben des Meerrettichs die Augen und reiben Sie ihn, wenn möglich, auf dem Balkon oder der Terrasse, denn die dabei entstehenden Dämpfe reizen Schleimhäute und Augen deutlich stärker als Zwiebeln.

Für 4 Personen
4 Pastinakenwurzeln
3 etwas größere Kartoffeln
etwa 500 ml Geflügelfond
2–3 EL Apfel-Weinessig
50 ml Sahne
Salz, Zitronenpfeffer
Kräuter der Saison, gehackt

Lauwarmer Pastinaken-Kartoffel-Salat

1 Die Pastinaken abbürsten oder dünn schälen, die Kartoffeln schälen. Beides würfeln, in einen Topf geben und so viel Geflügelfond angießen, dass das Gemüse gerade bedeckt ist. Zugedeckt 12 Minuten bei mittlerer Hitze kochen. Kurz vor Ende der Garzeit mit Salz, Zitronenpfeffer und 2 Esslöffeln Apfel-Weinessig würzen.

2 Die Sahne unterrühren, die Kartoffelwürfel testen, ob sie gar sind. Abschmecken und bei Bedarf noch Essig zugeben. Alles gut durchmischen. Sollte noch zu viel Flüssigkeit im Topf sein, diese unter Rühren 1–2 Minuten einkochen lassen.

3 Alles lauwarm abkühlen lassen, dabei ab und zu umrühren, denn das Gemüse zieht noch nach. Vor dem Servieren mit Kräutern der Saison bestreuen.

TIPP
Lauwarm schmeckt der Salat am besten. Er ist ein guter Begleiter zu Fisch und Fleisch wie z. B. Entrecote.

Für 4 Personen
Wiesenbocksbart
4 Handvoll Wiesenbocksbarttriebe
mit Würzelchen
Saft von ½ Zitrone
1 TL Butter
Salz, Zucker

Kalbsschnitzelchen
600 g feines Kalbfleisch
für Schnitzelchen
Salz, gemahlener Ingwer
Mehl nach Bedarf
2 Eier
50 ml Sahne
Semmelbrösel nach Bedarf
4 EL Butterschmalz
zum Ausbacken

Garnitur
1 Bio-Zitronenscheibe

Kalbsschnitzelchen mit Wiesenbocksbart

1 Den Wiesenbocksbart waschen und von den kleinen Wurzeln die Seitenwürzelchen mit einem Messer abschaben.

2 Wasser mit Zitronensaft, Butter, Salz und Zucker erhitzen und den Wiesenbocksbart darin 2 Minuten kochen. Abseihen, bündeln, die Spitzen abschneiden und die Bündel mit den Wurzeln auf den Tellern anrichten.

3 Die Schnitzelchen leicht plattieren, mit Salz und Ingwerpulver würzen. Zuerst in Mehl, dann in der Ei-Sahne-Mischung und zuletzt in Semmelbröseln wälzen und im Butterschmalz ausbacken.

4 Mit einer Zitronenscheibe garniert servieren.

Für 4 Personen

Fleisch

1 kg Rindfleisch (Tafelspitz)

1 EL Rapsöl

2 Bund Suppengemüse, geputzt
und grob zerkleinert

Salz

Sauce

1 Meerrettichwurzel

2 altbackene Brötchen

4 Eigelb

1 Msp. gemahlene Kurkuma

Gemüse

4–6 Rote Bete, gekocht

3–4 Schalotten

1 EL Rapsöl

250 ml Gemüsefond

100 ml Sahne

Pfeffer

Tafelspitz mit Meerrettichsauce und Rote-Bete-Gemüse

1 Fleisch: Das Fleisch in einem großen Topf im Öl rundum kurz anbraten, dann herausnehmen. Den Bratensatz mit etwa 1 Liter Wasser ablöschen und das Suppengemüse dazugeben. Die Suppe kurz aufkochen lassen, mit Salz würzen und das Fleisch wieder zurück in den Topf geben. Eventuell noch etwas Wasser angießen, das Fleisch sollte bedeckt sein. Den Tafelspitz je nach Größe 2–3 Stunden leicht köcheln lassen (nur am Siedepunkt halten, nicht kochen).

2 Sauce: Die Rinde der Brötchen abreiben, die Brötchen würfeln und in etwas Tafelspitzflüssigkeit einweichen – sie sollen sich gut vollsaugen, nicht darin schwimmen. Vom Meerrettich je nach gewünschter Schärfe ein beliebig großes Stück schälen und mit einer scharfen Reibe fein reiben (siehe Tipp Seite 217).

3 Die eingeweichten Brötchen mit den Eigelben zu einer glatten Masse verrühren und nach und nach etwas heißen, aber nicht kochenden Tafelspitzfond untermischen. Die Sauce immer wieder unter Rühren leicht erhitzen, bis das Eigelb bindet. Mit Kurkuma anfärben, dann den Meerrettich unterarbeiten. Danach nicht mehr kochen, sonst geht die Schärfe verloren.

4 Rote-Bete-Gemüse: Die Schalotten klein würfeln und im Öl anschwitzen. Die Roten Beten fein raspeln, kurz mit den Schalotten anbraten, dann den Gemüsefond und die Sahne angießen. Einkochen lassen, mit Salz und Pfeffer abschmecken.

5 Das Fleisch in Scheiben schneiden und mit der Meerrettichsauce und dem Rote-Bete-Gemüse servieren.

TIPP

Als Beilage eignen sich Salzkartoffeln, in manchen Gegenden werden auch rohe Kartoffelklöße dazu gereicht.

Entenbrust auf Wilde-Möhre-Pastinaken-Mousse

Für 4 Personen
10–12 Wurzeln der Wilden Möhre
2–3 Pastinakenwurzeln
(je nach Größe)
4 Entenbrüste
Salz, Pfeffer

Kartoffel-Karotten-Püree
1 l Geflügelfond
6 Karotten, geputzt
4 mittelgroße mehlig
kochende Kartoffeln,
geschält und grob gewürfelt
1 EL Olivenöl
250 ml Milch
200 ml Sahne
2 EL braune Butter (Nussbutter)
Salz, frisch geriebene Muskatnuss

Brombeersauce
2 cl Brombeersirup
(siehe Seite 159)
je etwas abgeriebene Bio-Zitro-
nen- und Bio-Orangenschale
etwas Zitronensaft
1 TL Speisestärke

Garnitur
Douglasiennadeln, fein geschnitten

1 Entenbrust: Die Hautseite der Entenbrüste in kleine Rauten einschneiden (nicht zu tief!). In einer beschichteten Pfanne ohne Fett auf der Hautseite knusprig braten. Wenden und 7–8 Minuten braten. Salzen, pfeffern und bei 90 °C im vorgeheizten Backofen so lange garen, bis das Karotten-Kartoffel-Püree zubereitet ist.

2 Kartoffel-Karotten-Püree: Im kochenden Geflügelfond die in gleichmäßige Scheiben geschnittenen Mittelteile der Karotten knapp weich garen. Restliche Karottenstücke und Kartoffeln in Salzwasser weich garen.

3 Runde Auflaufförmchen mit Olivenöl auspinseln. Mit den abgetropften Karottenscheiben auslegen. Übrige Karottenscheiben mit den Kartoffeln fertig garen. Abseihen und kurz ausdampfen lassen.

4 Milch und Sahne erhitzen. Karotten und Kartoffeln durch eine Kartoffelpresse drücken, braune Butter, Salz, Muskat und so viel heiße Milch-Sahne-Mischung einarbeiten, dass ein etwas festeres Püree entsteht. In die Förmchen füllen, glatt streichen und zum Warmhalten zu den Entenbrüsten in den Backofen stellen. Die Temperatur auf 60–70 °C reduzieren.

5 Wilde-Möhre-Pastinaken-Mousse: Wilde-Möhre-Wurzeln und Pastinakenwurzeln abbürsten oder abschaben und grob zerkleinern. Sehr holzige Stücke entfernen.

6 Mit Geflügelfond knapp bedeckt 15 Minuten kochen. Pürieren und durch ein Sieb streichen. Salzen und mit der restlichen Milch-Sahne-Mischung auf eine cremige, weiche Konsistenz bringen.

7 Brombeersauce: Vom Bratensatz das Fett abschöpfen, etwa ½ Esslöffel in der Pfanne belassen. Den Brombeersirup dazugeben, erhitzen und mit etwas Geflügelfond ablöschen. Mit Orangen- und Zitronenschale würzen und mit Zitronensaft abschmecken. Die mit etwas Wasser angerührte Stärke nach und nach zur Sauce gießen, dazwischen immer wieder aufkochen lassen, bis die Sauce genügend angedickt ist.

8 Entenbrust auf der Wilde-Möhre-Pastinaken-Mousse anrichten, das Kartoffel-Karotten-Püree aus den Förmchen stürzen. Brombeersauce dazugeben und mit Douglasiennadeln garnieren.

Mit Löwenzahn karamellisierte Perlhuhnbrust

Für 4 Personen

2 TL gepulverte Löwenzahnwurzel (aus der Apotheke)
4 Perlhuhnbrüste (ersatzweise
Hühnerbrust oder Putenschnitzel)
2 EL Puderzucker
1–2 TL Instant-Kaffeepulver
125 g kalte Butter, gewürfelt
gemahlener Ingwer
500 ml Geflügelfond
Saft von 4 Orangen
1 Sternanisfrucht
Salz

Püree

500 g Maronen, vorgegart
5 mittelgroße mehlig
kochende Kartoffeln
je 300 ml Milch und Sahne
½ Vanilleschote
4 EL braune Butter

1 Perlhuhnbrust: Das Löwenzahnwurzelpulver in einer Pfanne anrösten, den Puderzucker darin zum Schmelzen bringen. Das Kaffeepulver einstreuen, die Temperatur
reduzieren. Ein Stückchen Butter zufügen und zerlassen. Die Perlhuhnbrüste von
beiden Seiten kurz darin anbraten und mit Salz und etwas Ingwer würzen. Im vorgeheizten Backofen bei 120 °C Ober-/Unterhitze 10–12 Minuten garen.

2 Den Bratensatz mit dem Fond ablöschen, Orangensaft und Sternanis zufügen und
die Sauce leicht dicklich einkochen lassen. Den Sternanis nach etwa 5 Minuten
wieder entfernen. Die Sauce mit Salz abschmecken und mit einem Pürierstab mit
der kalten Butter aufmontieren.

3 Püree: Die Kartoffeln schälen, würfeln und in Salzwasser garen. Nach 15 Minuten
die Maronen dazugeben. Die fertig gegarten Kartoffeln und Maronen abseihen,
kurz ruhen lassen und durch eine feine Presse drücken.

4 Milch und Sahne mit der Vanilleschote erhitzen, aber nicht kochen lassen.
So viel von der heißen Mischung unter die Kartoffel-Maronen-Masse rühren, bis
die gewünschte Konsistenz erreicht ist. Abschmecken und zum Servieren mit der
braunen Butter beträufeln.

Gefüllter Hasenrücken mit Nachtkerze und Brombeersauce

Für 4 Personen
4 Nachtkerzen-Pflanzen
2 Hasenrücken
1 Karotte
2 Paar rohe Kalbsbratwürste
knapp 100 ml Sahne
1 Brotkörbchen voll junge
Taubnessel-, Brennnessel-
und Gierschblätter
4 – 5 TL Preiselbeerkonfitüre
4 EL Pflanzenöl
Salz, Pfeffer

Brombeersauce
2 TL Wacholderbeeren
100 ml Rotwein
100 ml Wildfond
100 ml Brombeersirup
(siehe Seite 159)

1 Hasenrücken: Zuerst die echten Filets auf der Unterseite auslösen. Oben die Silberhaut entfernen und das Fleisch vorsichtig erst am Rückgrat, dann an den Rippen entlang abtrennen. Die ausgelösten Rückenteile längs einschneiden, aber nicht durchtrennen, ausklappen und zwischen 2 Lagen Klarsichtfolie mit einem Tropfen Öl plattieren. Das zarte Fleisch nur leicht klopfen.

2 Von den Nachtkerzen die schönen, größeren Blütenknospen abnehmen. Die Wurzeln abschneiden, waschen und die nicht verholzten Teile in Stückchen abschneiden – wenige genügen.

3 Die Karotte in feine Streifen schneiden. Das Kalbsbrät aus den Würsten streichen und mit der Sahne gut vermengen.

4 Die Hasenrücken leicht salzen und pfeffern und mit den gewaschenen Wildkräuterblättern belegen. Die Kalbsfarce daraufstreichen. Karottenstreifen und Nachtkerzenwurzelstückchen drauflegen und in die Mitte einen Streifen Preiselbeerkonfitüre ziehen. Dann zusammenrollen, die schmalen Enden mit den echten Filets bedecken und zum Befestigen mit Küchengarn zusammenbinden. In Öl von allen Seiten anbraten und im vorgeheizten Backofen bei 120 °C 6 Minuten garen.

5 Sauce: Den Bratensatz mit Rotwein ablöschen, Wildfond dazugießen und die zerdrückten Wacholderbeeren in einem Teebeutel einige Minuten darin köcheln lassen. Die Wacholderbeeren herausnehmen, den Brombeersirup dazugießen und reduzieren lassen, bis die Sauce dicklich wird.

6 Die Nachtkerzenknospen in Salzwasser 1 – 2 Minuten blanchieren. Abtropfen lassen. Von den Hasenrücken das Küchengarn vorsichtig abtrennen.

7 Das Fleisch mit dem Knospengemüse und der Sauce anrichten.

Rehrücken im Wilde-Möhre-Samenmantel mit Nelkenwurz

Für 4 Personen

8 Wurzelbüschel Nelkenwurz
Samen von 10–12 Dolden der
Wilden Möhre
4 Rehfilets à 180 g
150 g Butter
1 EL Olivenöl
100 ml Fleischfond
200 g Preiselbeeren[1]
50–80 g brauner Zucker
200 ml Portwein
Salz, Pfeffer

1 Die Wurzeln der Nelkenwurz gut säubern und waschen. Die Würzelchen vom Wurzelstock abtrennen, ganz klein schneiden. Den Backofen auf 180 °C vorheizen.

2 Die Filets salzen, pfeffern und in den Samen der Wilden Möhre wenden, diese dabei etwas andrücken. Das Fleisch in etwa 50 Gramm Butter und dem Öl anbraten. Während des Anbratens das Fleisch mehrmals herausnehmen und erneut in den Samen wenden, damit sich eine Kruste bildet. Anschließend im Backofen 15 Minuten ziehen lassen.

3 Den Bratensatz mit Fleischfond ablöschen, Preiselbeeren und Nelkenwurz zugeben. Mit Zucker (Menge nach Geschmack) und Portwein versetzen und stark reduzieren lassen. Die restliche Butter in die Sauce geben und mit dem Pürierstab aufmontieren.

4 Die Filets zum Servieren in Tranchen schneiden. Mit der Sauce garnieren.

TIPP
Reichen Sie Mandelkroketten und glacierte Karotten dazu.

Für 4 Personen

Püree
500 g Topinambur
500 ml Milch
100 ml Sahne
200 ml Geflügelfond
Salz

Rehrippe
800 g Reh-Hochrippe
einige Wacholderbeeren
50 g Butter
Olivenöl zum Anbraten
1 Zweig Rosmarin
einige Pimentkörner
Pfeffer

Sauce
500 ml Wildfond
200 ml Portwein
2 cl Schlehensirup
(siehe Seite 158)
1 EL Hagebuttenmark
Speisestärke zum Abbinden
(nach Bedarf)

Rehrippe mit Topinamburpüree und Schlehensauce

1 Püree: Topinambur schälen und klein schneiden. In einer Mischung aus Milch, Sahne, Fond und etwas Salz gar kochen. Abseihen, dabei den Kochsud auffangen, und pürieren. Mit einem Teil des Kochsuds auf die nötige Konsistenz bringen.

2 Rehrippe: Die Wacholderbeeren zerdrücken, kurz anrösten, Butter und etwas Öl zufügen und erhitzen. Rosmarin und Piment dazugeben. Das Rehfleisch salzen und darin auf beiden Seiten anbraten. Im vorgeheizten Backofen bei 160 °C etwa 8 Minuten garen, herausnehmen, mit Pfeffer würzen und etwas ruhen lassen.

3 Sauce: Den Bratensatz mit Wildfond ablöschen, durch ein feines Sieb in einen Topf passieren und reduzieren lassen. Portwein und Schlehensirup zugeben, noch etwas weiterkochen lassen, abschmecken und mit Hagebuttenmark andicken.

4 Bei Bedarf mit Wasser angerührte Speisestärke nach und nach unter die Sauce rühren, bis die gewünschte Konsistenz erreicht ist.

Pilz- und

Pflanzen-
Porträts

Blühende Rapsfelder erfreuen nicht nur uns, sondern auch Bienenvölker, die man vorübergehend für einen größeren Ertrag in die Nähe der Felder bringt.

März – April – Mai

Im März erwacht die Natur zu neuem Leben. Mit ungeheurer Energie füllen sich die Knospen und aus der Erde sprießen zarte Pflänzchen. Wir selbst verspüren ein starkes Verlangen nach frischem Grün und wollen die ersten Kräuter sammeln, die zu finden sind.

Entlang kleiner Bäche, an sonnigen Stellen, werden wir am ehesten fündig. Die Weidenröschen treiben ihre Blattrosetten, sie erinnern an Feldsalat und bilden mit ihrem zarten nussigen Geschmack die Grundlage unseres Frühlingssalats. Noch ist das Gras braun, aber die Schlüsselblume läutet bereits mit ihren Glöckchen im sanften Frühlingswind. Auch das Lungenkraut blüht rosarot und blau, noch bevor es seine Blätter richtig bildet.

Die Blütenknospen des Schlehdorns sind schon ganz dick und wenige Tage später hat er die Hecken mit einem Brautgewand geschmückt. Darunter wagen sich die Märzveilchen hervor, denen einige Wochen später ihre duftlosen engen Verwandten, die Hundsveilchen, folgen. Zwischen den Heckenbüschen treibt der Wildhopfen seine Sprossen und einige Sonnentage später findet man dort auch schon die dicken Triebe des Japanischen Staudenknöterichs.

Nun sprießt es an allen Ecken und Enden, und wo wir hinsehen, wachsen junge, zarte Kräuter und Pflänzchen: Brennnessel, Taubnessel, Giersch, Knoblauchsrauke, Löwenzahn, Sauerampfer, Kleiner und Großer Wiesenknopf, Gundelrebe, Klebriges Labkraut und Wiesen-Bärenklau findet man auf Wiesen und Fluren, das Wiesenschaumkraut versucht mit seinem zarten Rosa das leuchtende Sonnengelb des Löwenzahns zu überbieten. Bärlauch, Sauerklee und Waldmeister sprießen und blühen in den mit zartem Grün bekleideten Laubwäldern und Brunnenkresse und Bachbunge fügen sich an kleinen Bachläufen zum Weidenröschen. Die weithin sichtbaren, ganze Landschaften zeichnenden Felder des blühenden Raps lassen schon den nahenden Sommer erahnen und schließen den Frühling ab.

Im Mai ist bereits die erste Pilzsaison. In Laubwäldern und Parkanlagen ist es des Pilzsammlers Glück, wenn er die schmackhaften, edlen Morcheln findet, die im Gegensatz zu anderen »Maipilzen« wie dem Steinpilz oder dem Pfifferling ausschließlich im Frühjahr anzutreffen sind. Im Sommer oder Herbst wird man sie vergeblich suchen.

Saisonkalender Frühling

Ahorn *Acer*	Blüten und Sprossen im April
Bachbunge *Veronica beccabunga*	Ende April bis einschließlich Herbst
Baldrian *Valeriana officinalis*	Blätter im März/April, Blüten im Mai/Juni
Bärlauch[1] *Allium ursinum*	April/Mai, Blüten im Mai
Brennnessel, Große *Urtica dioica*	April bis Juni, Samen im Spätsommer
Brunnenkresse *Nasturtium officinale*	April/Mai und September/Oktober
Feldsalat *Valerianella locusta*	April
Fichte, Rottanne *Picea abies*	Mai bis Anfang Juni
Giersch, Geißfuß *Aegopodium podagraria*	April bis Oktober
Gundelrebe[2], Gundermann *Glechoma hederacea*	April bis Juni
Hopfen *Humulus lupulus*	Sprossen im März/April
Klettenlabkraut, Labkraut, klebriges *Galium aparine*	Kraut im April, Blüten im Sommer
Knoblauchsrauke *Alliaria petiolata*	Blätter im April/Mai, Samen im September/Oktober
Kohl-Kratzdistel *Cirsium oleraceum*	Mai/Juni
Labkraut, Kreuzlabkraut, Gewimpertes *Cruciata laevipes*	Mai
Linde *Tilia*	Blätter Ende April bis Anfang Mai, Blüten im Juni
Löwenzahn *Taraxacum officinale* agg.	April, Blüten im Mai, Wurzeln im Herbst
Lungenkraut *Pulmonaria officinalis*	März/April
Märzveilchen *Viola odorata*	Ende März/April
Morchel *Morchella*	Spitzmorchel März/April, Speisemorchel Mai
Primel[3], Schlüsselblume *Primula vulgaris*	März bis Juni
Rainkohl[4], Gemeiner *Lapsana communis*	April bis Anfang Juni
Raps *Brassica napus*	Mai
Ruchgras *Anthoxanthum odoratum*	Mai/Juni
Sauerampfer *Rumex acetosa*	April bis Oktober (außer Hochsommer)
Sauerklee *Oxalis acetosella*	April bis Juni
Staudenknöterich, Japanischer *Fallopia japonica*	April/Mai, Blüten Ende August/September
Taubnessel *Lamium*	April/Mai, Blüten noch bis Juni
Waldmeister *Galium odoratum*	Mai
Weidenröschen *Epilobium*	Blätter Ende März bis Mai, Blüten Juli/August
Wiesen-Bärenklau *Heracleum sphondylium*	Blätter im April/Mai, Blütenknospen im Juni/Juli
Wiesenbocksbart *Tragopogon pratensis*	Mai/Juni
Wiesenknopf, Großer *Sanguisorba officinalis*	April bis Oktober, Blüten im Spätsommer
Wiesenknopf, Kleiner, Pimpinelle *Sanguisorba minor*	April bis Oktober
Wiesenschaumkraut *Cardamine pratensis*	April/Mai

Ahorn *Acer*

Das Ahornblatt ziert als großes, rotes Wahrzeichen die Flagge Kanadas. Vermutlich ist es das Blatt einer Zuckerahorn-Art, denn diese Arten sind in Nordamerika heimisch. Die zuckerreichen, aus dem Stamm gezapften Säfte bilden die Grundlage des Ahornsirups, der zusammen mit frischen Waffeln ein beliebtes amerikanisches Frühstück ergibt.

Bergahorn, Feldahorn und Spitzahorn sind in Europa heimische, wild wachsende Arten. Wirtschaftliche Bedeutung hat bei uns vor allem das Holz der Ahornbäume, das für Möbel und Schnitzereien verwendet wird. Besonders das Holz des Bergahorns wird als Resonanzholz im Instrumentenbau sehr geschätzt.

Kulinarisch spielt der Ahorn hierzulande zwar keine so große Rolle wie in Nordamerika, aber Feinschmecker wissen seine Blüten und jungen Blätter durchaus zu schätzen.

Noch kurz vor den Blättern treibt der Spitzahorn seine Blüten in runden Büscheln. Sie schmecken wie Kopfsalat mit etwas süßlicher Note und passen gut in Frühlingssalate. Auch die Blätter haben in den ersten Tagen ihrer Entfaltung, wenn sie noch leicht gefaltet sind und lackartig glänzen, einen zwar leicht herben, aber durchaus angenehmen Geschmack.

In manchen Jahren keimen unter den großen alten Bäumen so viele kleine Pflänzchen, dass es sich lohnt, auch sie zu ernten. Sie müssen noch ganz jung sein und sollten gerade erst den als »Nasenzwicker« bekannten Flügel abgestreift haben. Dann stehen die beiden geraden Keimblätter auf einem meist rötlichen Stiel. Auch sie schmecken etwas harzig-herb, in diesem frühen Stadium aber noch nicht bitter, und können als Sprossen unter bunte Frühlingssalate gemischt werden.

Bachbunge *Veronica beccabunga* L.

Die Bachbunge lebt halb untergetaucht im Wasser in Bächen und Gräben. Besonders in Forellenbächen ist sie eine beliebte Pflanze, da sich an den Blattunterseiten gerne die verschiedensten Larven aufhalten und so den Forellen die Futtersuche leicht machen.

In der Familie der Rachenblütler gehört sie der Gattung des Ehrenpreis *(Veronica)* an und wenn man die Pflanze in ihrer Blütezeit antrifft, ist die enge Verwandtschaft auch sofort erkennbar. Die hellblauen Blütchen haben nur einen sehr kurzen, kaum erkennbaren Rachen mit vier Zipfeln, sodass man meinen könnte, es handle sich um vier ungleich große Blütenblättchen. Sie bilden eine lockere Ähre auf einem relativ langen Stiel, der einer Blattachsel entspringt. Die Blätter sind fleischig und glänzend eiförmig. Zumeist sind sie leicht gekerbt oder ganzrandig und stehen sich gegenüber.

Medizinisch wird die Bachbunge kaum verwendet, nur in der Volksmedizin gelegentlich als leicht entwässernd und abführend. Die Inhaltsstoffe (Flavonoide) sind noch nicht eingehend untersucht. Die frische Pflanze enthält recht viel Vitamin C.

Für Salate verwendet man die jungen Triebe (nur die obersten sechs bis acht Blättchen). Der Geschmack ist leicht bitter. Um zu gewährleisten, dass die Pflanze in möglichst reinem, unbelastetem Wasser wächst, sollte man sie nur an den Oberläufen der Gewässer sammeln.

Baldrian *Valeriana officinalis* L.

Baldrian zählt zu den ältesten und bekanntesten Heilpflanzen. Und doch kennen viele Menschen wohl den Namen und auch Dragees oder Tinktur, die daraus hergestellt werden, nicht aber die Pflanze selbst. Dabei ist sie weder recht unscheinbar, noch sehr selten. Sie kann

Höhen bis zu 1,5 m erreichen und wächst meist in Gruppen an Bächen, in Gräben, in feuchten Wiesen und lichten Wäldern. Im Mai und weit bis in den Juni hinein bildet sie ihre großen Blütenstände in lockeren, verzweigten Rispen, die recht kleinen, zart rosa Einzelblüten zu Köpfen zusammengeknäuelt. Die Blüten verströmen einen angenehm süßlichen Duft. Ausgebacken sind sie eine köstliche Beigabe zu Desserts. Der Ausbackteig muss aber sehr dünn sein und die Blüten dürfen nur kurz bei guter Hitze gebacken werden, denn sie werden sehr schnell bitter.

Die medizinische Nutzung des Baldrians besteht in der Wurzel. Getrocknet als Tee sollte man sie tunlichst nicht zusammen mit anderen Tees aufbewahren. Der starke Geruch wird von den meisten Menschen als unangenehm empfunden und lockt allenfalls paarungswillige Kater an. Der Geruch ist auf den Inhaltsstoff Iso-valeriansäure und seine Salze zurückzuführen. Die chemische Verwandtschaft zu Capronsäure (in Ziegenmilch) und Buttersäure erklärt die Nachhaltigkeit und das wenig angenehme Empfinden dieses Geruchs.

Das Zusammenwirken dieses und weiterer Inhaltsstoffe des Baldrians ist verantwortlich für seine beruhigende, schlaffördernde Wirkung.

In der Patisserie wird Baldriantinktur in geringer Menge manchmal als Aroma verwendet. Auch Schnupftabak wird oder wurde gelegentlich damit parfümiert.

Die Blätter des Baldrian sind gefiedert, die Blattränder gezähnt. Im frühen Frühling, frisch getrieben, eignen sie sich hervorragend als Bestandteil eines Frühlingskräutersalats. Wie die Blüten enthalten auch die Blätter Bitterstoffe, was bei der Zusammenstellung des Salats berücksichtigt werden sollte.

Bärlauch *Allium ursinum L.*

Der Bärlauch, auch als »wilder Knoblauch« bezeichnet, zählt zu den ältesten Würz- und Heilpflanzen unseres Kulturkreises. Nachdem er lange in Vergessenheit geraten war, hat er erst in jüngster Zeit eine schier beispiellose Renaissance erlebt und ist in zahlreichen Lebensmitteln (beispielsweise in Wurst, Pesto, Saucen) enthalten. Auch in der Phytotherapie erinnert man sich seiner wieder mehr als früher. Dies führte dazu, dass seine Wildbestände stark zurückgegangen sind. Man sollte also bei der Wildsammlung umsichtig mit der Pflanze umgehen und bei größerem Bedarf auf Pflanzen aus Garten- oder Feldanbau zurückgreifen.

Als Standort bevorzugt der Bärlauch lichte Laubwälder, besonders Buchenwälder auf Kalkboden, wo er im Frühling seine Blätter oft über weite Areale, den ganzen Boden bedeckend, austreibt. Für Bären war er nach dem Winterschlaf die erste, recht beliebte Nahrung, daher hat er auch seinen Namen.

⚠ Verwechselt wird Bärlauch von Unkundigen mit den stark giftigen Herbstzeitlosenblättern oder auch den ebenso giftigen Maiglöckchenblättern. Es unterscheidet ihn in erster Linie sein Geruch, der allerdings beim Pflücken an den Händen so stark anhaftet, dass man glaubt, ihn auch an fremden Blättern wahrzunehmen. Die Blüten, kleine weiße Sternchen in kugeligen Scheindolden, sind natürlich ein deutliches Unterscheidungsmerkmal zum Maiglöckchen. Außerdem haben die Blätter des Bärlauchs deutliche Stiele, was ihn besonders von der Herbstzeitlose unterscheidet. Wegen der starken Giftigkeit von Herbstzeitlose und Maiglöckchen ist der Bärlauch nur zu verwenden, wenn eine Verwechslung ausgeschlossen ist.

Gesammelt werden kann der Bärlauch von Mai bis Juni. Nach der Blüte verschwindet er wieder. Essbar ist die gesamte Pflanze, auch die recht schmale Zwiebel und die Blüte. Die Inhaltsstoffe sind schwefelhaltige organische Verbindungen. Sie sind sowohl verantwortlich für den Geruch und Geschmack als auch für die medizinische Wirkung.

Wie alle Lauchgewächse besitzt auch der Bärlauch leichte antibakterielle Eigenschaften.

Besondere Bedeutung fand in letzter Zeit seine blutdrucksenkende Wirkung; auch die Cholesterinwerte werden günstig beeinflusst.

Da die Wirkung des Bärlauchs milder ist als die des Knoblauchs, können Personen, die Knoblauch schlecht vertragen oder diesen wegen des oft lang anhaltenden Geruchs meiden, den Bärlauch meist bedenkenlos genießen.

Verwendet man Bärlauch in der Küche, so sollte man beachten, dass seine Geschmacksstoffe, die auch für die Gesundheit wertvoll sind, durch Erhitzen weitgehend zerstört werden. Er ist deshalb roh zu verwenden oder den Gemüse- und Saucenzubereitungen, die heiß serviert werden, erst ganz am Ende der Garzeit, kurz vor dem Servieren, beizufügen.

Brennnessel, Große *Urtica dioica* L.

Die Brennnessel wird als eines der schlimmsten Unkräuter empfunden, nicht nur, weil man sie mit ihren Kriechwurzeln schwer wieder restlos aus dem Garten entfernen kann, sondern besonders wegen ihrer Brennhaare, durch die jede Berührung als schmerzhaft empfunden wird.

Dabei ist sie eine der nützlichsten wild wachsenden Pflanzen. Als Heilpflanze werden Blätter, Samen und Wurzeln verwendet, in der Küche die Samen und jungen Pflänzchen.

Als Wirkstoffe findet man in den Blättern, die als medizinischer Tee wegen der entwässernden Wirkung zur Anwendung kommen, Flavonoide, Kaffeesäureester und Vitamine, in den Brennhaaren sind besonders Acetylcholin, Histamin und Serotonin vorhanden. Bei Berührung brechen die Brennhaare ab und stechen wie eine Kanüle in die Haut, wo sie diese Stoffe ergießen.

Die Wurzeln der Brennnessel enthalten das pflanzliche Hormon Beta-Sitosterol, weshalb man sie gerne als Zusatz in Haarwässer gibt.

Die Brennnesselsamen, die man bei der zweihäusigen Pflanze natürlich nur bei den weiblichen ernten kann, enthalten Schleim und ein fettes Öl mit einem hohen Gehalt an Linolsäure sowie Proteine und Vitamine.

Neben der medizinischen Anwendung als entwässerndes und entschlackendes Mittel wird ein hochkonzentrierter Extrakt zur Behandlung von Rheuma eingesetzt, ein Extrakt aus den Wurzeln zur Behandlung gutartiger Prostata-Beschwerden. Brennnesselsamen wurden besonders früher als allgemeines Kräftigungsmittel verwendet.

In der Küche ist die Brennnessel ein ideales Mittel zur Frühjahrskur. Die ganz jungen Blättchen, bevor die Brennhaare ausgebildet sind, können als Salat oder als Gemüse und natürlich als Suppe zubereitet werden.

Die wohlschmeckenden Samen ergeben eine dekorative, würzige Panade, beispielsweise für Fisch oder Fleisch.

Brunnenkresse *Nasturtium officinale* R. BR.

Die Brunnenkresse, gelegentlich auch Wasserkresse genannt, ist ein altbekanntes Würzkraut, das man an sauberen Bächen und an frischen Quellen finden kann. Es hat gefiederte Blättchen und schmückt sich mit kleinen weißen Blüten, die eine lockere Traube bilden. Noch bevor das Pflänzchen so richtig zur Blüte kommt, sollte es gesammelt werden, denn sonst könnte der leicht bittere Beigeschmack die recht angenehme Schärfe stören.

Die beste Sammelzeit ist der April und in manchen Jahren auch noch einmal der Spätherbst.

Von seinem Doppelgänger, dem Bitteren Schaumkraut *(Cardamine amara)*, das der Brunnenkresse im Aussehen und in seinen Inhaltsstoffen sehr ähnlich ist, unterscheidet sich die Brunnenkresse durch kantige, hohle Stängel. Beim Bitteren Schaumkraut sind diese markig gefurcht. Außerdem hat die Brunnenkresse gelbe Staubgefäße, während diese beim Bitteren

Schaumkraut violett gefärbt sind. Eine Verwechslung der beiden Pflanzen ist aber unbedenklich.

Die Brunnenkresse enthält Senfölglykoside, Flavonoide und Vitamin C, was ihr eine harntreibende, verdauungsfördernde und schwach antibiotische Wirkung verleiht.

Wegen des Vitamingehalts wurde sie früher gegen die Mangelkrankheit Skorbut eingesetzt.

Aufgrund ihres rettichähnlich scharfen, zartbitteren Geschmacks ist die Brunnenkresse ein pikantes Gewürzkraut für Salate und Suppen. Ein weich gekochtes oder pochiertes Ei wird durch die Beigabe eines Blättchens frischer Brunnenkresse zur kleinen Delikatesse.
🛈 *Ein übermäßiger Genuss könnte die Magenschleimhaut und auch die Nieren reizen.*

Feldsalat *Valerianella locusta* L.

Kaum jemand beachtet und kennt dieses kleine Pflänzchen, das winzige hellblaue, fast weiße kleine Blüten in vielen kleinen Knäueln stehen hat. Es bildet viele Samen und verbreitet sich recht gut, teils durch den Menschen, teils durch Wind oder Wasser, und so findet man es an Wasserläufen ebenso wie an Wegrändern und auf Ruderalplätzen. Die Rede ist vom Feldsalat. Im Gartenbeet, Gewächshaus oder in der Gemüseabteilung des Supermarktes, also kultiviert, ist er ein sehr beliebter Winter- und Frühlingssalat, aber da sieht man nur die Rosette des Feldsalats und erkennt und beachtet deshalb die Wildform kaum. Übersetzt man den lateinischen Namen *Valerianella*, so wäre

»Kleiner Baldrian« die treffendste Bezeichnung. In der Tat ist der Feldsalat ein Mitglied der Familie der Baldriangewächse, eine Verwandtschaft, die sich auch in den knäueligen Blütenständen zeigt, die bei verschiedenen Baldrianarten ähnlich anzutreffen sind.

Wie bei seinem kultivierten Bruder kann man auch beim wilden Feldsalat im zeitigen Frühjahr die Blattrosetten zu einem Frühlingssalat verarbeiten. Die Blättchen schmecken leicht nussig, sehr mild und angenehm. Sie stecken voller Vitamine und Mineralstoffe, allen voran Vitamin C und Provitamin A sowie Eisen und auch die wichtige Folsäure.

Fichte, Rottanne *Picea abies* (L.) H. KARST

Bei unseren dunklen Nadelwäldern handelt es sich hauptsächlich um Monokulturen aus Fichten. Durch den Klimawandel und das damit verbundene massive Auftreten des Borkenkäfers befürchtet man ein starkes Zurückgehen dieser bisher so häufigen Baumgattung, ja sogar ein Aussterben. Die Tannen, die man eher in Mischwäldern antrifft, scheinen hier etwas widerstandsfähiger, sind aber insgesamt seltener.

Beide, die Fichte und die Tanne (*Abies alba*), unterscheiden sich durch die Rinde, die bei der Fichte rotbraun, bei der Tanne silbrig glänzend ist; durch die Nadeln, die bei der Fichte schmal und stechend sind, bei der Tanne breiter, weicher, nicht stechend und auf der Unterseite silbrig weiß glänzend. Auch die Zapfen sind unterschiedlich, bei der Fichte hängend und im

Ganzen abfallend, bei der Tanne wie Kerzen senkrecht stehend und in einzelnen Schuppen abfallend. Da beide ungiftig sind, ist bei einer Verwechslung nicht mit gesundheitlichen Beschwerden zu rechnen.

🛈 Viel schlimmer wäre eine Verwechslung mit der sehr stark giftigen Eibe. Sie wird grundsätzlich nicht so hoch wie Fichte und Tanne und bildet in einigen Landstrichen Unterholz. Häufig wird sie als Zierpflanze in Gärten, Parkanlagen und auf Friedhöfen angepflanzt. Auch zur Bildung dichter Hecken ist sie geeignet. Das augenfälligste Unterscheidungsmerkmal zu den anderen Gehölzen ist die Bildung von roten Beeren, den Beerenzapfen der Eibe. Wenn diese nicht vorhanden sind, was zur Sammelzeit der frischen Triebe meist der Fall ist, so fällt auf, dass die Nadeln wie bei der Tanne weich und dunkelgrün glänzend, aber wesentlich größer und auf der Unterseite matt hellgrün sind. Auch fehlt der typisch harzige Geruch, den man beim Abbrechen eines Zweiges bei Fichte und Tanne wahrnehmen kann. Man sollte nach intensiver Berührung der Eibe die Hände gut waschen, da sie sehr stark giftig ist.

Fichte und Tanne enthalten ätherische Öle, die zu den Monoterpenen zählen und die in Badezusätzen, aber auch in Erkältungspräparaten enthalten sind, denn das Einatmen solcher Monoterpene lindert die Erkältung und sie wirken antiseptisch.

In der Volksmedizin hat man aus den jungen, noch hellgrünen Trieben Hustensirup gekocht.

Da die Fichten dort, wo Zweige abgebrochen wurden, nicht mehr weiterwachsen und auch in den Folgejahren nicht mehr austreiben können, ist das Sammeln der Fichtenspitzen verboten worden. Man ist also auf den eigenen Garten angewiesen oder auf Bäume aus Beständen, die zum Einschlag bestimmt sind, wenn man die frischen, jungen Maitriebe sammeln will.

Fichtenspitzen schmecken leicht säuerlich und ein wenig harzig. Zubereitungen daraus eignen sich besonders für Süßes, da das Aroma erst durch die Zugabe von Zucker zum Tragen kommt.

Giersch, Geißfuß *Aegopodium podagraria* L.

Der Giersch, oft auch Geißfuß genannt, aus der großen Familie der Doldengewächse zählt sicher zu den meistgehassten Unkräutern der Kleingärtner. Dies liegt besonders an einem Merkmal, das ihn von anderen Familienmitgliedern unterscheidet: seinen langen unterirdischen Ausläufern, deren kleinste Bruchstücke wieder neue Pflanzen treiben können. Durch sie ist es so gut wie unmöglich, den Giersch vollständig auszurotten.

Auch bezüglich seines Standorts ist er nicht wählerisch und daher so gut wie überall zu finden. Weitere Erkennungsmerkmale sind die doppelt dreizählig gefiederten Blätter mit gesägtem Rand, die einem Ziegenfuß ähneln, und der typische Geruch, der beim Sammeln durch freiwerdendes ätherisches Öl wahrgenommen wird. Als einziger Vertreter der Doldengewächse hat der Giersch dreikantige Blattstiele, beim Pflücken lässt sich der dreieckige Querschnitt sehr gut erkennen. ◼ Es gilt, was bei jedem Doldengewächs und im Übrigen auch für das Sammeln

von Pilzen gilt: Man muss sehr genau aufpassen und darf nur sammeln, wenn man sich sicher ist. Im Zweifelsfall immer einen Experten befragen! Außer dem bereits erwähnten ätherischen Öl enthält der Giersch auch Kaffeesäure, Flavonoide, Carotin, viel Vitamin C und relativ viel Kalium.

Er gilt in der Volksmedizin teilweise noch heute als Mittel gegen Gicht und Rheuma. Wegen des Kaliums wirkt er harntreibend und er hat zudem leicht entzündungshemmende Eigenschaften.

Die zarten, hellgrünen, noch nicht ganz aufgefächerten Blätter eignen sich als Salat oder klein geschnitten als Salatwürze, vermischt mit Sauerrahm für Brotaufstriche und Dips oder in Suppen. Die älteren Blätter, die Blattstiele und auch die Blüten eignen sich als Gemüse, für grüne Saucen, Aufläufe und vieles mehr. Der Geschmack ist sehr aromatisch, vollmundig und erinnert ein wenig an Petersilie.

Gundelrebe, Gundermann *Glechoma hederacea* L.

Die Gundelrebe, eine alte Arzneipflanze, die medizinisch heute keine Bedeutung mehr hat, gehört der Familie der Lippenblütler an, einer

Pflanzenfamilie, zu der eine Vielzahl von aromatischen Gewürz- und Heilpflanzen zählt. Ihre Eigenart ist es, als sogenannten sekundä-

ren Pflanzenstoff ätherisches Öl zu bilden; dies ist ein Stoff, den die Pflanze zwar zum Leben nicht unmittelbar bräuchte, den sie aber entwickelt, um besser überleben zu können. Ätherisches Öl hat zum Beispiel die Funktion, durch den Duft Insekten zur Bestäubung anzulocken oder auch Schadinsekten vom Fraß abzuhalten, wie das beim scharf schmeckenden Menthol in der Pfefferminze, auch einem Lippenblütler, der Fall ist.

Die Gundelrebe bildet sehr lange, kriechende Ausläufer mit kleinen Wurzeln, sodass sie, dem Efeu ähnlich, als Bodendecker auftreten kann (daher der lateinische Beiname *hederacea*). Nur zur Blütezeit im April bis Juni bildet sie aufrechte Triebe von etwa 10 cm Höhe. In den Achseln der rundlich-nierenförmigen Blättchen stehen die hellvioletten Blüten, nicht mehr als zwei bis drei, zusammen. Die Blütenfarbe und die nur wenig beisammenstehenden Blüten sind ein Hauptunterscheidungsmerkmal zum Krie-

chenden Günsel, der auch essbar ist, aber kein ätherisches Öl, dafür viele Bitterstoffe enthält.

Die Gundelrebe wächst weit verbreitet in Gärten und im Freiland, unter Hecken und auf schattigen Wiesen.

Sie enthält hauptsächlich ätherisches Öl, Rosmarinsäure und Flavonoide. Aufgrund ihres Gehalts an Saponinen hat sie in der Volksheilkunde ihren Platz als schleimlösendes Mittel.

❗ Man sollte nicht allzu viel davon essen, sondern die Gundelrebe nur als Gewürz einsetzen. Beim Menschen wurden zwar noch keine Vergiftungserscheinungen festgestellt, für Nagetiere sind die Blätter jedoch giftig.

Die jungen Blättchen der Gundelrebe eignen sich sehr gut als Salatwürze. Auch zum Aromatisieren von Kräuterlimonaden eignet sich die Gundelrebe mit ihrem würzigen, minzähnlichen, leicht harzigen Geschmack sehr gut. Die Blütchen sind eine hübsche Dekoration.

Hopfen *Humulus lupulus* L.

Der Hopfen ist eine zweihäusige Pflanze, das heißt, er bildet eine männliche und eine weibliche Pflanze aus, wie es bei Hanfgewächsen, zu denen der Hopfen zählt, gewöhnlich der Fall ist. Nur die weiblichen Pflanzen tragen die Hopfenzapfen, die bei den Brauern und Hopfenbauern »Trauben« genannt werden. Männliche Pflanzen werden aus dem Anbau ferngehalten, da sie den Ernteertrag schmälern.

Wilder Hopfen wächst besonders in Auwäldern oder er rankt an Büschen und Bäumen entlang eines Baches oder Flusses. Seine Klimmhaare, mit denen er sich um alles Fassbare schlingt, haben so feste Widerhaken, dass sie die Haut aufreißen können. Deshalb sehen Hände und Arme der Hopfenpflückerinnen während der Erntezeit völlig zerschunden aus.

Die wichtigste Verwendung des Hopfens ist natürlich die Bierherstellung. Vereinzelt wird er auch Likören und Schnäpsen zugesetzt.

Medizinisch wird der Hopfen, häufig auch in Verbindung mit Baldrian, als schlafförderndes Mittel eingesetzt.

Die wichtigsten Inhaltsstoffe werden in Harzdrüsen gebildet, die unter den Deckblättchen der weiblichen Blütenzapfen sitzen. Es sind dies besonders ätherisches Öl und Hopfenbitterstoffe. Diese Bitterstoffe sind sehr aromatisch und ausschlaggebend für den Geschmack des Bieres. Schließlich haben sie auch antibakterielle Eigenschaften und tragen dazu bei, dass das Bier länger haltbar ist.

Hopfen treibt im Frühling sehr üppig aus. Die frischen Triebe, besonders wenn sie noch ganz hell sind und kaum aus der Erde spitzen, können wie Spargel geerntet werden und sie werden auch genauso zubereitet, sowohl als Gemüse als auch als Salat. Hopfensprossen werden manchmal auf Märkten angeboten (Saison: März/April). Die sehr kurze Saison und die arbeitsintensive Ernte machen die Hopfensprossen, auch Hopfenspargel genannt, zu einer der teuersten Gemüsesorten hierzulande. Ihr leicht bitterer Geschmack lässt sich durch Erwärmen teilweise abmildern.

Knoblauchsrauke *Alliaria petiolata* L.

Die Knoblauchsrauke gehört zur großen Familie der Kreuzblütler, den *Brassicaceae*, was man aus dem Lateinischen auch mit »Rübenkräuter« übersetzen könnte und womit man gleich an einen Verwandten, den Rettich, erinnert wird. Die Inhaltsstoffe, nämlich Senfölglykoside, unterstreichen die enge Verwandtschaft und sind für den knoblauchähnlichen Geruch der zerriebenen jungen Pflanze verantwortlich. Sie verleihen der Pflanze auch ihre leicht antibiotischen Eigenschaften. Daneben enthält die Knoblauchsrauke auch sehr viel Vitamin C und Provitamin A, was sie gerade im Frühling, wenn sie geerntet werden kann, als Nahrung so wertvoll macht.

Sie ist ein weitverbreitetes »Unkraut«, das man oft in Gesellschaft der Brennnessel an Gebüschen und auf Staudenfluren findet. Ihre Blätter sind gestielt, buchtig gezähnt und fast herzförmig, sodass sie manchmal an ein großes Veilchenblatt erinnern. Die kleinen weißen Blütchen stehen am Ende des aufrechten, 60–80 cm hohen Stieles, der sich nach der Blüte

noch weiter streckt und viele schmale vierkantige, abstehende Schötchen trägt. Die kleinen Samenkörnchen schmecken walnussähnlich, sind aber nicht effektiv zu ernten, da sie oftmals ungleichmäßig reifen und sehr klein sind.

Gesammelt werden die frischen jungen Blättchen noch vor der Blüte, Ende April bis Anfang Mai. ▮ Verwechslung mit jungen Brennnessel- oder auch Veilchenblättern ist möglich, wenn man nicht gut aufpasst. Zur genauen Unterscheidung hilft aber ganz eindeutig der Geruch beim Pflücken.

Knoblauchsrauke lässt sich wegen ihres würzigen Geschmacks sehr gut zum Verfeinern von Frühlingsspinaten oder grünen Saucen verwenden. Das frisch gehackte Kraut sollte aber nicht lange gekocht, sondern erst am Ende der Garzeit beigefügt werden, so werden Geschmack und Vitamine erhalten. Immer etwas Fett zugeben, damit das Provitamin A aus der Pflanzenzelle gelöst wird. Außerdem sind Öl oder Butter auch gute Geschmacksträger.

Kohl-Kratzdistel *Cirsium oleraceum* SCOP.

In fetten Wiesen entlang frischer Bäche findet man die Kohl-Kratzdistel recht häufig; magere Wiesen und saure, kalkarme Böden dagegen sind weniger der gesuchte Standort dieser gelb blühenden Kratzdistelart. Zu ihrer Verwandtschaft gehören auch viele violett blühende Arten, denen man jedoch erst im Sommer begegnet. Die recht großen Blätter der Kohl-Kratzdistel sehen nicht alle gleich aus; teilweise sind sie ganzrandig gezähnt, teilweise so tief gespalten, dass sie wie gefiedert wirken. Sie fassen sich weich an und stechen nicht. Da sie in großer Dichte stehen und auch recht groß sind, dauert es nicht lange, bis man genug für eine Mahlzeit gesammelt hat. Die Wurzel der Kohl-Kratzdistel hatte früher in der Volksmedizin ihren Platz. Man verwendete sie als Rheumamittel und ihre Abkochung sollte gegen Zahnschmerzen helfen. Heute ist sie medizi-

nisch bedeutungslos, was möglicherweise auch daran liegt, dass sie kaum wissenschaftlich untersucht ist.

Im Frühjahr gesammelte zarte junge Blätter können zu Salaten, Suppen oder Wildgemüsegerichten verarbeitet werden. Die jungen Triebe und geschälten Stängel sind ebenfalls essbar. Auch aus der Wurzel lässt sich ein Gemüse zubereiten, getrocknet kann man sie zu Mehl verarbeiten. Die Kohl-Kratzdistel schmeckt ein wenig nach Kohl, was den Namen dieser Kratzdistel erklärt. Allerdings kann man die wildwachsende Pflanze nicht aus dem festen Boden graben, ohne größere Flurschäden zu verursachen. Möchte man sie häufiger verwenden, müsste sie schon in lockerem Boden kultiviert werden, was früher auch hin und wieder geschehen sein soll.

Klettenlabkraut, Klebriges Labkraut *Galium aparine* L.

Das Klettenlabkraut, auch Klebkraut genannt, ist, wie der Name schon sagt, ein recht anhaftendes Kraut, das oft in großen Mengen auftritt. Es besiedelt Hecken und Unkrautfluren und schlingt sich manchmal lianenartig an Gräsern und Sträuchern empor. Mit unzähligen kleinen Widerhaken bleibt es an Kleidung und im Tierfell kleben und ist nur schwer wieder loszuwerden. Auch die kleinen kugelförmigen Samen besitzen diese Widerhaken und so wird das Kraut recht gut auch über einen weiten Raum verbreitet. Die winzig kleinen weißen Blüten sitzen gerne in den Achseln der quirlig angeordneten Blätter. Eine Verwechslung mit anderen, sehr ähnlich aussehenden Labkräutern braucht man nicht zu fürchten, sie sind alle essbar. Nur den Waldmeister, der auch zu dieser Familie zählt, sollte man nicht als Gemüse verzehren. Er unterscheidet sich aber durch Standort und Geruch, denn nur er entwickelt das typische Waldmeisteraroma beim beginnenden Welken. Die Labkräuter gehören in die Familie der Rötegewächse. Sie enthalten in unterschiedlichen Mengen einen roten Alizarin-Farbstoff, was man sich früher zum Färben zunutze gemacht hatte. Die Färberröte, eine weitere Vertreterin dieser Familie, hat daher ihren Namen.

Noch lange, bevor sich die Blüten zeigen, also im frühen Frühling, wenn die Pflänzchen gerade einmal 8–10 cm gewachsen sind, ergeben sie ein schmackhaftes Gemüse. Da sie meist in großer Fülle vorkommen, lohnt sich das Sammeln. Die Stiele werden sehr bald trocken und spröde, weshalb man das Labkraut nur in ganz jungem Zustand sammeln sollte.

Kreuzlabkraut, Gewimpertes *Cruciata laevipes* OPIZ.

Im Sommer tragen viele Labkräuter, besonders das Echte und das Gemeine Labkraut, stark duftende, reiche Blütenstände und überziehen die Wiesen und besonders die Raine mit einem dichten Schleier. Das mit diesen Labkräutern eng verwandte Kreuzlabkraut lässt uns bereits im Mai diesen Duft genießen. Das gelblichgrüne Kraut mit den in den Blattachseln in kleinen Büscheln stehenden gelblichgrünen Blüten ist etwas kleiner als die meisten Labkräuter und nicht selten in Gegenden mit Kalkböden auf lockeren Staudenfluren zu finden. Der intensive Duft verrät den Weg!

Mit blühenden Kreuzlabkrautzweigen kann man eine aromatische Blütenbowle zubereiten.

Linde *Tilia*

Die Linde ist ein in unserer Kultur verwurzelter Baum. Die Germanen sprachen den als weiblich geltenden Baum der Göttin Freya zu. Oft stand in der Dorfmitte eine Linde, die als Treffpunkt diente, manchmal aber auch als »Gerichtslinde«, unter der die Gerichtsbarkeit ausgeübt wurde, zum Einsatz kam. Linden können ein Alter von 1000 Jahren und mehr erreichen und so könnte der besungene Lindenbaum »am Brunnen vor dem Tore« zwar nicht auf die Germanen, aber zumindest auf die Zeit Karls des Großen zurückreichen und vielleicht heute noch stehen.

Das sehr helle, weiche Holz der Linde war und ist ein sehr beliebter Rohstoff für Schnitzereien oder zum Drechseln.

Als Alleebäume haben die Linden Einzug in unsere Städte gefunden. Hier wird nicht nur die heimische Winterlinde *Tilia cordata* oder Sommerlinde *Tilia platyphyllos*, sondern auch die schmucke Silberlinde mit der weißfilzigen Blattunterseite gepflanzt.

Schon seit langer Zeit und auch heute noch werden die Blüten der Linde mit ihrem markanten Hochblatt medizinisch verwendet. Die

Schleimstoffe und das ätherische Öl, das sie enthalten, sorgen für Linderung bei mit Husten verbundenen Erkältungskrankheiten.

Der süße Duft der nektarreichen gelblichen Blüten lockt Insekten, vor allem Bienen und Hummeln, an. Lindenblüten sind für Imker eine beliebte Bienenweide. Der aus ihnen gewonnene helle Honig enthält das süßliche Aroma der Lindenblüte.

Ziemlich in Vergessenheit geraten ist, dass sich aus den kugelförmigen Samen der Linde ein wertvolles Speiseöl pressen lässt, das im Geschmack dem Olivenöl ähnelt.

Die zarten, jungen Lindenblätter ergeben zusammen mit dem Lindenblütenhonig einen köstlichen Brotaufstrich, den vor allem Kinder gerne mögen und der nicht zuletzt wegen seines Gehalts an Vitamin C auch sehr gesund ist.

Löwenzahn *Taraxacum officinale* agg.

Der Löwenzahn, die Pusteblume, hat in manchem Kinderlied, in Versen, Reimen und Geschichten seinen Platz gefunden.

Zur Hauptblütezeit im Mai lässt er die Wiesen goldgelb erstrahlen und verrät, dass der Frühling seinen Höhepunkt erreicht hat und der Sommer nicht mehr weit ist.

Seinen Namen verdankt er seinen Blättern, die, in grundständiger Rosette stehend, so tief gesägt sind, dass sie entfernt an das Gebiss eines Raubtiers erinnern.

Der weiße Milchsaft, der in Wurzel, Stielen und Blättern fließt, verfärbt sich an der Luft schwarz und schmeckt recht bitter. Diese Bitterstoffe regen die Sekretion der Verdauungssäfte an, wirken appetitanregend und durch die Anregung der Galle lässt sich schweres Essen leichter verdauen. Da der Löwenzahn recht viele Mineralstoffe, besonders Kaliumsalze, enthält, wirkt er außerdem leicht entwässernd. Das macht ihn insgesamt zu einem idealen Mittel für die Frühjahrskur. Im Herbst gesammelte Wurzeln enthalten Inulin wie die Topinambur (siehe dort) und können geröstet als Kaffeeersatz verwendet werden.

⚠ Als Korbblütler darf auch hier der wichtige Warnhinweis für Allergiker nicht fehlen, auch wenn das allergische Potenzial beim Löwenzahn relativ gering ist.

Die zarten Blättchen im Frühling eignen sich bestens als appetitanregender Salat. Wer es weniger bitter mag, kann den Löwenzahn mit warmem Wasser waschen, das entfernt einen großen Teil des bitteren Geschmacks, allerdings leider auch einen Teil der wertvollen Vitamine.

Die Blüten lassen sich zu einem goldgelben Saft auskochen oder zu Gelee weiterverarbeiten, wenn man sie aus den Kelchen schält. Die Knospen lassen sich mit Wasser und Zucker im Verhätlnis 1:1 und etwas Essig zu »falschen« Kapern verarbeiten.

Lungenkraut *Pulmonaria officinalis* L.

Das Lungenkraut ist ein recht typischer Vertreter der Raublattgewächse. Man trifft es nicht selten schon im zeitigen Frühjahr in Laubwäldern an. Auffallend sind seine weiß gefleckten Blätter, die man wegen ihrer rauborstigen Oberfläche und Stiele nicht gerne anfasst. Die Blütchen erinnern in ihrer Form an Schlüsselblumen. Sie zeigen sich zuerst rosafarben und verfärben sich dann in Violett- und Blautöne – ein Phänomen, das man in dieser Pflanzenfamilie häufig findet, so etwa beim Vergissmeinnicht. Auch die Inhaltsstoffe des Lungenkrauts weisen auf die Zugehörigkeit zu dieser Pflanzenfamilie hin. Diese sind in erster Linie Schleimstoffe, Gerbstoffe und Allantoin. Medizinische Anwendung findet das Lungenkraut kaum noch, insbesondere nicht mehr gegen Lungenkrankheiten. Seinen Namen hat es eher wegen des Aussehens der Blätter, das an Lungengewebe erinnert.

Giftige Pyrrolizidinalkaloide, die leberschädigend und krebserregend sind, wurden im Lungenkraut, im Gegensatz zu anderen »Familienangehörigen«, nicht nachgewiesen. ∎ Diese Lebergifte aber sind der Grund, warum Zubereitungen aus dem verwandten Beinwell nicht mehr für den inneren Gebrauch als Arzneimittel verwendet werden dürfen. Daher sollte man Beinwell auch in der Küche nicht mehr wie früher, als Gemüse oder Suppe gekocht, verwen-

den. Auch wenn keine akuten Vergiftungserscheinungen auftreten, lässt sich eine Gesundheitsschädigung insbesondere nach mehrmaligem Verzehr nicht ausschließen.

Beim Lungenkraut braucht man eine Gesundheitsschädigung nicht zu fürchten und kann die hübschen Blütchen mit ihren verschiedenen Farbschattierungen gut und gerne zur Dekoration eines Frühlingssalates nutzen.

Märzveilchen *Viola odorata* L.

Ein beliebtes Kunstobjekt in der Malerei, Dichtung und Musik ist dieses Frühlingsblümchen, das mit seinen dunkelvioletten Blüten einen herrlichen Duft verströmt. Die herzförmigen Blätter werden als grüne Bordüre um das klassische Veilchensträußchen gebunden.

Die Veilchenblüten enthalten das stark duftende ätherische Veilchenöl, in dem sich neben vielen anderen Substanzen auch Zingiberin und Curcumen befinden. Früher wurde aus den Veilchenblüten ein Sirup hergestellt, den man Kindern als Hustensaft gab. Dem Duft wird auch eine beruhigende Wirkung zugeschrieben.

∎ Die übrigen Pflanzenteile des Veilchens, insbesondere die Wurzel, enthalten ein giftiges Alkaloid, das zum Erbrechen reizt.

Die Wurzel des Märzveilchens ist nicht zu verwechseln mit der Veilchenwurzel, die früher in Apotheken zu kaufen war und den Kleinkindern als Zahnungshilfe, als sogenannte Beißwurzel, gegeben wurde. Diese stammt aus dem Wurzelstock der Schwertlilie und erhielt wegen ihres Veilchenduftes den Namen »Veilchenwurzel«.

Veilchenblüten eignen sich zum Aromatisieren und Verzieren von Speisen, zu Konfekt, zu Suppen, Salaten und Gelatinen oder Terrinen. Auch die Blütchen des Hundsveilchens, das etwas später blüht und dessen Blüten heller und ohne Duft sind, lassen sich als essbare Dekorationsblüten verwenden.

Morchel *Morchella*

Die zu den Schlauchpilzen gehörende Gattung der Morcheln zählt drei für die Küche bedeutende Arten zu ihrem Kreis.

Der Hut der Speisemorchel ist meist hellbraun oder beige, der Pilz ist von eher ovaler Form, die Oberfläche wabenähnlich gekräuselt, wie es typisch für die Morcheln ist. Der hohle Stiel ist meist nicht reinweiß, sondern eher cremefarben. Im Gegensatz dazu hat die Spitzmorchel, wie der Name schon sagt, häufig einen spitzgeformten, dunkelbraunen Hut. Der Stiel ist auch hier nicht reinweiß, eher grauockerfarben. Einen weißen Stiel dagegen hat die Halbfreie Morchel, der meist sogar recht

auffällt, da der dunkelbraune Hut dieser Art relativ kurz ist und der Stiel dadurch sehr zur Geltung kommt.

Alle Morchelarten sind ausgesprochene Frühlingspilze. Sie bringen ihre Fruchtkörper von April bis Mai hervor, bei günstigem Klima manchmal sogar schon im März. Beliebte Standorte sind Auwälder, Parkanlagen und Gärten.

Morcheln sind exzellente Speisepilze, die sich sehr gut trocknen lassen. Ihr feines Aroma wird dabei noch etwas intensiver. Die Halbfreie Morchel ist allerdings etwas zäh und nicht ganz so fein wie ihre beiden Schwestern.

Primel, Schlüsselblume *Primula vulgaris* HUDS.

Primeln gehören zu den ersten Frühlingsboten und blühen schon, wenn noch Schneereste an den zu Ende gehenden Winter erinnern. Sie sind recht anspruchslos und gedeihen in alten Gärten, wo immer die Samen gerade hingeraten sind, zwischen Steinen, in Treppenfugen und Mauerritzen.

Sie lassen sich leicht in allen Farben und mit langen oder kurzen Stielen züchten und gerne holt man sich nach einem langen Winter ein Stöckchen Primeln nach Hause. Man kann es nach der Blüte in den Garten pflanzen, wo es auch weiterwächst und in den folgenden Jahren seine Frühlingsblüten treibt, die sich meist im Laufe der Zeit in die hellgelbe Farbe ihrer Ausgangsform zurückverwandeln.

Die Blüten der Primel sind essbar, doch sollte man bei den Blumen aus den Töpfchen Vorsicht walten lassen und auf den Verzehr verzichten; zum einen, weil Topfpflanzen aus großen Monokulturen mit Dünger und vor allem mit Pestiziden belastet sein können, zum anderen, weil man botanisch nicht ganz sicher sein kann, dass man nicht eine Giftprimel gekauft hat. Diese Primelart, *Primula obconica*,

stammt aus Zentralasien und wird bei uns als Topfpflanze kultiviert. Ihre Blüten stehen als Dolde auf einem langen Stiel, sie ist rosa bis lila, ihre Blätter sind nicht so glänzend und nicht so gekreppt wie die der Schlüsselblumen oder wie bei den *Primula-vulgaris*-Arten.

⚠ Die Giftprimel kann eine Primelallergie auslösen, die eine sehr unangenehme, lang anhaltende Hautentzündung mit sich bringt.

In Folge kann man auch auf alle anderen Primelarten allergisch reagieren.

Die bei uns wild wachsende Schlüsselblume *Primula veris* wird medizinisch verwendet. Die Blüten enthalten in den Kelchen Saponine, sonst Flavonoide, Carotinoide und wenig ätherisches Öl. Sie werden zur Schleimverflüssigung bei Bronchitis oder Raucherhusten eingesetzt.

Die Primelblüten sind die ersten essbaren Blüten im Jahr. Sie bilden einen wunderschönen Schmuck auf unserem Frühlingssalat.

Wie bei fast allen Blüten gilt auch hier, dass man sie frisch ernten sollte, von sauberen, unbelasteten Stellen, die man gut kennt, denn Blüten sollte man nicht waschen.

Rainkohl, Gemeiner *Lapsana communis* L.

Von den Hasen mehr beachtet zu werden als von den Menschen, ist das Schicksal des Rainkohls, der in manchen Gegenden deswegen auch die Bezeichnung »Hasenmus« oder »Hasenkohl« erhalten hat. Obwohl er so unbeachtet und deswegen auch weitgehend unbekannt ist, ist der Rainkohl eine recht häufig auftretende Pflanze, man braucht ihn selten lange zu suchen. Als Pflanze, die stickstoffhaltige Böden liebt, findet man ihn gerne in der Nähe von Bauernhöfen. Überall, wo Bodenkultur betrieben wird oder wurde, treiben die Samenkörner der einjährigen Pflanze ihre Blätter und Stiele. Finden sie noch Gesellschaft durch teilschattenspendende Sträucher oder Stauden, so können sie einen halben Meter Höhe und mehr erreichen. Rein sonnige Standorte dagegen lassen

den Rainkohl nur klein, fast zwergenhaft, gedeihen.

Im Frühling findet man nur die Blattrosette, aus der später der raue Stiel emporsteigt und sich am Ende zu einer lockeren Blütenrispe verzweigt. Die ganze Pflanze führt, ähnlich dem Löwenzahn, nur nicht in dieser Fülle, einen weißen Milchsaft. Wie Löwenzahn zählt auch der Rainkohl zu den Korbblütlern. Die kleinen Blüten lassen das auch erkennen. Sie sind hellgelb und öffnen wie die Wegwarten nur vormittags bei Sonnenschein ihre Blütenteller, nachmittags oder bei Regenwetter halten sie ihre Köpfe geschlossen.

Medizinisch hat der Rainkohl kaum Bedeutung. Seine Blätter können zerquetscht zur Linderung auf Hautentzündungen aufgelegt werden.

Essen kann man nur die jungen Blätter, die von April bis Juni austreiben. Ältere Blätter sind zu derb und rau. Junger Rainkohl schmeckt leicht bitter, weshalb er nur in Mischsalate gegeben *werden sollte. Durch Erhitzen verliert sich der Bitterstoff weitgehend. Für einen Quichebelag ist Rainkohl daher bestens geeignet, aber auch als Zugabe zu Omeletts oder Rührei.*

Raps   *Brassica napus* L.

Der Raps hat als Kreuzblütler *(Brassicaceae)* tatsächlich »Kraut und Rüben« in seiner Familie, ebenso wie den Schwarzen und den Weißen Senf.

Die vielen leuchtend gelb blühenden Rapsfelder zeichnen ganze Landschaften. Häufig kann man den Raps auch verwildert finden.

Raps wird in unseren Breiten so viel angebaut, weil er zu den nachwachsenden Rohstoffen zählt und in großen Mengen zum Einsatz kommt, etwa als Biodiesel. Als Lieferant von Speiseöl hatte er, zumindest bis zum Ende des 20. Jahrhunderts, nur zweitrangige Bedeutung. Das mag daran liegen, dass das Rapsöl wegen seines scharfen und bitteren Geschmacks als Speiseöl der armen Leute galt.

Der scharfe Geschmack kommt von den enthaltenen Allylsenfölen. Allylsenföle sind schwefelhaltige Verbindungen, die in vielen Lauchgewächsen und auch im Senf (daher der Name) vorhanden sind. Sie wirken antibiotisch und sind für die Schärfe verantwortlich. Da sie die Schleimhäute sehr reizen, muss man zum Beispiel beim Zwiebelschälen weinen. Auch war früher im Rapsöl Erucasäure enthalten,

die, besonders in größeren Mengen und über längere Zeit genossen, giftig wirken konnte. Während des Zweiten Weltkriegs wurde Rapsöl zur Margarineherstellung verwendet.

Seit den 1980er-Jahren wird sogenannter Null-Raps angebaut, dessen Öl milder im Geschmack ist und keine Erucasäure enthält. Rapsöl ist ein wertvolles Speiseöl mit einem sehr hohen Anteil an essenziellen Fettsäuren, besonders Alpha-Linolensäure, und es findet allmählich sogar Einzug in die Sterneküche.

Damit Raps auch als Gemüse pikant schmeckt, sollte er nicht alleine, sondern zusammen mit anderen, kräftig schmeckenden Gemüsesorten gekocht werden. Da die Stiele hart und zäh werden, sind nur die oberen Teile junger Pflanzen zu verwenden. Beim Sammeln ist darauf zu achten, dass keine Belastung durch Schädlingsbekämpfungsmittel oder Überdüngung besteht. Man sollte beim Bauern nachfragen, ob der Raps für Speisezwecke geeignet ist. Das gilt auch für Gegenden, in denen das Grundwasser durch Überdüngung viel zu hohe Nitratwerte aufweist, beispielsweise in Weinbaugebieten.

Ruchgras   *Anthoxanthum odoratum* L.

Es ist für einen Anfänger in der Pflanzenbestimmung nicht einfach, unter den vielen Gräsern eine bestimmte Art herauszufinden. Die recht frühe Blühzeit und die kolbenähnlichen Blütenstände, aus denen die Staubgefäße weit heraushängen, sind relativ eindeutige Merkmale, die das Bestimmen des Ruchgrases erleichtern. Pflückt man einen Halm, steckt ihn in die warme Hosentasche und holt ihn nach 30 Minuten wieder heraus, dann steigt Waldmeisterduft in die Nase und man hat dieses

Gras eindeutig identifiziert, das natürlich seinen Namen dieser Eigenart verdankt.

Noch kommt das wenig ergiebige, nicht allzu hoch wachsende Ruchgras sehr häufig vor und lässt frisch gemähtes Heu wunderbar duften. Es wächst aber nur in extensiv genutzten, ungedüngten Magerwiesen, die immer seltener werden. Ruchgras ist ein wichtiger Bestandteil der »Heublumen«, die zu medizinischen Packungen oder Bädern verarbeitet werden. Diese wirken schmerzlindernd und entspannend und werden bei Muskelverspannungen sowie rheumatischen Krankheitsbildern eingesetzt.

Heu, das in der Küche verwendet wird, sollte unbedingt von Wiesen stammen, auf denen Ruchgras wächst, um sein zartes Aroma für das Gericht nutzen zu können. Wegen seines Kumaringehalts und des damit verbundenen Waldmeisteraromas wird Ruchgras auch als Würze für manche Getränke oder Schnupftabak verwendet.

Sauerampfer *Rumex acetosa* L.

Ein auch in Frankreichs berühmten Küchen nicht unbekanntes Wildgemüse ist der Sauerampfer, der in die Familie der Knöterichgewächse gehört. Er ist sehr häufig in Wiesen und Unkrautgesellschaften zu finden und vom Bauern gar nicht geschätzt, da er das Futtergras aus der Wiese verdrängt und im Heu von den Tieren gemieden wird.

Seine schmalen, fleischigen Blätter sind meist pfeilförmig ausgebildet und schmecken, wie der Name schon sagt, sauer. Die rötlichen Blüten stehen in lockeren Scheinrispen an blattlosen Stängeln.

Der Sauerampfer enthält Oxalsäure und viel Vitamin C, beide sind für den sauren Geschmack verantwortlich. Daneben findet man noch Gerbstoffe und Flavonoide.

In der Volksmedizin wird er als entschlackendes Mittel eingesetzt, und so werden auch in der Küche die jungen Blättchen bevorzugt zur Frühjahrskur genutzt, sei es als Suppe, Salat oder als Beigabe in einer Sauce.

In jüngerer Zeit findet man auf dem Markt sogar Sauerampferzüchtungen für den Garten, darunter auch rotlaubige Sorten, die den Salat bunt schmücken. Der Geschmack kann variieren.

Die Blätter lassen sich über längere Zeit hinweg immer wieder ernten.

Wegen des Gehalts an Oxalsäure sollte man Sauerampfer nicht in allzu großen Mengen genießen, um eine Oxalat-Vergiftung zu vermeiden. Wer zur Bildung von Nierensteinen neigt, für den ist der Sauerampfer leider tabu.

Sauerampfer ist eine sehr vielfältig einzusetzende Wildpflanze, die man als Zusatz zu Suppen, Saucen und Gemüsen wie auch im Salat oder auch alleine verwenden kann. Eine Sauerampfersauce schmeckt besonders delikat zu Fischgerichten.

Sauerklee *Oxalis acetosella* L.

Seine herzförmigen, dreizähligen Blätter, die er zum Schlaf oder bei Berührung auch nach unten klappen kann, sehen den Kleeblättern zum Verwechseln ähnlich. Seine weißen, lila oder rosa geäderten Blüten mit den fünf radial angeordneten, etwa 1 cm großen Kronblättern zeigen jedoch sehr deutlich, dass kaum eine Verwandtschaft zum Klee bestehen kann.

Sauerkleegewächse bilden eine eigene Pflanzenfamilie, deren verschiedenste Arten auf der ganzen Welt anzutreffen sind und als Nutzpflanzen, wie etwa »Oka« in den Hochanden, oder als Zierpflanzen wie der zu Silvester gern verschenkte Glücksklee, aber auch als kaum zu vertreibendes Unkraut wie der bei uns eingeschleppte Hornsauerklee, in Erscheinung treten. Für die Küche eignen sich alle Sauerkleearten, vor allem aber die zarten Blätter des Waldsauerklees, der bei uns, wie der Name schon sagt, in Laub- und Nadelwäldern vorkommt. Er braucht nur ganz wenig Sonnenlicht zum Wachsen. Er liebt feuchte Standorte und ist sehr oft in Gesellschaft mit dem Buschwindröschen zu finden. **!** Da sich die Blüten dieser beiden Pflanzen recht ähnlich sehen, könnte eine Verwechslungsgefahr bestehen. Das Buschwindröschen, auch Anemone genannt, ist ein giftiges Hahnenfußgewächs und darf keinesfalls verzehrt werden! Man muss beim Sammeln also genau hinsehen, besonders die Blätter sind deutlich zu

unterscheiden. Die beste Sammelzeit ist im Frühling, kurz vor und während der Blütezeit. Später werden die Blätter derber in Geschmack und Konsistenz.

Sauerklee enthält Vitamin C und Oxalsäure. Oxalsäure ist gesundheitlich nicht ganz unproblematisch, da sie zu Nierenreizungen führen kann und für die Steinbildung mitverantwortlich ist. Außerdem ist sie ein Kalziumräuber, weswegen man Kindern den Sauerklee gar nicht oder höchstens in ganz kleinen Mengen geben sollte, auch wenn sie gerne davon na-

schen. Wer zu Nierensteinleiden neigt, sollte auf Sauerklee ganz verzichten.

Gesunde können den zart sauren Geschmack mit ein paar Blättchen unter einem Wildblattsalat genießen oder Sauerklee als Ersatz für Zitronensaft verwenden. Auch als Beigabe zu süßen Desserts bildet der Sauerklee einen wunderbar delikaten Kontrast. Wegen des intensiven Geschmacks genügen schon wenige Blättchen, um in den Genuss zu kommen und keine Gesundheitsgefährdung zu riskieren.

Staudenknöterich, Japanischer *Fallopia japonica* RONSE DECR.

Wie der Name schon sagt, ist der Japanische Staudenknöterich ein Vertreter der Knöterichgewächse, der aus dem ostasiatischen Raum stammt. Er ist ein Neophyt, das bedeutet eine Pflanze, die sich, aus anderen Teilen der Welt kommend, neu in unserem Erdteil verbreitet hat. Man stuft ihn, wie viele andere Neophyten, als problematisch ein, da er sehr anspruchslos ist und sich sehr leicht verbreitet. Dadurch verdrängt er aber die heimische Flora und dies in solchem Maße, dass das natürliche Gleichgewicht stark gestört ist, mit den vielfältigsten negativen Folgen. Besonders für Naturschutzgebiete kann er zu einem großen Problem werden, in Österreich ist er sogar schon in die sensiblen Ökosysteme mancher Almengebiete bis in Höhenlagen von 1500 m vorgedrungen.

Man muss also nicht mit einem schlechten Gewissen und der Befürchtung, der Natur zu schaden, kämpfen, wenn man diese Pflanze abschneidet.

Der Japanische Staudenknöterich wird sehr groß, eine Höhe von 3–4 m ist keine Seltenheit. Die gestielten Blätter werden bis zu 20 cm lang. Die Stängel sind hohl und erinnern an Bambus, da sie in Abständen knotige Verdickungen zeigen, an denen sie im Innern quer verbunden sind. Die Stiele sind rund, grün, häufig etwas blau bereift und stellenweise rot gefärbt, als wären sie mit spitzer Feder geritzt worden. Insgesamt sieht die Pflanze fast aus wie ein überdimensionaler Buchweizen, weshalb sie oftmals

auch als »Japanischer Buchweizen« und wegen ihres säuerlichen Geschmacks sogar als »Japanischer Rhabarber« bezeichnet wird.

Bezüglich der Standorte ist der Japanische Staudenknöterich absolut nicht wählerisch. Besonders wohl fühlt er sich an Bachufern, am wenigsten verträgt er Schatten, weshalb er in und an Fichten- und Tannenwäldern kaum anzutreffen ist.

Medizinische Bedeutung hat er im europäischen Raum nicht, obwohl er einen recht interessanten Inhaltsstoff besitzt, das Resveratrol. Es handelt sich dabei um ein pflanzliches Östrogen, weswegen Japanerinnen die Pflanze als hilfreiches Mittel gegen Wechseljahresbeschwerden schätzen.

Der Japanische Staudenknöterich erfreut sich in der Pflanzenküche immer größerer Beliebtheit und wird dort oft als »Wilder Rhabarber« bezeichnet, was seinen Geschmack sehr gut beschreibt. Er eignet sich zur Bereitung von Süßspeisen ebenso wie zu pikanten Gerichten, die eine fruchtige Note gut vertragen.

Verwendung finden die frischen Triebe, bevor sie holzig werden, als Gemüse. Später im Jahr, bis etwa Mitte Juni, lassen sich noch Speisen bereiten, bei denen die holzigen Anteile durch Passieren entfernt werden. Die Blüten, die im Spätsommer erscheinen, schmecken auch säuerlich und können zur schmackhaften Dekoration für allerlei Gerichte verwendet werden.

Taubnessel (Weiße) *Lamium (album)* L.

Die Taubnessel, eine Vertreterin der Lippenblütler *(Lamiaceae)*, sieht mit ihren Blättern der Brennnessel oft täuschend ähnlich. Es fehlen ihr aber die Brennhaare und so brennt sie nicht bei Berührung, im Gegenteil, sie ist eine angenehm weiche Pflanze.

Es gibt viele Taubnesselarten, die alle gerne Unkrautfluren bewachsen oder unter Büschen zu finden sind. Die Blütenfarbe zeigt oft Purpurtöne, aber auch gelbe Blüten (Goldnessel), und selbstverständlich kommen auch weiße Blüten vor. Die Blüten stehen in Scheinquirlen um den kantigen Stiel.

Am häufigsten findet man die Weiße Taubnessel, die auch in der Medizin genutzt wird. In der Küche kann man alle Taubnesselarten verwenden.

Die Blüten der Weißen Taubnessel sind Bestandteil von beruhigenden Tees. Im frischen Zustand werden sie gerne von Kindern aus ihrem Kelch gezogen und der mit süßem Nektar gefüllte Schlund der Blüte wird ausgesaugt.

Die Taubnessel enthält Schleimstoffe, Gerbstoffe, Saponine und wenig ätherisches Öl, weswegen man sie als schleimlösendes Mittel einsetzen kann. Die in der Volksheilkunde verbreitete Verwendung bei Frauenleiden ist in ihrer Wirkungsweise noch nicht aufgeklärt.

Die frischen oberen Triebe der Taubnesseln lassen sich als Gemüse, für Suppen und auch als Salat gut verwenden. Die Blüten harmonieren wegen ihres süßlichen Geschmacks sowohl mit Salaten als auch mit Süßem.

Waldmeister *Galium odoratum; Asperula odorata* L.

An seinem Aussehen lässt sich sehr gut erkennen, dass er zu den Labkräutern gehört. Seine Stiele sind immer aufrecht und er wächst stets mit vielen Artgenossen zusammen, am liebsten in Buchenwäldern. Die Blätter stehen zu sechs bis acht in Quirlen und Ende Mai bilden sich die kleinen weißen Blütchen, bestehend aus einem Trichter mit vierlappigem Rand.

Bekannt ist der Waldmeister wegen seines aromatischen Dufts. Verantwortlich dafür ist der Inhaltsstoff Melilotosid, der beim Trocknen und Welken Kumarin abspaltet und auf diese Weise den Duft entwickelt.

Die medizinische Wirkung des Kumarins ist eine Hemmung der Blutgerinnung. Da das Kumarin relativ stark wirksam ist und mit vielen Medikamenten zu Interaktionen führt, kann es bei reichlichem Genuss von Waldmeister auch

zu Kopfschmerzen kommen. Man sollte ihn daher nur genießen, wenn man weiß, dass man ihn gut vertragen kann, und generell auch nicht zu viel und nicht zu oft.

So ist es gut, dass die Ernteperiode keine große Zeitspanne umfasst, denn nur bis zur Blüte hat der Waldmeister den besten Geschmack und ist zart und saftig, danach wird er strohig und rau.

Für die berühmte Maibowle sollte man den Waldmeister welken lassen (10–15 Zweige) und mit einer Flasche Weißwein übergießen, Zucker nach Geschmack zugeben und nur zwei Minuten ziehen lassen, um die negativen Wirkungen des Kumarins zu vermeiden. Dann den Waldmeister entfernen und die Bowle vor dem Servieren mit eisgekühltem Sekt aufgießen.

Weidenröschen *Epilobium*

Mehrere Arten des Weidenröschens lassen sich in der Küche verwenden, besonders das Kleinblütige Weidenröschen *(Epilobium parviflo-* *rum)*, das Schmalblättrige *(Epilobium angustifolium)* und das Sumpfweidenröschen *(Epilobium palustre)*.

Die Weidenröschen gehören den Nachtkerzengewächsen an und sind weit verbreitet. Sie wachsen gerne an Bächen und Waldrändern, aber auch im Gartenbeet. Das Schmalblättrige Weidenröschen bevorzugt als Standort Lichtungen, die durch Waldeinschläge oder Waldbrände entstanden sind, aber auch Schutthalden. Man kann es auf der gesamten nördlichen Erdhalbkugel finden.

Die Blüten der Weidenröschen sind vierzählig und bilden, besonders bei der schmalblättrigen Art, ein wahrhaftes Farbenkunstwerk in Rottönen. Die weiß glänzenden Samenhaare, die der Windverbreitung dienen, wurden zum Flechten von Kerzendochten verwendet.

Heute findet das Weidenröslein in der neueren Volksmedizin Verwendung als Tee gegen Prostatabeschwerden. Dafür fehlt jedoch jeglicher wissenschaftliche Nachweis. Auch die sekundären Pflanzeninhaltsstoffe geben nicht unbedingt einen Hinweis darauf. Es sind Flavonoide und Gerbstoffe nachgewiesen, bei manchen Arten auch Beta-Sitosterin; vielleicht erlangt die weitere Forschung in der Zukunft neue Erkenntnisse.

Die jungen Blättchen jedenfalls sind reich an Vitamin C und somit bestens für einen ersten Frühlingssalat nach der langen Winterzeit geeignet.

❗ Man sollte darauf achten, dass man die Weidenröschen, auch »Rapunzelchen« genannt, nicht mit anderen, ebenfalls Blattrosetten bildenden Pflänzchen verwechselt, insbesondere mit Vergissmeinnicht, das dieselben Standorte liebt (siehe auch unter *Pulmonaria officinalis*). Die Blättchen des Vergissmeinnicht sind aber wesentlich mehr behaart, sie fassen sich etwas filzig an.

Die zarten Blattrosetten der Weidenröschen haben durch das Vitamin C einen leicht säuerlichen Geschmack. Zugleich schmecken sie auch nussig, was sich durch die Zugabe von Haselnussöl wunderbar unterstreichen lässt.

Wiesen-Bärenklau *Heracleum sphondylium* L.

Der Wiesen-Bärenklau, ein wild wachsender Vertreter der Doldenblütler, ist weißblühend und relativ groß (bis etwa 1,5 m). Seine Blätter sind mehrfach gefiedert, borstig behaart und wirken lappig. Sie erinnern an Pfoten von Bären und haben der Pflanze ihren Namen gegeben. Die Stängel sind hohl und furchig und tragen steife Borsten. Die Früchte sind flach und segeln im Wind. Auffallend sind die aufgeblasenen Blattscheiden.

❗ Größte Vorsicht ist geboten, um den Wiesen-Bärenklau nicht mit seiner direkten Verwandten, der zu Recht berüchtigten Herkulesstaude (Riesen-Bärenklau, *H. mantegazzianum*), zu verwechseln: Diese ist noch größer und ihre Blätter wirken nicht so lappig. Die Herkulesstaude wurde als Zierstaude bei uns eingeführt und ist als recht lästiger Neophyt bei uns verwildert. Sie lässt sich nur schwer ausrotten und überwuchert die Pflanzenarten in ihrer Umgebung. Im Umgang mit der Herkulesstaude ist große Vorsicht geboten, da bei Berührung und gleichzeitiger Sonneneinstrahlung mit sehr unangenehmen, starken Hautreizungen zu rechnen ist. Deshalb sollte diese Pflanze nur mit Handschuhen angefasst werden. Zurückzuführen ist das auf Furokumarine, die in der Herkulesstaude enthalten sind. Auch Bärenklaupflanzen enthalten Furokumarine, allerdings meist in geringerer Konzentration. Dennoch ist Vorsicht geboten.

In der Küche dürfen nur junge Blätter und Triebe verwendet werden. Das enthaltene ätherische Öl verleiht etwa einem mit jungen Blättern versetzten Kartoffelpüree einen köstlichen Geschmack. Die jungen Blütentriebe lassen sich auch gut als Gemüse zubereiten. Die Samen gelten mancher Literatur nach als giftig. Man sollte daher besser auf den Verzehr verzichten, auch wenn die unreifen Früchte ein hervorragendes Aroma besitzen, das an Kardamom erinnert. Es sind auch viele Bitterstoffe enthalten, die sich nur schwer unterdrücken lassen.

Wiesenbocksbart *Tragopogon pratensis* L.

Er liebt die Sonnenstrahlen und so öffnet der Wiesenbocksbart seine hellgelben, einer kleinen Sonne gleichenden Blüten nur bei schönem Wetter und auch nur vormittags, bis die Sonne den Zenit überschritten hat. Dieses Phänomen begegnet uns häufiger bei Pflanzenarten aus der Familie der Korbblütler, so zum Beispiel auch bei der Wegwarte oder beim Rainkohl. Wiesenbocksbart-Pflanzen können beinahe 50 cm groß werden, sie haben ähnlich wie Gräser schmale Blätter und so fallen sie in ihrem bevorzugten Standort, der Wiese, kaum auf. Nur in den Vormittagsstunden im Mai und Juni kann man sich an ihren Blüten erfreuen. Nachmittags und im Juli kann man dann die Bocksbärte sehen, denn aus den mit den langen grünen Kelchblättern geschlossenen Blüten stehen, besonders wenn sie schon abgeblüht sind, noch einige Zungenblüten heraus und sehen aus wie der Bart eines Geißbocks. Wenn sich die Früchte entwickelt haben, kann man die gleichen flauschigen, kugelartigen Gebilde sehen, wie sie der Löwenzahn, die Pusteblume, entwickelt, nur noch etwas größer. Ähnlich wie dieser und die noch nähere Verwandte, die Schwarzwurzel, ist der Wiesenbocksbart milchsaftführend und hat eine recht kräftige, lange Pfahlwurzel. Wie alles an der Pflanze, so sind auch die Wurzeln essbar. Handelt es sich um einjährige Pflanzen, sind die Wurzeln nicht verholzt, lassen sich auch gut einmieten und so als Wintergemüse nutzen. Die früher angebaute Haferwurzel, auch Weißwurzel genannt, ist die Wurzel einer weiteren Bocksbartart, die purpurrote Blüten hat, ansonsten aber dem Wiesenbocksbart gleicht.

Die Bocksbartwurzeln sind sehr nahrhaft und haben einen angenehm milden, süßlichen Geschmack, vergleichbar mit dem Geschmack der Schwarzwurzel.

Die übrigen Pflanzenteile, besonders die zarten, jungen Blätter, kann man als Salat und als Gemüse zubereiten. Der Geschmack als Gemüse erinnert an weißen Spargel.

Wer den Wiesenbocksbart schon einmal gegessen hat, wird ihn sicher wieder sammeln, um ihn im späten Frühling zu genießen.

Wiesenknopf, Großer *Sanguisorba officinalis* L.

Der Große Wiesenknopf kommt von der Atlantikküste in Frankreich bis nach Ostasien vor. In Nordeuropa ist er sehr selten zu finden. Er zählt zu den Rosengewächsen, obwohl es die Form der Blüten zunächst gar nicht vermuten lässt. Sie stehen am Ende der Stiele dicht zusammengedrängt zu einem dunkelrotbraunen, walzenförmigen, knopfähnlichen Gebilde. Betrachtet man ihn näher, so fallen die gleichmäßig gefiederten Blätter auf. Die Einzelblättchen sind nicht selten 15 und mehr an der Zahl, oval und gleichmäßig gezähnt.

Man findet den Großen Wiesenknopf sehr häufig auf nährstoffarmen, sauren Wiesen. Seine Verbreitung ist allerdings rückläufig, da die Wiesen immer früher gemäht werden und so die Früchte nicht mehr ausreifen können. Seine Blütezeit ist der Spätsommer.

Medizinische Verwendung findet er heute kaum mehr, allenfalls zu Mundspülungen. Wegen seines hohen Gerbstoffgehalts wurde er früher als blutstillendes Mittel besonders bei starken Regelblutungen angewendet. Daher kommt auch der lateinische Name »Sanguisorba«, was übersetzt »blutaufsaugend« heißt. Der Zusatz »officinalis«, den man bei vielen Pflanzen antrifft, weist auf die frühere heilkundliche Verwendung hin, die »Officin« ist auch heute noch der Verkaufsraum der Apotheke.

In der Küche verwendet man die zarten jungen Blätter als Gewürzkraut für Salate. Die Blüten (s. Abb. S. 253) sind ebenfalls essbar und man kann sie als adretten Farbtupfer beliebigen Gerichten beifügen oder auch ausbacken.

Wiesenknopf, Kleiner; Pimpinelle *Sanguisorba minor* SCOP.

Der Kleine Wiesenknopf sieht seinem direkten Verwandten, dem Großen Wiesenknopf, sehr ähnlich und zählt wie dieser zu den Rosengewächsen. Er ist, wie der Name schon sagt, insgesamt etwas kleiner und die kugeligen Blütenköpfchen sind grün, rötlich überlaufen.

Er liebt trockene Standorte und so findet man ihn in Trockenrasen und an Wegrändern.

Oftmals wird der kleine Wiesenknopf auch im Kräuterbeet kultiviert.

Dort trägt er manchmal den Namen »Pimpernelle« oder »Falsche Bibernelle«, was sehr leicht zu Verwechslungen mit der echten Biber-nelle führen kann. Die Bibernelle gehört zu den Doldenblütlern und trägt zur Blütezeit weiße Blütendolden. Ihre Blätter sehen denen des Kleinen Wiesenknopfs zum Verwechseln ähnlich. Aus den Wurzeln der Bibernelle wird der bekannte Bibernelllikör hergestellt.

Die zarten, gefiederten Blätter des Kleinen Wiesenknopfs haben einen nussigen Geschmack und eignen sich hervorragend zur Beigabe in einen Kräutersalat. Reicht man ihn zur Vorspeise, so lässt sich seine appetitanregende Wirkung gleich nutzen.

Wiesenschaumkraut *Cardamine pratensis* L.

Im April, wenn der Frühling seinen Höhepunkt erreicht hat, verwandelt das Wiesenschaumkraut Frühlingswiesen über weite Flächen in duftiges, zartes Weiß-Violett. Es erweckt den Eindruck, als sammle es seine letzte Kraft, um in seiner Zartheit gegen die robuste Übermacht des kräftigen sonnengelben Löwenzahns zu bestehen. Leider trügt dieser Eindruck nicht. Der Standort des Wiesenschaumkrauts sind Feuchtwiesen, die zwar nicht zu mager sein dürfen, aber auch nicht überdüngt sein sollen. Feuchtwiesen aber sind ein Biotop, das in seiner Flächenausbreitung stark schwindet und mit ihm auch das Wiesenschaumkraut.

Als Kreuzblütler steht das Wiesenschaumkraut in enger Verwandtschaft zur Brunnenkresse. Die grundständigen, gefiederten Blätter bilden eine Rosette und sehen in ihrer Form denen der Brunnenkresse sehr ähnlich. Die vereinzelt an den aufrechten Stielen sitzenden Fiederblätter muten wie der Stiel selbst oft etwas bläulich bereift an, die einzelnen Fieder sind schmäler als die der Grundblätter und haben einen glatten Rand.

Die Inhaltsstoffe, u.a. Senfölglykoside und Vitamin C, ähneln denen der Brunnenkresse. Das Wiesenschaumkraut ist aber milder im Geschmack und passt gut in aromatische Kräutersuppen, Saucen, Salate und als Gewürz für Quark. In seiner medizinischen Bedeutung tritt es weit hinter der Brunnenkresse zurück.

*Liebevoll umhüllt die Kohl-
distel ihre zartgelbe Blüte
mit ihren Blättern und ge-
leitet uns in den Sommer.*

In der kräftigen Sommer-
sonne spenden die hohen
Wedel des Adlerfarns
dem Waldboden sanften
Schatten.

Juni - Juli - August

»Pfingsten, das liebliche Fest ist gekommen«, heißt es in Goethes »Faust« und mit dieser Lieblichkeit fließt der Frühling in den Sommer über. Die kräftige, aber doch noch milde Sonne des Frühsommers öffnet die Blütenknospen und die Pflanzen entfalten ihre ganze Pracht. Mit den strahlendsten Farben und den herrlichsten Düften locken die Blüten und buhlen um den Besuch der Insekten. Sie bieten ihnen Nektar, um befruchtet zu werden und dann Früchte und Samen bilden zu können.

Es ist die Zeit der Blüten, die wir nicht nur als Zierde in die Vase stellen, sondern auch zum Schmuck und zur Verfeinerung unserer Speisen nutzen können. Das wunderbare Aroma der Holunderblüten in vielfältigster Art für die Küche zu nutzen, ist uns von alters her bekannt und auch nicht fremd geworden. Doch da gibt es noch so unendlich viele Blüten, die nicht nur unseren Augen, sondern auch unserem Gaumen Freude bereiten.

Rosen und Lilien sind wegen ihres zauberhaften Duftes auch als Gartenblumen gezüchtet worden und können nicht nur in ihrer Wildform dem Verzehr dienen. Um die wilden Arten zu schonen, kann man gerne auf sie zugreifen.

Auf den Wiesen duftet das Labkraut; Glockenblumen, Wiesensalbei und viele mehr bieten ein buntes Bild und an feuchten und sumpfigen Stellen schwängert Mädesüß die Luft mit herbsüßem Geruch. Ganz in der Nähe beginnen schon die ersten Springkrautpflanzen in verschiedenen Rosatönen zu blühen.

Auch die Getreidefelder tragen bunte Gewänder. Das Hochrot des Klatschmohns und das satte Blau der Kornblumen werden durch das strahlende Weiß der Kamille besonders hervorgehoben und zeigen an, dass der Hochsommer Einzug gehalten hat.

Die Sommermonate bescheren uns auch die ersten Wildfrüchte. Eröffnet wird der Reigen durch die Walderdbeere, deren Früchte zwar Winzlinge gegenüber ihren gezüchteten Schwestern sind, aber ihr Aroma ist um ein Vielfaches kräftiger und kaum zu überbieten. Bald folgt die Waldhimbeere, die leider nicht nur von menschlichen Leckermäulern geschätzt wird. Allzu oft wird sie von kleinen weißen Maden bewohnt, was allerdings die Vögel in keiner Weise stört; besonders Amseln und Drosseln lieben diese Köstlichkeiten des Waldes. Nicht weniger begehrt, aber frei von Maden ist die Heidelbeere, die ab Mitte August ihre Hauptreifezeit erfährt.

Mit etwas Glück kann man beim Sammeln dieser üppig wachsenden Waldfrüchte so ganz nebenbei auch noch eine Pilzmahlzeit erhalten, denn wenn im August genügend Regen fällt, schiebt manch feiner Waldpilz seine Fruchtkörper durch den warmen Waldboden.

Saisonkalender Sommer

Bärwurz *Meum athamanticum*	Mai bis September
Breitwegerich *Plantago major*	Juni bis August
Franzosenkraut, Kleinblütiges Knopfkraut *Galinsoga parviflora*	Juli bis September
Gänsefuß, Weißer *Chenopodium album*	Mai bis August
Gladiole[1] *Gladiolus*	Ende Juli bis Mitte September
Glockenblume *Campanula*	Juni bis September
Guter Heinrich *Chenopodium bonus-henricus*	Mai bis August
Heckenrose, Hundsrose *Rosa canina*	Blüten im Juni/Juli, Früchte im Oktober
Heidelbeere *Vaccinium myrtillus*	Ende Juli bis September
Holunder, Schwarzer *Sambucus nigra*	Blüten im Mai/Juni, Beeren im September
Johanniskraut *Hypericum perforatum*	Juni bis August
Kamille, Echte *Matricaria recutita*	Juni/Juli
Kartoffelrose *Rosa rugosa*	Juni/Juli (oft noch bis Herbst), Früchte im Herbst
Klatschmohn *Papaver rhoeas*	Ende Mai bis Juli
Klee, Rotklee; Wiesenklee *Trifolium pratense*	Juni bis August
Klee, Weißklee[2] *Trifolium repens*	Juni bis August
Kornblume *Centaurea cyanus*	Juni bis September
Labkraut, Echtes *Galium verum*	Juni bis September
Mädesüß, Echtes *Filipendula ulmaria*	Juli bis September
Maisgriffel *Zea mays*	Ende Juli/August
Malve[3], Wilde *Malva sylvestris*	Juni bis September
Minze *Mentha*	Mai bis Oktober
Nachtkerze *Oenothera biennis*	Juli bis September
Pelargonie, Geranie *Pelargonium*	Juni bis Oktober
Pflaume, wilde *Prunus cerasifera*	Juli/August
Portulak *Portulaca oleracea*	Juni bis September
Ringelblume *Calendula officinalis*	Juni bis Oktober
Robinie; Falsche Akazie *Robinia pseudoacacia*	Juni
Schafgarbe, Gemeine *Achillea millefolium*	Blätter im Frühling, Blüten Juli bis September
Senf, Schwarzer *Brassica nigra*	August/September, Blüten länger
Senf, Weißer *Sinapis alba*	Juli/August, Kraut im Frühling
Spitzwegerich *Plantago lanceolata*	Juni bis September
Springkraut, Drüsiges *Impatiens glandulifera*	Juli bis September
Steinklee, Honigklee *Melilotus officinalis*	Juli bis September
Stiefmütterchen *Viola*	Juni bis November, Zuchtformen ganzjährig
Tagetes, Studentenblume *Tagetes*	Juni bis September
Taglilie[4] *Hemerocallis*	Juni/Juli
Vogelkirsche *Prunus avium*	Juli/August
Wiesenkümmel *Carum carvi*	Juli bis Oktober
Wiesensalbei *Salvia pratensis*	Mai bis Juli

Bärwurz *Meum athamanticum* JACQ.

Unauffällig in die Menge eintauchen, das ist es wohl, was dieses sehr selten gewordene Würzkraut vor seinem Verschwinden rettet.

In subalpinen Weidewiesen steht es im Juni mit zahlreichen weißen, duftigen Dolden und erfordert genaues Hinsehen, um von wildem Kümmel, Kälberkopf, Rosskümmel, Giersch, Bibernelle oder sonstigen verwandten Doldengewächsen unterschieden werden zu können, die allesamt zu Sommerbeginn ganze Wiesen mit einem weißen, zarten Brautschleier überziehen.

Das Blatt dieser kahlen Pflanze ist sehr filigran und erinnert an das des Kümmels oder an Dill, es ist jedoch viel buschiger. Die Erinnerung an Dill wird auch bei der ersten Wahrnehmung des Aromas geweckt; dann aber entwickelt sich ein sehr würziger Geruch und Geschmack, der häufig mit Liebstöckel beschrieben wird, aber auch an Kreuzkümmel denken lässt. In den unreifen Früchten findet man dieses Aroma noch intensiver.

Medizinisch hatte Bärwurz früher Bedeutung bei Verdauungsproblemen sowie bei Blasen- und Harnwegsbeschwerden. Heute findet man ihn nur noch in der Medizin nach Hildegard von Bingen.

Im schottischen Hochland würzt man Käse mit Bärwurz. Hierzulande werden die jungen Blätter wie Dill oder Liebstöckel als Würzkraut verwendet. Da sich das Kraut sehr gut trocknen lässt, ohne dabei sein Aroma zu verändern oder zu verlieren, eignet es sich wunderbar für die Verarbeitung zu Gewürzsalz. Die Wurzeln könnte man zwar als Gemüse zubereiten, doch zum Ausgraben aus der freien Natur sind sie zu schade. Zur Gewinnung des Bärwurz-Schnapses wird die Pflanze kultiviert.

Breitwegerich *Plantago major* L.

Das Wegerichgewächs Breitwegerich wird in manchen Gegenden auch »Wegetritt« genannt. Dieser Name beschreibt die markanteste Eigenschaft des Breitwegerichs, nämlich seine Trittfestigkeit. Er liebt es geradezu, getreten zu werden, und so ist er am häufigsten auf Wegen, in Trittrasen, zwischen Pflastersteinen und an Straßenrändern zu finden. Seine Blätter bilden eine grundständige Rosette. Sie haben eine breit-ovale Form, die an einen Löffel erinnert. Die Blattadern verlaufen parallel und zeichnen deutliche Rippen. Die Blüten bilden eine sehr lange, schmale Ähre, rund um den Stiel sitzend.

Der Breitwegerich zählt zu den Heilpflanzen, die besonders in der Volksheilkunde Verwendung finden. Seine wichtigsten Inhaltsstoffe sind Iridoidglykoside, Schleimstoffe, Gerbstoffe und Mineralsalze. Er wird, ähnlich seinem nahen Verwandten, dem Spitzwegerich (siehe dort), gegen Entzündungen der oberen Atemwege eingesetzt, ist aber weniger wirksam als dieser. Der Saft aus den Blättern wird als Entzündungshemmer auf Schürfwunden oder Insektenstiche aufgetragen.

Wegen seiner breiten Blattform eignet sich der Breitwegerich sehr gut zum Ummanteln verschiedener Gerichte. Der leicht bittere Geschmack geht durch das Erhitzen beim Garungsprozess verloren.

Franzosenkraut, Kleinblütiges Knopfkraut *Galinsoga parviflora* CAV.

Das Franzosenkraut lässt sich zu den Hackunkräutern zählen, das heißt, es fühlt sich in Beeten mit häufig aufgehackter, gelockerter Erde besonders wohl. Botanisch gehört es zu den Korbblütlern, den *Asteraceae*. Seine Blütenköpfchen sind sehr klein, etwa 6 mm im Durchmesser, und sie haben nur wenige kurze, weiße Zungenblütenblätter. Die Blätter sind ge-

genständig und haben eine eiförmige, lanzettähnliche Gestalt.

Man findet das Franzosenkraut in Gärten und Gemüsebeeten, auf Äckern und auf Schuttplätzen. Seine ursprüngliche Heimat ist Südamerika.

Da es sich zur Zeit der Feldzüge Napoleons in Deutschland einbürgerte und erfolgreich verbreitete, schob man kurzerhand, aber zu Unrecht, den Franzosen die Schuld dafür in die Schuhe und gab ihm den Namen »Franzosenkraut«.

Medizinisch wird das Knopfkraut kaum verwendet, nur die Homöopathie nutzt es gelegentlich zur Behandlung grippaler Infekte.

Die Inhaltsstoffe sind kaum untersucht. Da es sich um einen Korbblütler handelt, müssen Personen mit einer Korbblütlerallergie dieses Kraut meiden.

Die oberen Blätter des Franzosenkrauts sind sehr schmackhaft und eignen sich gut als Blattsalat. Der Geschmack erinnert sehr an Kopfsalat.

Gänsefuß, Weißer *Chenopodium album* L.

Der Weiße Gänsefuß wird zu den am weitesten verbreiteten Unkräutern gezählt. Er ist ein einjähriges Kraut, das auf Unkrautfluren, Äckern, Schuttplätzen und Komposthaufen zu finden ist. Er kann bis über 1 m hoch werden und ist weißlich mehlig bestäubt. Die grünlichen Blüten sind knäuelartig zusammengedrängt und bilden einen rispenähnlichen Blütenstand.

In Indien wird der Weiße Gänsefuß kultiviert und wie Spinat als Kochgemüse verwendet.

Da in Pfahlbauten größere Mengen an Samen gefunden wurden, schließt man auf einen prähistorischen Anbau dieser Pflanze. Die Samen sind nach 1700 Jahren noch keimfähig.

Der Weiße Gänsefuß enthält Saponine und wirkt leicht abführend.

Die Blätter des Weißen Gänsefußes ergeben einen äußerst schmackhaften Spinat, dessen Geschmack an Brokkoli erinnert. Wegen der enthaltenen Saponine sollten sie aber keinesfalls roh gegessen werden. Wenn man das Gemüse nur ab und zu einmal kocht und genießt, ist medizinisch nichts dagegen einzuwenden.

Gladiole *Gladiolus*

Die Gladiolen zählen zu den beliebtesten Sommer-Schnittblumen und werden von den Blumengärtnern auf großen Feldern gezogen. Sie zieren heimische Gärten mit ihren Blüten in den wunderschönsten Farben von Weiß bis Hellgelb, verschiedenen Lachstönen, über Rot bis Violett. Diese Prachtexemplare haben ihren Ursprung in Afrika und verbreiteten sich von dort nach Europa und in den Nahen Osten. Ihre Knollen sind wie die der Dahlien (siehe unter *Dahlia*) sehr frostempfindlich und man muss sie über den Winter aus der Erde nehmen und frostsicher aufbewahren.

Die Gladiolen haben auch eine einheimische Vertreterin, die man vereinzelt in Süddeutschland finden kann. Es ist die Sumpf-Siegwurz.

Sie ist etwas kleiner im Wuchs und hat rotviolette Blüten. Die Blätter haben die typische, an ein Schwert erinnernde Form. Auf sie geht auch der Name zurück. Die Germanen sollen sie aufgrund ihrer Wuchsform als Sieg bringendes Kraut mit in die Schlacht genommen haben.

Wer eine Siegwurz findet, möge sich an dem wunderschönen Anblick erfreuen. Auf keinen Fall aber darf er an seinen Speisezettel denken und auch nur das kleinste Teilchen pflücken! Die Siegwurz ist vom Aussterben bedroht und steht unter strengstem Naturschutz.

Die Blütenblätter der Gladiolen sind essbar. Wer sie kostet, erlebt einen ganzen Akkord an Geschmack. Das Aroma erinnert im ersten Mo-

ment an einen knackigen Kopfsalat, wird dann nussig und zuletzt aromatisch scharf. Erstaunlicherweise spielt die Farbe der Blüten beim Geschmack eine Rolle. Gladiolenblüten sind eine aromatische Zugabe zu Salaten und Suppen oder eine hübsche Unterlage für kleine Vorspeisen.

Glockenblume *Campanula*

Sehr viele Arten der Glockenblume begleiten uns auf Spaziergängen durch den Sommer. Sie wachsen in Wiesen, auf Äckern und an Wegrändern; aber auch die Blumenzüchter haben ihren Gefallen daran gefunden und schmücken unsere Gärten mit blau, violett und weiß blühenden Stauden und zieren die Steingärten mit üppig blühenden, blauvioletten Polstern.

Da die Blütenkronblätter recht weit miteinander verwachsen sind, sehen die Blüten aus wie kleine Glöckchen und haben den Glockenblumen ihren Namen gegeben.

🔲 Auch die Blüten des Fingerhutes, der *Digitalis*, haben diese Form, weshalb manchmal fälschlicherweise der Fingerhut auch als Glockenblume bezeichnet wird. Dies ist ein gefährlicher Irrtum, denn der Fingerhut enthält die sehr stark giftigen Digitalis-Glykoside und darf unter keinen Umständen in der Küche landen. Eine Verwechslung beider Pflanzen ist bei genauerem Hinsehen kaum möglich. Am einfachsten sind die beiden an der Blütenfarbe auseinanderzuhalten. Der Fingerhut blüht in Weiß-, Rosa- und Rottönen (auch eine elfenbeinfarbene Art kommt bei uns vor), die charakteristische Farbe der Glockenblume ist blau oder violett. Die elfenbeinfarbene Art des Fingerhuts ist sehr selten und steht – wie übrigens alle Arten des Fingerhuts – unter Naturschutz, darf also nicht gepflückt werden.

Die Blüten der Glockenblumen können in der Küche als essbarer Blumenschmuck verwendet werden. Auch die Blättchen der Rapunzel-Glockenblume werden manchmal im Frühling als Rapunzelsalat gegessen, ebenso wie die Triebe des Weidenröschens (siehe dort). Die Wurzeln sind essbar. Aus diesem Grunde wurde diese Art in Frankreich und in England sogar einst kultiviert.

Guter Heinrich *Chenopodium bonus-henricus L.*

Der Gute Heinrich lässt sich als Vorläufer des Spinats bezeichnen. Er war früher ein sehr beliebtes Blattgemüse und wurde sozusagen vom Spinat abgelöst.

Als Mitglied der Familie der Gänsefußgewächse, aus der viele Rübensorten gezüchtet wurden, wie etwa die Rote Bete oder die Zuckerrübe, hat auch der Gute Heinrich einen verdickten Wurzelstock und eine Pfahlwurzel.

Seine fleischigen Blätter sind spitzig und besonders im jungen Zustand mehlig bestäubt, später dunkelgrün. Die unscheinbaren grünen Blüten bilden, aus den Blattachseln entspringend, einen rispigen Blütenstand. Eine kräftige Pflanze kann bis zu 80 cm hoch werden. Der Gute Heinrich liebt stickstoffreiche Böden, deshalb findet man ihn meist dort, wo das Land bereits kultiviert war, bei aufgelassenen Bauernhöfen oder auf Schuttplätzen. Die beste Erntezeit ist im Juni, er kann aber auch später, bis in den Herbst hinein, abgeschnitten werden.

Der Gute Heinrich enthält Flavonoide, Kaffeesäurederivate und Saponine. Als Heilmittel hat er kaum noch Bedeutung. Früher nutzte man ihn bei Hauterkrankungen und Wurminfektionen. Seine Samen gelten als schwaches Abführmittel.

Für die Verwendung des Guten Heinrich als sehr schmackhaftes Blattgemüse (nur junge Blätter verwenden) macht ihn der Gehalt an Vitamin C und Eisen besonders wertvoll. Er sollte aber, wie übrigens alle Wildpflanzen, nicht im Übermaß (auch eher nicht roh) verzehrt werden.

Heckenrose, Hundsrose *Rosa canina* L.

Die Heckenrose oder auch Hundsrose ist die heimische, wilde Vertreterin der edelsten und am meisten verehrten aller Blumen. Sie wächst an Wegrändern, Böschungen und Hecken und will weder ihre aromatisch-süß duftenden Blüten noch ihre roten Früchte, die Hagebutten, gerne hergeben. Sie wehrt sich dagegen mit ihren unzähligen Dornen, die übrigens eigentlich keine Dornen, sondern Stacheln sind, denn sie lassen sich relativ leicht abbrechen und entspringen nicht, wie echte Dornen, dem Mark des Zweiges.

Ihre zartrosa Blüten mit fünf herzförmigen Kronblättern bringt sie nur einmal im Jahr, nämlich im Juni, hervor – ganz im Gegensatz zu ihren edlen Artgenossinnen, die bis zum Wintereinbruch immer wieder neue Blüten tragen. Nur manchmal besinnt sie sich bei einem besonders langen Altweibersommer noch einmal und treibt neben ihren Früchten ein paar verspätete Blüten.

Der zarte Duft der Blüten kommt vom ätherischen Öl, das sehr viele Rosenarten enthalten. Das sehr teure und begehrte Rosenöl wird überwiegend aus der Damaszener-Rose gewonnen, die in Bulgarien, in der Türkei und in Frankreich angebaut wird, um aus den Blütenblättern durch Destillation das wertvolle Öl zu erhalten. Man braucht etwa drei Tonnen Blüten zur Gewinnung von nur einem Liter Rosenöl!

Die Früchte der wilden und halbwilden Rosen, die Hagebutten, enthalten sehr viel Vitamin C und bilden daher den Hauptbestandteil der Früchtetees, die man besonders im Winter zur Stärkung der Abwehrkräfte trinken sollte.

Neueste Studien haben ergeben, dass Hagebuttenextrakt eine positive Wirksamkeit bei rheumatischen Beschwerden aufweist. Man führt diese Wirkung auf den Gehalt von Galaktolipiden zurück. Mittlerweile findet man auf dem Gesundheitsmarkt verschiedene Präparate aus Hagebuttenextrakt, besonders als Nahrungsergänzungsmittel.

Die Blütenblätter der Rosen, auch der Edelrosen, sind essbar und erfreuen sich als Schmuck immer größerer Beliebtheit. Manche Arten schmecken leicht bitter, man sollte daher erst den Geschmack testen und gegebenenfalls den meist weiß oder hell gefärbten Blattgrund herausschneiden, denn dort befinden sich die Bitterstoffe.

🛈 *Auf gar keinen Fall darf man Blüten einfach beim Floristen kaufen und auf den Tisch bringen, denn gerade Rosen sind häufig stark mit hochgiftigen Chemikalien behandelt. Um sicher zu sein, dass es unbehandelte Rosen sind, auf den eigenen Garten zurückgreifen!*

Die Hagebutten eignen sich sehr gut zur Konfitürenherstellung, auch als Zugabe zu Fruchtsäften oder Früchteteemischungen oder zum Verfeinern und Andicken von Saucen, vor allem zu Wildgerichten. Der Geschmack ist durch das Vitamin C leicht säuerlich und sehr apart.

Heidelbeere *Vaccinium myrtillus* L.

Gerade auf wenig fruchtbaren, sauren Böden, die sonst kaum Früchte tragen, fühlt sich die Heidelbeere wohl und breitet sich oft großflächig unter den Bäumen der Kiefernwälder aus. In manchen Regionen wird sie auch als Blaubeere oder Schwarzbeere bezeichnet und in den Sommermonaten gerne für Kuchen oder Fruchtmus gesammelt. Die verholzten, kleinen Sträucher werfen im Winter ihre Blätter ab, die grünen Zweige können schneegeschützt einigen Frost überstehen und dem Wild als leicht zugängliche Nahrung dienen.

Während früher die Blätter der Heidelbeere zur Unterstützung der Diabetes-Therapie in Teemischungen vorkamen, ist heute davon abzuraten, da es wegen der – wenn auch in geringen Mengen – enthaltenen Chinolizidinalkaloide bei nicht bestimmungsgemäßem Gebrauch zu Vergiftungen kommen kann. Die Früchte aber spielen in der Medizin nach wie vor eine Rolle. Sie enthalten neben vielen Vitaminen und anderen Inhaltsstoffen besonders Catechin-Gerbstoffe und Anthocyan-Farbstoffe. Wegen der Gerbstoffe wirken getrocknete Heidelbeeren stopfend und sind ein wirksames Mittel gegen Durchfälle. Da sie außerdem leicht antiseptisch wirken, wurden getrocknete Heidelbeeren früher sogar bei Ruhr eingesetzt.

Die Anthocyane dagegen haben als Radikalfänger nicht nur einen Anti-Aging-Effekt. Konzentriert in Medikamenten helfen sie gegen Nachtblindheit und unterstützen die Abdichtung der Kapillargefäße der Netzhaut, um den gefürchteten Netzhautblutungen vorzubeugen.

In den letzten Jahren wird die Waldheidelbeere immer mehr von der aus Amerika stammenden Gartenheidelbeere verdrängt. Deren Früchte sind größer und nur die Außenhaut der Beere ist blau. Dadurch werden beim Verzehr Zähne, Mund und Lippen nicht mehr lila verfärbt. Man verzichtet aber im Gegenzug auf die gesunde Wirkung der Anthocyane und auf den vorzüglichen, intensiven Geschmack.

In der Küche ist die Heidelbeere eine sehr beliebte Frucht, die sich gut einfrieren und so für den Winter haltbar machen lässt, während das sonst übliche Einwecken nicht immer gelingt, da es sehr leicht zu Gärungen kommen kann.

Holunder, Schwarzer *Sambucus nigra* L.

Der Schwarze Holunder, ein teilweise baumähnlicher, bis zu 8 m hoch werdender Strauch, ist bei uns recht bekannt und in ländlichen Gegenden mit manchem Kult verbunden. Er ist vielseitig verwendbar, seine Blüten und seine Früchte kommen traditionell in der Medizin und in der Küche zur Anwendung.

Im Sommer trägt er fünf- bis siebenzählige unpaarig gefiederte Laubblätter. Seine weißen bis gelblichen Blüten bringt er im Juni hervor. Sie stehen in Trugdolden und erzeugen viel gelben Blütenstaub. Oft verstecken sich kleine schwarze Käferchen in den Scheindolden, die vor der Verwendung in der Küche sorgfältig abgeschüttelt werden müssen. Waschen nützt meistens nichts, auch sollten die Blüten wie fast alle zum Verzehr verwendeten Blüten, nicht gewaschen werden.

Der Geruch der Blüten wie auch der Geruch frisch gepflückter, zerriebener Blätter ist für den Holunder charakteristisch und kann als Identifizierungsmerkmal herangezogen werden. Ein weiteres Erkennungsmerkmal ist das weiße, styroporähnliche Mark der Zweige.

Im Herbst werden die zunächst grünen Früchte des Holunders schwarz glänzend und die feinen Stielchen der Blütenrispe verfärben sich dunkelrot. Die Holunderbeeren, in manchen Gegenden auch »Fliederbeeren« genannt,

sind botanisch gesehen eigentlich keine Beeren, sondern kleine Steinfrüchte. Ihre Form ist von Strauch zu Strauch verschieden, von kugelrund bis oval.

Zu finden ist der Schwarze Holunder weitverbreitet in Hecken, an Waldrändern, auf Kahlschlägen. Als Stickstoff liebende Pflanze sucht er die Nähe von Bauernhöfen oder auch aufgelassenen Gehöften, und so ist Holunder eine Zeigerpflanze für ehemalige Besiedlung.

In der Medizin finden die Blüten wegen ihres Gehalts an ätherischem Öl, an Flavonoiden und Kaffeesäurederivaten Anwendung als schweißtreibender Tee bei fieberhaften Erkältungskrankheiten. Die Früchte enthalten neben Flavonoiden auch Vitamine, Fruchtsäuren und Anthocyane. Ihr Saft wird als Kräftigungsmittel verwendet, wobei man die antioxidative Wirkung (Verlangsamung des Alterungsprozesses der Zellen) nutzt.

Die Blüten können zum Ausbacken der bekannten »Hollerküchel« verwendet werden, wobei darauf zu achten ist, dass die Stiele nach dem Backen abgeschnitten werden. Sie enthalten wie Blätter und Rinde des Holunders Giftstoffe. Auch Holundersekt oder Liköre sowie Sirup lassen sich aus den Blüten herstellen. Die Früchte können zur Zubereitung als Kalt-

schale, Saft, Mus, Sirup und Likör verwendet werden. ! *Dabei ist es wichtig, dass die Früchte abgekocht sind, denn rohe Früchte in* *größeren Mengen sind giftig und führen zu Übelkeit, Erbrechen und Durchfällen. Die Früchte lassen sich problemlos einfrieren.*

Johanniskraut *Hypericum perforatum* L.

Um kaum eine Pflanze ranken sich auch heute noch mehr Geschichten von Hexen und Druden als um das Johanniskraut. Es ist eine altbekannte Heilpflanze, die ihre Blüten um den Johannitag herum, zur Sommersonnenwende, entfaltet und in dieser Nacht gesammelt die stärkste Heilkraft entwickeln soll.

Auch in der modernen Medizin hat das Johanniskraut seinen festen und berechtigten Platz gefunden. Es ist nachweislich wirksam bei leichteren Formen der Depression und nervöser Unruhe. Dazu muss es aber in hoher Konzentration und über einen längeren Zeitraum eingenommen werden.

Wegen seines harten, fast verholzten Stieles wird das Tüpfel-Johanniskraut, der bekannteste einheimische Vertreter der Johanniskrautgewächse, auch als »Hartheu« bezeichnet. Man findet es auf Ackerrainen, an Weg- und Straßenrändern und auf trockenen, mageren Wiesen. Seine kleinen, länglich eiförmigen Blättchen sind durchscheinend getüpfelt. Wenn man sie gegen das Licht hält, wird dies sichtbar; die Blättchen wirken perforiert, daher der lateinische Name »perforatum«. Die Blüten stehen in lockeren Trugdolden, ihre gelben Blütenblätter sind am Rand mit kleinen schwarzen Punkten verziert.

Die Hauptwirkstoffe des Johanniskrauts, die Hypericine, wirken auch fotosensibilisierend, weswegen man Johanniskrautpräparate nicht bei starker Sonneneinstrahlung anwenden sollte. Die Hautrötungen, die dadurch entstehen können, sind aber nicht dauerhaft, sie gehen mit der Zeit wieder zurück.

Setzt man 150 g frische, blühende Johanniskrautzweige mit ½ l Olivenöl in einem Einweckglas an, so entsteht daraus rotes Johanniskrautöl (Rotöl). Stellen Sie das Einweckglas dicht verschlossen etwa 8 Wochen an ein sonniges Fenster, bis das Öl darin eine intensiv rote Farbe angenommen hat. Danach kann man es filtern und in dunkle Flaschen umfüllen, um die Haltbarkeit des Öls zu verlängern. Die Anwendung des Johanniskrautöls ist vielseitig. Es ist auf alle Fälle ein hervorragendes Körperpflegeöl bei trockener Haut und ein schöner Farbtupfer auf einem Salatteller. Das rote Johanniskrautöl sollte nur tropfenweise verzehrt werden, da es sonst zu Wechselwirkungen mit verschiedenen Arzneimitteln kommen könnte.

Kamille, Echte *Matricaria recutita* L.

Die Kamille ist eine der bekanntesten und beliebtesten Heilpflanzen unserer Gegend. Sie wird daher bei uns kultiviert und darf auch seit jeher in keinem Heilkräutergarten fehlen. In der freien Natur findet man sie meist zusammen mit anderen Kamillen- und Chrysanthemen-Arten auf Äckern oder Brachfeldern. Von ihren vielen, teilweise stark ähnlichen Artverwandten unterscheidet sich die Echte Kamille durch den bei voller Blütenreife eiförmig hochgewölbten und hohlen Blütenboden. Ähnlich gewölbt, aber nicht hohl, ist auch der Blütenboden der Strahllosen Kamille, die bei Berührung sehr stark den typischen aromatischen Kamillenduft verströmt und daher oft irrtümlich für die Echte Kamille gehalten wird. Sie hat, wie der Name schon sagt, keine weißen Zungenblütenblätter um das Köpfchen und auch wenn sie manchmal sogar stärker duftet, so enthält sie doch wesentlich weniger an Chamazulen, dem wirksamsten und wichtigsten Inhaltsstoff im ätherischen Öl der Kamille.

Dieser Wirkstoff besitzt übrigens eine tintenblaue Farbe und es ist immer wieder faszinierend, wie bei der Destillation der Blüten, die gar keine blaue Farbe erkennen lassen, diese tiefblaue Flüssigkeit herauskommt.

Chamazulen besitzt wundheilende, entzündungshemmende und Magen-Darm-beruhigende Eigenschaften, die die Kamille so wertvoll machen. Personen mit Korbblütlerallergie sollten nur das reine Destillat verwenden, wenn es sich um eine Pollenallergie handelt, oder vorsichtshalber auf andere Präparate ausweichen.

Frische Kamillenblüten schmecken aromatisch und wegen der Bitterstoffe auch zartbitter. Sie sollten aber nicht erhitzt werden, da man dadurch zwar den Bittergrad mildern kann, sich dabei aber gleichzeitig das wertvolle aromatische ätherische Öl verflüchtigt.

Kartoffelrose *Rosa rugosa* THUNB.

Im Sommer ist es der wunderbare, betörende Duft der pinkrosa, manchmal auch weißen Blüten der Kartoffelrose, der unseren Blick in Richtung Hecke lenkt. Im Herbst locken ihre Früchte, die großen kugeligen Hagebutten, die noch die Kelchblätter der Blüten wie eine Krone tragen. Die glänzenden, gefiederten hellgrünen Blätter, die sehr üppig an den Sträuchern wachsen und die Farben der Blüten und im Herbst auch der Früchte besonders gut zur Geltung bringen, erinnern an ein Kartoffelfeld und dürften wohl namensgebend gewesen sein.

Für die Gesundheit sind die Vitamin-C-reichen Früchte der Kartoffelrose sehr wertvoll und vergleichbar mit denen der Hunds- oder Heckenrose *(Rosa canina)*.

Das im Reifezustand recht weiche Mark der Hagebutten ist, im Gegensatz zu den Früchten der Hundsrose und vieler anderer Rosensorten, auch roh genascht ein Genuss. Die Blütenblätter mit dem wunderbaren Duft besitzen kaum Bitterstoffe und eignen sich somit bestens für die Verwendung in der Küche.

Klatschmohn *Papaver rhoeas* L.

Wenn der Mohn Ende Mai bis Anfang Juni seine leuchtend roten Blüten öffnet, ist dies ein untrügliches Zeichen dafür, dass in der Natur der Sommer Einzug hält.

Gemeint ist hier natürlich der Klatschmohn und nicht der Schlafmohn. Aus den Kapseln des Letzteren wird durch Anritzen Opium gewonnen. Verwechslungsgefahr besteht nicht, denn die Blüten des Schlafmohns sind lila bis weißlich und die Pflanze ist nicht behaart, sondern die grünen Pflanzenteile sind glatt und milchig überzogen.

Der Klatschmohn dagegen hat behaarte Stiele und zwei borstig behaarte Hüllblätter um die Knospe, die beim Aufblühen wie kleine Schiffchen zu Boden fallen. Das Faszinierendste aber sind seine wunderschönen roten Blüten, die sich leider nicht als Blumenschmuck eignen, denn die bis zu 5 cm großen, zarten, zerbrechlichen Blütenblätter fallen sehr rasch ab. Sie aber sind es, die wir für die Küche haben möchten.

❗ Wie alle Mohnarten, so ist auch der Klatschmohn giftig. Im Gegensatz zu anderen Arten, besonders dem Schlafmohn, enthält er aber keine Opiumalkaloide, sondern nur in geringer Konzentration ein schwach giftiges Mohnalkaloid. Dieses befindet sich überwiegend im weißen Milchsaft und kann bei Kindern, wenn sie an den Stielen kauen oder Samenkapseln schlucken, zu Bauchschmerzen und Erbrechen führen.

Die Blütenblätter hat man früher in Arzneitees und auch als Färbemittel zur Herstellung roter Tinte verwendet. Sie enthalten Anthocyanglykoside und Schleimstoffe.

Die feuerroten Blütenblätter des Klatschmohns schmecken überraschend würzig, erfrischend und leicht säuerlich: Sie sind eine leuchtende *essbare Dekoration zu Fisch- und Fleischgerichten. Auch in Blüten-Butter setzen sie geschmackliche und optische Akzente.*

Klee, Rotklee, Wiesenklee *Trifolium pratense* L.

Der Rotklee ist ein Mitglied der Familie der Schmetterlingsblütler und hat, wie übrigens viele Vertreter dieser Pflanzenfamilie, die Eigenschaft, Stickstoff aus der Luft aufzunehmen und dem Boden als Dünger zuzuführen. Er ist eine sehr geschätzte Futterpflanze und bereichert Geschmack und Nährwert des Wiesenheus.

Als Inhaltsstoff besitzt er Genistin, ein pflanzliches Östrogen, das man auch in der Sojabohne findet. Die Wissenschaft ist dabei, genauer zu erforschen, welche Wirkungen und auch Nebenwirkungen dieser Stoff hat. In der Volksheilkunde wurde der Rotklee gegen Keuchhusten verwendet.

Die Blütenköpfchen des Rotklees schmecken wegen des ätherischen Öls und des Nektars angenehm süßlich. Der Nektar sitzt im Gegensatz zum Weißklee (siehe dort) sehr tief am Blütengrund und kann daher nicht von Bienen, sondern nur von Hummeln erreicht werden, sodass die Bestäubung fast ausschließlich durch Hummeln erfolgt.

Klee, Weißklee *Trifolium repens* L.

Der Weißklee ist sehr widerstandsfähig und besonders trittfest, weswegen man ihn auch häufig an Wegrändern antrifft. Man zählt ihn zu den in Deutschland am weitesten verbreiteten Pflanzen.

Die Blüten, die in Köpfchen auf langen Stielen stehen, senken sich, wenn sie abgeblüht sind, nach unten. Deshalb sieht man oft Blütenstände mit bräunlichem unterem Rand.

Rotklee und Weißklee sind gute Futterpflanzen. Im Gegensatz zum Rotklee ist der Weißklee auch für Bienen von großer Bedeutung. Aus ihm entsteht der weißlich trübe, cremige Kleehonig.

Die Blütenköpfchen des Weißklees haben einen sehr hohen Nektargehalt und deshalb einen noch süßeren Geschmack als die des roten Wiesenklees (siehe dort).

Kornblume *Centaurea cyanus* L.

Zusammen mit Kamille und Klatschmohn zaubert die Kornblume mit ihren leuchtend blauen Blüten kräftige Farben in die heranreifenden Getreidefelder. Sie gedeiht jedoch nicht auf überdüngtem Boden, weshalb ihre Bestände zurückgegangen sind. In letzter Zeit nehmen sie aber erfreulicherweise wieder zu. Die Stiele und die Unterseiten der sehr schmalen Blätter sind weißfilzig behaart. Die Randblüten der im ovalen Körbchen sitzenden Blüten sind meist blau, zuweilen auch weiß oder violett und wie kleine Röhren geformt, mit tief eingesägten Zipfeln.

Ihre Anwendung als Heilmittel bei entzündlichen Hautreizungen und Bindehautreizungen ist wissenschaftlich nicht bewiesen. Man findet die Kornblume in vielen Arzneitees als sogenannte Schmuckdroge, um das Aussehen zu verschönern. Gelegentlich ist sie auch Bestandteil von Kosmetika.

Als »Schmuckdroge« für delikate Gerichte könnte man die zarten, blauen Randblüten der Kornblume auch in der Küche bezeichnen. Ihr Geschmack ist knackig und frisch.

Labkraut, Echtes *Galium verum* L.

Wenn der Sommer Einzug gehalten hat und die Blumen ihre volle Blütenpracht entwickeln, entfaltet auch das Echte Labkraut seine vielzähligen kleinen Blüten und verströmt einen betörenden, süßlichen Duft. Es wächst in Wiesen, an Acker- und Wegrainen und ist nicht selten begleitet vom ebenso angenehm duftenden Gemeinen Labkraut, dessen Blüten nicht wie beim Echten Labkraut gelb, sondern weißlich bis weiß sind.

Sein Name stammt aus früherer Zeit, als vor allem das Echte Labkraut wie Kälberlab zur Käseherstellung verwendet wurde. Legt man nämlich Labkraut in Frischmilch ein, beginnt diese nach einiger Zeit einzudicken.

Da die Labkräuter als Zugehörige zur Familie der Rötegewächse einen roten Farbstoff enthalten, wurden sie einst zum Färben verwendet. In der Volksmedizin setzte man sie in früherer Zeit als harntreibendes Mittel ein.

Das Echte Labkraut eignet sich wegen seiner hübschen, duftigen Blütenstände mit starkem Aroma gut zu durststillenden Sommerbowlen. Das Kraut kann als schmackhafte, spinatähnliche Gemüsebeilage gekocht werden.

Mädesüß, Echtes *Filipendula ulmaria* L.

Aus dem lateinischen Namen lässt sich bereits ableiten, dass die Laubblätter dieser bis zu 2 m hoch wachsenden Staude an das Ulmenblatt erinnern. Bei näherer Betrachtung erkennt man, dass das Blatt unpaarig gefiedert ist, die Einzelblätter wie bei der Ulme gesägt sind und das endständige Blatt tief dreilappig geteilt ist. Das zu den Rosengewächsen zählende Mädesüß ist sehr weit verbreitet, es begleitet die Flüsse und Bäche an ihren Ufern und liebt auch Feuchtwiesen sehr. Während seiner Blütezeit im Hochsommer ist es durch die Vielzahl der großen gelblichweißen Blütenrispen, die einen intensiv süßlichen Duft verbreiten, schon von Weitem zu erkennen.

Der Duft entsteht durch ätherisches Öl; außerdem enthält Mädesüß auch Gerbstoffe, Flavonoide und Salicylate. Wie die Holunderblüten (Fliedertee) werden Mädesüßblüten als schweißtreibendes Mittel bei grippalen Infekten angewendet.

Sein Name hat übrigens nichts mit einem süßen Mädchen zu tun. Man ist sich nicht ganz einig, ob der Wortteil »Mäde« auf den germanischen Honigwein Met zurückzuführen ist, zu dessen Würze Mädesüß verwendet wurde, oder ob er sich auf das altertümliche Wort »Mede« bezieht, was Grasland bedeutet und wo beim Trocknen des Heus, der Maht, das Mädesüß für den süßlichen Duft verantwortlich ist. Die englische Bezeichnung »meadow sweet« weist eindeutig auf letztere Ableitung hin.

Mädesüßblüten werden in der belgischen und in der französischen Küche schon lange verwendet. Man nutzt den Vorzug, dass die intensiv duftenden Blüten ihr Aroma leicht abgeben, sei es an Milch oder Sahne, Wasser oder Wein (über Nacht einlegen). Intensiv schmeckende Blütenbowlen und wohlschmeckende Desserts lassen sich daraus zubereiten.

Mais *Zea mays* L.

Der Mais zählt zu den Süßgräsern. Er wird bei uns großflächig vor allem als Futterpflanze angebaut. Die Pflanzen haben getrenntgeschlechtige Blüten. Die männlichen Blüten mit den Staubgefäßen stehen am Ende des hohen Stängels in einer großen, verzweigten Rispe, während die Weibchen unten aus den Blattachseln herauswachsen und die Maiskolben bilden. Die Kolben sind von zartgrünen Blättern umhüllt und nicht zu sehen, nur die Griffel der Blüten

hängen wie Bärte heraus. Sie sind leicht klebrig, um den Blütenstaub einzufangen.

Im Allgemeinen werden die Maisgriffel bei der Ernte der Kolben entfernt oder sie dörren ab. Sie werden aber auch zu Heilzwecken verwendet. Sie enthalten ätherisches Öl, Flavonoide, Saponine und Phytosterole, also Pflanzenhormone. Man hat sie früher in der Volksmedizin als Kräftigungsmittel eingesetzt.

Wegen ihres recht hohen Gehalts an Kalium wirken sie leicht harntreibend.

Als Stärkungsmittel lässt sich aus Maisbärten ein Tee herstellen. Ihr Geschmack ist leicht süßlich und erinnert an junge Maiskölbchen. Zum Kochen eignen sich ausschließlich junge Bärte, die man nur erwärmen darf, da sie sonst zäh werden.

Malve, Wilde *Malva sylvestris L.*

Die Malven zählen zu den ältesten Heil- und Gemüsepflanzen, die sowohl in unserem als auch im asiatischen Kulturkreis anzutreffen sind.

Die Malve durfte in keinem Bauerngarten und keinem Klostergarten fehlen, deshalb findet man sie nicht nur wild an Wegrändern oder auch auf Brachflächen, sondern trifft sie oft verwildert an. Sie bildet eine zweijährige, strauchige Pflanze, die meist aufrecht steht, manchmal auch nieder liegt wie ihre nahe Verwandte, die Wegmalve. Die Blätter sind handähnlich, teilweise eingeschnitten, die Blüten meist rosafarben oder weiß. Eine Besonderheit der Malvenblüten ist, dass Stempel und Staubblätter zu einer Röhre verwachsen sind. Die Samen der Malven haben die Form eines Käselaibes, weshalb sie auch »Käsepappel« oder

in der Schweiz »Käslikrut« genannt werden. Die Inhaltsstoffe der Malven sind Schleimstoffe und in den Blüten befinden sich auch Anthocyane. Medizinische Verwendung finden Malvenblüten als Tee bei Husten und Heiserkeit.

Die Blüten aller Malvenarten sind essbar. Wegen der Anthocyanfarbstoffe, die sie enthalten, werden sie auch zum Färben von Lebensmitteln verwendet. Eine besonders schöne, schwarzrote Blütenfarbe gibt es unter den Stockrosen. Sie stehen als Zierpflanzen in den Gärten und gehören zu den Eibisch(Althaea)-Arten der Malven. Will man diese großblühenden Arten zum Füllen verwenden, so muss man die Staubblätter und Stempel vorher vorsichtig herausschneiden.

Minze *Mentha*

Die Pfefferminze *Mentha piperita*, an die man bei Minze in erster Linie denkt, kann man gelegentlich verwildert finden, denn sie ist eine sehr robuste Pflanze ohne besondere Ansprüche an den Boden, meist aber wird sie angebaut. Sie ist die aromatischste unter den vielen Minzarten und ein äußerst beliebtes Kraut für Tees und zum Aromatisieren verschiedener Lebensmittel. Sie wird inzwischen in mehr als 40 verschiedenen Sorten gezüchtet. Dabei gilt den Aromen besonderes Augenmerk, je nachdem, ob der vom Kaugummi bekannte Spearmint-Geschmack, Teegeschmack oder ein Aroma mit Zitrusnoten den Duft dominieren soll.

Nicht ganz so viele, aber doch immerhin einige Minzarten wachsen in unseren Breiten auch wild.

Im Gegensatz zu ihren Verwandten, den aromatischen Würzkräutern Thymian und Oreganum, die trockene, sonnige Standorte brauchen, um ihre Aromen voll entwickeln zu können, lieben die Minzgewächse eher die Feuchtigkeit und so trägt auch eine der häufigsten wilden Minzarten den Namen »Wasserminze«. Auch eine weitere Verwandte, die Rossminze, liebt Standorte wie Wiesen, Uferbereiche und Moore, die zumindest zeitweise ihre Füße im Wasser stehen lässt, und selbst die Ackerminze sucht sich feuchte Äcker als Zuhause.

Charakteristisch für die Minzen ist der Geruch, der besonders auf Menthol als gemeinsamer Bestandteil ihres ätherischen Öls zurückzuführen ist. Eine Vielzahl weiterer Inhaltsstoffe, die selbst innerhalb derselben Art manchmal stark variieren, kreieren das spezielle Aroma.

Medizinische Bedeutung hat die Minze als Magen-Darm-Mittel insbesondere bei krampfartigen Beschwerden. Das Menthol wirkt ausgesprochen erfrischend, auch äußerlich auf der Haut angewendet, wo es sogar das Schmerzempfinden herabsetzen kann.

Ohne Frage kann man sich das wunderbare Minzaroma auch in der Küche zunutze machen, ob für Süßes oder Deftiges. Viele Desserts sind ohne Minzblätter als Garnitur kaum mehr denkbar.

Nachtkerze *Oenothera biennis* L. u. *Oenothera glazioviana* MICH

Die Nachtkerzen könnte man als Paradebeispiel gelungener Integration bezeichnen. Erst im 17. Jahrhundert aus Nordamerika als Zierpflanze bei uns eingeführt, werden sie gar nicht mehr als Fremdling wahrgenommen, so gut haben sie sich eingebürgert.

Von der Gewöhnlichen Nachtkerze gibt es mehrere Unterarten, die oft nur schwer zu unterscheiden sind. Die etwas größere Blüten tragende Rotkelchige Nachtkerze ist durch Kreuzung erst in unseren Breiten entstanden, kommt aber wie ihre Schwester, die Gewöhnliche Nachtkerze, sehr häufig an Wegrändern, Bahndämmen, Ruderalstellen und auf Brachland vor. Verwendet man die Blüten und Knospen in der Küche, so wird man lieber auf die größer blühende Rotkelchige Nachtkerze zurückgreifen. Die Blüten der Nachtkerzen sind tagsüber nur halb und glockenförmig geöffnet. Erst in der Nacht gegen 23 Uhr öffnet die Pflanze ihre neonfarben anmutenden Blüten,

um Nachtfalter anzulocken und ihnen ihren Nektar zu bieten.

Die winzigen Samenkörner sind die wichtigsten Bestandteile der Nachtkerze. Deren fettes Öl enthält Gamma-Linolensäure. Abgesehen davon, dass diese ungesättigte Fettsäure als wertvolles Diätetikum gegen erhöhte Cholesterinwerte gilt, findet sie ganz besonders ihren Einsatz bei Neurodermitis, sowohl äußerlich als auch innerlich. Man nimmt an, dass von Neurodermitis geplagte Patienten, bedingt durch einen genetischen Defekt, an einem Gamma-Linolensäure-Mangel leiden, und erklärt so die positive Wirkung.

Nachtkerzen sind vielseitige Pflanzen. Ihre Blütenknospen ergeben ein feines Wildgemüse, die dekorativen Blüten lassen sich füllen, verschönern aber auch einfach »nur so« viele Gerichte. Auch die Wurzeln sind recht schmackhaft, etwas süßlich, aber leider oft schon verholzt.

Pelargonie, Geranie *Pelargonium*

Hier dürfen sich Balkonbesitzer freuen, denn ihr Blütenschatz kann zugleich der Bereicherung der Küche dienen: Bei den Pelargonien dürfte es sich wohl um die bekannteste Art der Balkonpflanzen handeln. Allerdings erreichen sie diese Bekanntheit häufig unter dem umgangssprachlichen, aber nicht korrekten Namen »Geranien«. Sie gehören zwar in die Familie der Storchschnabelgewächse, bilden aber eine eigene Gattung, *Pelargonium*.

Die Wildpflanzen, aus denen sie gezüchtet wurden, kommen überwiegend am Südkap von Afrika vor. Heute sind viele hundert Sorten verbreitet. Eine zu den weltweit größten Pelargonienzüchtern zählende Firma mit einem Museum, in dem man 170 Wildarten betrachten kann, befindet sich im Westerwald.

Medizinische Verwendung finden die Pelargonien in Mitteln, die zur Stärkung des Immunsystems verwendet werden.

Weit größere Bedeutung aber haben sie in der Aromatherapie und in der Parfümerie. Aus den Blättern verschiedener Sorten der Duftpelargonien wird das recht teure Geranienöl hergestellt. Je nach Art hat das Öl unterschiedliche chemische Zusammensetzungen und damit auch verschiedene Duftrichtungen. Die bekannteste Art ist *Pelargonium graveolens* mit einem rosenähnlichen Duft. Auch Zitrusfrucht-, Tannen- und Kakaoaromen und viele andere Aromen kann man unter den Duftpelargonien finden.

Die sehr oft leuchtend roten oder rosaroten Blütenblättchen der Pelargonien schmecken angenehm säuerlich auf der Zunge, samtig und zart; sie sind ein wunderschöner Farbtupfer in einem Sommersalat.

Aus den Blättern der Duftpelargonien lässt sich ein Sirup zubereiten, den man für Mixgetränke oder Desserts verwenden kann. Dazu werden die Blätter wie ein Tee mit kochendem Wasser übergossen und mit Läuterzucker zu einem Sirup verarbeitet.

Pflaume, Wilde *Prunus cerasifera* EHRH.

Die süßen, saftigen Früchte der Wildpflaume haben die Form und Größe und manchmal auch die Farbe von Mirabellen, weshalb man auch die Bezeichnung »Wilde Mirabellen« für sie kennt.

Im Juli, wenn sie reifen, bekommen sie kirschrote Bäckchen und verfärben sich schließlich ganz rot, sollten sie nicht vorher schon von Amseln, Drosseln oder Staren geerntet worden sein.

Es gibt aber auch Wildpflaumenformen mit dunkelblauen, fast schwarzen Früchten. Wie die Farbe, so ist auch der Geschmack nicht gleich. Manchmal erinnert er sehr an die gelbe Pflaume, manchmal eher an Zwetschgen.

Finden kann man dieses wild wachsende Obst in Hecken, besonders um und neben Streuobstwiesen. Nicht selten handelt es sich um Wurzelausläufer eines Pflaumen- oder Zwetschgenbaums, die ihren Stammvater längst überlebt haben. Meist geht es bei der Ernte recht stachelig zu, sodass man sich die süßen Früchte regelrecht erkämpfen muss.

Verwenden kann man Wildpflaumen, die oft große Steine im Verhältnis zum umgebenden Fruchtfleisch haben, zur Zubereitung von Mus, Saft oder Konfitüren. In manchen Gegenden, besonders im Schwarzwald, werden auch Obstbrände daraus gebrannt.

Portulak *Portulaca oleracea* L.

Portulak bildet eine eigene Pflanzenfamilie. Er zählt zu den zehn schlimmsten Unkräutern weltweit. Bei uns ist er nicht so häufig, da er wärmere Gegenden bevorzugt. Durch Zitronen- und Mandarinenbäumchen oder andere subtropische Topfpflanzen gelangen seine sehr lange keimfähigen Samen aber auch in unsere Erde und bewachsen frisch umgebrochenes Erdreich.

Als Heilpflanze ist Portulak bereits im alten Ägypten und Babylonien beschrieben. Heute ist er diesbezüglich kaum mehr von Bedeutung.

Die verschiedenen Anwendungen, die für ihn beschrieben werden, lassen sich wissenschaftlich nicht belegen. Lediglich der Einsatz gegen Vitaminmangel ist nachzuvollziehen, denn Portulak enthält viel Vitamin C, daneben das Provitamin A und B-Vitamine. Auch Mineralien enthält er eine ganze Menge, außerdem Schleimstoffe und fettes Öl, das ihm den Namen »oleracea« eintrug und das die den Geschmack bestimmende Omega-3-Hepta-Linolsäure enthält.

Portulak wächst meist ausgebreitet und nieder liegend, wenig aufrecht, hat länglich eiförmige, sattgrün glänzende Blätter, purpurrote, fleischige Stängel und kleine gelbe Blütchen mit fünf Kronblättchen. Bereits im Mittelalter wurde er bei uns als Gemüse angebaut, ist aber in Vergessenheit geraten. Heute wird in den Niederlanden, Frankreich und Südeuropa eine kräftigere, aufrecht wachsende Unterart *Portulaca sativa* im Freiland wie auch in Gewächshäusern als Gemüsepflanze gezogen.

Frische, junge Blätter eignen sich als Salat oder Salatgewürz. Ihr Geschmack ist nussig, würzig, etwas salzig. Ältere Blätter schmecken leicht bitter, können aber als Gemüse verwendet werden, da der bittere Geschmack durch das Erhitzen verschwindet.

Ringelblume *Calendula officinalis* L.

Die Ringelblume mit ihren gelb- bis orangefarbenen Blüten ist als alte Heil- und Zierpflanze eine traditionelle Blume unserer Bauerngärten. Man findet sie auch verwildert in der Nähe von Kulturen; im Heilpflanzenanbau sieht man ganze Felder, die während der Blütezeit von Juli bis in den Spätherbst hinein besonders schön anzusehen sind.

Geschätzt wird die Pflanze wegen ihrer entzündungshemmenden, die Wundheilung fördernden Eigenschaften, die auf Triterpenalkohole und Flavonoide zurückzuführen sind. Man nutzt dies in Cremes und Salben und auch die Kosmetikindustrie macht sich die hautpflegenden Eigenschaften zunutze.

In Tees dient die Ringelblume meist nur zur Zierde, als sogenannte Schmuckdroge. Ihre krampflösende Wirkung auf die Galle bei in-

nerlicher Anwendung ist in der Volksmedizin beschrieben, aber nicht wissenschaftlich belegt.

Es treten bei der Verwendung von Ringelblume seltener Allergien auf als bei ihrer als Heilpflanze bekannten Verwandten, der Arnika. Dennoch sollten Allergiker, besonders Personen mit Korbblütlerallergie, Ringelblumen generell mit Vorsicht anwenden.

Die orangegelben Zungenblütenblätter der Ringelblume sind eine Zierde für so manches Sommergericht. Da die Blüten im Gegensatz zu anderen Korbblütlern keine Bitterstoffe enthalten, sondern vielmehr durch den Gehalt an ätherischem Öl einen leichten, sehr angenehmen Duft tragen, wirken sie geschmacklich nicht störend und passen gut zu süßen wie pikanten Gerichten.

Robinie, Falsche Akazie *Robinia pseudoacacia* L.

Wenn man bei uns von Akazien-Bäumen spricht, so ist meistens die Robinie gemeint. Sie erinnert, besonders wegen ihrer Dornen und gefiederten Blätter, an Akazien, jedoch gedeihen diese nicht in unserem Klima. Auch die Robinie war ursprünglich nicht bei uns zu Hause, ihre Heimat ist das südliche Nordamerika. Sie wurde in Europa in Parks und Gärten gepflanzt und kommt mittlerweile auch wild vor.

Bei uns wurde die Robinie besonders wegen ihres Nutzholzes kultiviert. Sie ist ein recht schnellwüchsiger Baum, der relativ anspruchslos ist und auch sehr leicht verwildert. Das Holz ist besonders gegen Verwitterung und Fäulnis extrem widerstandsfähig, hart und gleichzeitig biegsam und findet im Schiffsbau, in der Mö-

belherstellung und im Bogenbau Verwendung. ❗ In der Küche, etwa als Schneidebrett, sollte man jedoch kein Robinienholz verwenden. Die Robinie enthält in der Rinde stark giftige Lectine, die herausgelöst werden könnten. Auch die anderen Pflanzenteile sind giftig, insbesondere die Samen. Durch das Kauen können besonders bei Kindern schwere Vergiftungen mit Magen- und Bauchkrämpfen und Erbrechen auftreten.

Essbar sind die in Trauben herabhängenden weißen, stark duftenden Blüten, die der Robinie in manchen Gegenden den Namen Silberregen gegeben haben. Man fand zwar auch darin gelegentlich ein toxisches Lectin, aber nur in ganz geringer Konzentration.

Die Blüten kann man zum Würzen, Ausbacken oder zur Herstellung eines sehr aromatischen Blütensirups verwenden. Aus Sicherheitsgründen sollte man keinesfalls schon abblühende Blüten verwenden. Auch Stiele und andere Grünteile dürfen nicht mitgegessen werden.

Schafgarbe, Gemeine *Achillea millefolium* L.

Der lateinische Name der Schafgarbe beschreibt zwei ihrer Eigenschaften: Das Wort *»Achillea«* geht auf den griechischen Gott Achilles zurück, der die Schafgarbe zur Wundheilung besonders nach Kriegsverletzungen verwendet haben soll. Tatsächlich wird die Schafgarbe in der Medizin auch heute noch als Mittel zur Förderung der Wundheilung verwendet. Sie besitzt ähnliche Wirkstoffe wie die Kamille *(Matricaria recutita)* und gehört ebenso in die Familie der Korbblütler.

Das Wort *»millefolium«* heißt übersetzt »tausendblättrig« und so wirkt das Grün der Schafgarbe bei genauem Hinsehen auch. Die Blätter sind zwei- bis dreifach sehr fein fiederschnittig geteilt. Sie stehen vielfach und oft büschelig am Grund. Auch der Blütenstiel trägt einzelne, aber meist kleinere Blätter. Die vielen kleinen Blüten bilden eine Scheindolde, meistens in Weiß, aber auch zartrosa bis dunkelrosa Blüten kommen bei der Wildform vor. Gezüchtet wird die Schafgarbe auch in Gelb-, Rostrot- und Rotbraun-Tönen.

Man findet Schafgarben in Wiesen, besonders Trockenwiesen, an Weg- und Straßenrändern. Sie ist eine sehr robuste und genügsame Pflanze. Für die Medizin wird die blühende Pflanze gesammelt, und zwar von Juli bis September. In der Küche verwendet man auch die frischen, jungen Blätter – am besten zeitig im Frühling gepflückt – als Gewürz.

Nicht nur wer von einer Korbblütlerallergie geplagt ist, muss auf diese wertvolle Pflanze leider verzichten; es gibt auch Personen, die auf Berührung mit der Schafgarbe Hautreizungen, eine sogenannte Kontaktdermatitis, bekommen.

Die Schafgarbe, die sehr würzig und ganz leicht bitter im Geschmack ist, wird medizinisch als appetitanregendes Mittel verwendet. So eignet sie sich auch in der Kuche besonders gut zur Würze von Vorspeisen, um den Fluss der Magensäfte anzuregen. Die jungen Blättchen werden auch gerne als Gewürz in grünen Saucen oder Suppen verwendet. Im Sommer kann man die Blüten beigeben.

Senf, Schwarzer *Brassica nigra* L.
Senf, Weißer *Sinapis alba* L.

Weit verbreitet, auf Schuttplätzen und Ruderalstellen, findet man die einjährigen Senfpflanzen. Blüht im Spätsommer oder Herbst ein Feld gelb, so ist es nicht immer Raps, der hier leuchtet. Manchmal hat der Landwirt auf das abgeerntete Feld Senfsaat aufgebracht. Die genügsamen, sich rasch entwickelnden Pflanzen sollen den Ackerboden vor Erosion, dem Ausschwemmen fruchtbarer Erde, schützen.

Schwarzer Senf (s. Abb. links) und Weißer Senf (s. Abb. S. 271) ähneln einander im Aussehen sehr. Beide sind gelb blühende Kreuzblütler

ungefähr gleicher Größe und auch die Einzelblütchen sind in etwa gleich groß. Die Blätter des Schwarzen Senf, zumindest die unteren, sind fiederig, aber auch die des Weißen Senf können so tief ausgebuchtet sein, dass sie wie gefiedert wirken. Die kleinen Schoten legt der Schwarze Senf dem Stiel entlang an, während sie beim Weißen Senf abstehend sind. Am deutlichsten unterscheiden sich natürlich die Samenkörner. Die schwarzen bzw. braunen bis rötlich braunen Körner des Schwarzen Senf sind wesentlich kleiner als die hellbeigen des Weißen Senf.

Die wichtigsten Inhaltsstoffe der Senfkörner sind die Senfölglykoside. Beim Schwarzen Senf ist es das Sinigrin, beim Weißen Senf das Sinalbin. Ein Enzym setzt beim Zerreiben und Zutritt von Wasser aus dem Sinigrin leicht flüchtiges, stechend riechendes, Haut und Schleimhaut reizendes Allylsenföl frei. Beim Weißen Senf entsteht das mildere, weniger flüchtige Sinalbin-Senföl.

Medizinisch nutzt man die wärmende, durchblutungsfördernde Wirkung der Senfölglykoside in Form von Senfwickel oder Senfpflaster. Da die Haut dabei aber sehr gereizt wird und unter Umständen mit Blasenbildung reagiert, müssen diese wieder abgenommen werden und dürfen nicht wie andere Rheumapflaster lange verweilen.

Die gute verdauungsfördernde Wirkung der Senfkörner macht man sich schon seit langer Zeit zunutze, auch durch die Herstellung von Mostrich. Er ist ein schmackhafter Verdauungshelfer für fette Fleischspeisen. Er enthält Schwarzen und Weißen Senf in unterschiedlichen Mischungsverhältnissen und ist auch leicht selbst herzustellen. Das Sammeln von Senfkörnern lohnt aber nicht, man kauft sie besser in der Apotheke oder im Bio-Laden.

Sehr hübsch als Garnitur für Suppen, Saucen, Dips oder Salate sind die leicht scharf schmeckenden Blüten. Auch die Blätter sind essbar, wenn sie noch zart sind. Sie können, klein geschnitten, wie die Blüten als scharfes Würzkraut verwendet werden.

Spitzwegerich *Plantago lanceolata* L.

Der Spitzwegerich ist eine recht unscheinbare, aber sehr häufig vorkommende Pflanze aus der Familie der Wegerichgewächse. Da er bezüglich des Untergrunds nicht wählerisch ist, findet man ihn fast weltweit in Wiesen, an Weg- und Straßenrändern und auf Brachflächen. Zur Blütezeit kann er manchen Pollenallergikern zu schaffen machen. Mit seinen lanzettförmigen, relativ schmalen Blättern, die eine grundständige Rosette bilden, fällt er in der Wiese zwischen den Grashalmen nur bei genauerem Hinsehen auf. Die parallelen Blattnerven treten an der Unterseite deutlich hervor und sind besonders bei den zarten jungen Trieben sanft behaart. Die kleinen Blüten bilden eine dicht gedrängte, walzenförmige Ähre, die von den hellgelben Staubgefäßen wie von einem Kränzchen umringt ist. In der Wiese sieht der Spitzwegerich oft dem Mittleren Wegerich sehr ähnlich, unterscheidet

sich aber durch die Blattbreite und die Farbe der Staubgefäße, die beim Mittleren Wegerich weiß bis leicht lila gefärbt sind. Für die Küche ist eine Verwechslung nicht schwerwiegend, denn auch der Mittlere Wegerich ist nicht giftig.

Der Spitzwegerich findet seine medizinische Anwendung hauptsächlich als schleimlösendes Hustenmittel. Dies verdankt er seinen Inhaltsstoffen, besonders den Iridoidglykosiden und den Schleimpolysacchariden, daneben enthält er noch Flavonoide, Gerbstoffe, Kieselsäure und Zink. Ein beliebtes Hausmittel ist das Verreiben des Pflanzensaftes aus einem frisch gepflückten Blatt bei Insektenstichen: Juckreiz und Schwellungen lassen sich dadurch meist vermeiden.

Aus Spitzwegerichblättern lässt sich nicht nur Hustensirup herstellen, man kann auch eine köstliche Suppe daraus zubereiten.

Springkraut, Drüsiges *Impatiens glandulifera* ROYLE

Das Drüsige Springkraut wird auch Indisches Springkraut genannt. Das deutet auf seine Herkunft hin, denn es wurde ursprünglich bei uns als Zierpflanze angebaut, die aus Indien und

dem Himalaja kommt. Sein englischer Name »himalayan balsam« bezeichnet zudem noch die Pflanzenfamilie, in die es einzuordnen ist, nämlich die der »Balsaminengewächse«.

Inzwischen ist das Drüsige Springkraut zu einem Neophyten geworden und bedenklich, weil es dort, wo es wächst, die heimische Vegetation verdrängt. Selbst die Brennnessel weicht vor dem Springkraut zurück.

Die Pflanze liebt besonders feuchte Standorte, daher ist die Verbreitung in Auwäldern und an Fluss- und Bachufern besonders stark. Das Springkraut kann eine beträchtliche Größe entwickeln, eine Höhe von 2,5 m ist keine Seltenheit. Die Blätter und Stängel sind mit Drüsen besetzt, die balsamisch, aber recht unangenehm riechen. Dafür ist der Duft der Blüten sehr fein, das Aroma erinnert an frische Pflaumen. Auch die Form der Blüten, deren Farbe von Weiß über verschiedene Rosa- und Lilatöne bis Purpur reicht, ist sehr hübsch. Daher hat

das Drüsige Springkraut in manchen Gegenden auch den Namen »Emscher-Orchidee« oder »Orchidee des kleinen Mannes«. Den Namen Springkraut hat es, weil bei leichtester Berührung die Samenkapseln aufspringen und ihren Inhalt weit verschleudern.

Als Heilpflanze wird das Drüsige Springkraut nicht genutzt. ❗ Blätter und Stiele sind leicht giftig und können in größerer Menge und besonders bei Kindern Erbrechen auslösen.

Während Stiele und Blätter leicht giftig sind und Übelkeit und Durchfälle hervorrufen können, kann man die Blüten bedenkenlos essen und als spätsommerlichen Schmuck für Salate und Desserts verwenden. Sie schmecken knackig frisch.

Steinklee, Honigklee *Melilotus officinalis* PALL.

Beim Steinklee vermisst man auf den ersten Blick den typischen Habitus eines Klees. Weder das dreizählige Blatt noch die zu einem runden Köpfchen gedrängten Blüten sind zu sehen. Bei näherer Betrachtung kann man aber das Kleeblatt erkennen. Nur die schmälere Breite und das durch den Stiel länger auseinandergezogene Blatt erweckt zunächst den Eindruck einer Blattfieder.

Der Steinklee wächst sehr gerne an Bahndämmen, auf Schutthalden oder an sandigen Stellen. Da er sehr verzweigte Wurzeln bildet, befinden sich seine Samen auch im Saatgut für Straßenböschungen, um das Erdreich festzuhalten. Er kann eine beträchtliche Größe von 1 m und mehr erreichen und wirkt dann wegen seiner Verzweigungen wie ein kleiner Busch.

Medizinische Verwendung findet der echte, gelbblühende Steinklee. Der weißblühende, ansonsten dem echten Steinklee äußerst ähnlich sehende weiße Steinklee besitzt die Inhaltsstoffe in anderer Konzentration und Zusammensetzung und daher auch nicht das Aroma. Hauptsächlich wird Steinklee wegen seines Gehalts an Kumarin eingesetzt, das blutverdünnend wirkt. ❗ Eine Überdosierung kann aber leicht zu Kopfschmerzen führen, ein Phänomen, das auch vom Waldmeister bekannt ist. Schwangere sollten Steinklee bzw. Zubereitungen daraus meiden.

Wegen seiner bevorzugten Standorte ist Steinklee nur schwer in Bio-Qualität zu finden, weswegen man ihn am besten in der Apotheke kauft, wo er aus kontrolliertem Arzneipflanzenanbau kommt.

Stiefmütterchen *Viola*

Wem wird nicht warm ums Herz, wenn ihn das liebe Gesicht eines Stiefmütterchens anlacht? In Gelb, Lila, Rot bis Rotbraun und in Weiß, mit riesengroßen Blüten oder auch mit winzig kleinen schmücken sie unsere Gärten, Balkonkäs-

ten und Terrassen. Sie sind alle gezüchtet aus dem Wilden Stiefmütterchen, manchmal auch durch Einkreuzen von Hornveilchen.

Die scharfen schwarzen Linien, die zur Mitte der Blüte hin führen und ihnen diesen freundlichen Ausdruck verleihen, sollen den Insekten den Weg zur Bestäubung der Blumen zeigen. Auch die wilden Formen haben diese Linien. Sie sind typisch für diese Veilchenart, ebenso wie auch die Anordnung der Blütenblätter, die sich teilweise überdecken. Das meist größere untere Kronblatt ist die »Stiefmutter«, die ihre beiden Töchter, die seitlich sitzen, überdeckt und diese wiederum überdecken die Stieftöchter, die beiden obersten Blütenblätter. Diese sind beim Wilden Stiefmütterchen meist violett, während die anderen Kronblätter überwiegend elfenbeinfarbig sind.

Wildstiefmütterchen sind recht anspruchslos, man findet sie in Wiesen, an Wegrändern und besonders auch auf Brachflächen.

Medizinisch verwendet man das Stiefmütterchen sowohl innerlich als auch äußerlich bei schuppenden Hauterkrankungen. Besonders bei Kindern mit Milchschorf hat man gerne ein Stiefmütterchenbad angewendet. Die lindernde Wirkung ist hauptsächlich auf den Gehalt an Salicylsäurederivaten zurückzuführen.

Die Blüten der wilden und der Gartenstiefmütterchen sind essbar. In erster Linie dienen sie sicher dem Schmuck der Speisen, als Freude für das Auge. Im Mittelalter stellte das Stiefmütterchen das Symbol für gute Gedanken dar. Vielleicht hilft sein Anblick auf unserem Teller, die Hektik des Alltags zu vergessen und das Essen richtig zu genießen.

Tagetes, Studentenblume *Tagetes*

Mit Tagetes können alle, die keinen Garten besitzen, aber einen Balkon oder eine Terrasse mit Sommerblumen schmücken wollen, einen leicht zu ziehenden, lange und dankbar blühenden Sommerflor erreichen und gleichzeitig damit ihr Kräuterbeet erweitern.

Die aus Mittelamerika und Mexiko stammenden Tagetes werden mittlerweile in mehr als 30 verschiedenen Sorten angeboten. Das Farbenspektrum der nunmehr zahlreichen Arten und ihrer Blüten reicht von hellgelb bis rotbraun. In ihrer Form erinnern die Blüten, besonders die gefüllten Formen, an die Gartennelke. Sie sind aber nicht mit den Nelken verwandt, sondern gehören in die Familie der Korbblütler.

Die Tagetesblüten haben einen sehr hohen Gehalt an Lutein. Das ist ein Carotinoid, das unentbehrlich und wesentlich am Sehvorgang im Auge beteiligt ist. Man erhofft sich durch die Gabe von Lutein auch ein Verhindern oder Hinauszögern der Macula-Degeneration.

Tagetes haben einen sehr würzigen, pfefferigen Geschmack. Da die Blätter mancher Arten etwas streng riechen, was teilweise als unangenehm empfunden wird, werden für die Küche oft nur die Blüten eingesetzt. Sehr beliebt sind die wilden Tagetes, auch Gewürztagetes (s. Abb. rechts) genannt, von denen nicht nur die Blüten, sondern auch die Blätter verwendet werden können.

Taglilie *Hemerocallis*

Die Taglilie ist nicht ursprünglich bei uns beheimatet, sie fand aus dem asiatischen Raum über England ihren Weg nach Mitteleuropa. Heute kann man sie in ganz Deutschland, wenn auch nur vereinzelt, wild finden. Man sollte sie aber unbedingt dort stehen lassen und nichts von ihr sammeln. Das Sammeln sollte sich auf den Garten beschränken, denn als Zierpflanze

verschönert sie unsere Gärten. Sie liebt feuchte Standorte und ihre Blüten sind echte Sonnenkinder. Die einzelne Blüte ist nur einen Tag offen und hat so der Pflanze ihren Namen gegeben.

Da sich die Taglilien nicht nur über ihre Samen, sondern besonders über unterirdische Triebe verbreiten, kann man sich den Genuss

gönnen, die Knospen und Blüten als Gemüse zu verzehren.

Die Pflanze wird gut 1 m hoch. Sie hat viele schmale parallelnervige, grundständige Blätter. Die Blüten stehen in unregelmäßigen Trauben. Die Farben variieren je nach Züchtung von hellorange bis zu verschiedenen Brauntönen.

Die hellorangefarbene Variante stammt aus Ostasien, wo sie auf Feldern im großen Stil angebaut wird. Man schätzt sie in ihrer Heimat sehr und verwendet sie vielseitig: Die Blätter werden in der Medizin als Kräftigungsmittel und Jungbrunnen eingesetzt (sie enthalten Vitamin A und C und Saponine mit stärkenden und hormonstimulierenden Eigenschaften). Die frischen Knospen und Blüten sind ein beliebtes Gemüse. Getrocknet werden die Blätter zum Flechten von Sandalen verwendet.

Taglilien schmecken sehr würzig und brauchen nur in Öl kurz angeschwitzt zu werden. Echte Feinschmecker können angeblich sogar einen Geschmacksunterschied zwischen den zartgelben und rötlichen Arten feststellen.

Vogelkirsche *Prunus avium* L.

Die Vogelkirsche kann ein Baum beträchtlicher Größe werden und ist im Frühling, wenn sie in voller Blütenpracht steht, eine Augenweide. Sie wächst an Feldwegen oder Wiesenrändern, oft aber auch an Waldrändern, denn sie wird hauptsächlich durch Vögel verbreitet. Diese verspeisen ihre Mahlzeit auf Bäumen sitzend, lassen dabei den ein oder anderen Samen fallen und tragen so zu ihrer Verbreitung bei. Die große Vorliebe der Vögel für Vogelkirschen, die uns Menschen nur schwer in den Genuss vollreifer Früchte kommen lässt, hat diesem Baum seinen Namen gegeben.

Die Vogelkirsche ist die wilde Urform der Süßkirschen. Aus ihr wurden die Herzkirschen und die Knorpelkirschen gezüchtet. Letztere haben natürlich wesentlich größere Früchte und viel mehr Fruchtfleisch als die Vogelkirsche.

Die kleinen Vogelkirschen sind verhältnismäßig spät vollreif, erst im Juli oder August. Dann werden sie ganz dunkelrot, fast schwarz, haben viel Süße und ein leichtes Bittermandelaroma. Deswegen wurden sie manchmal als giftig eingeschätzt, denn der Bittermandelgeschmack deutet auf Blausäure hin. Diese ist zwar tatsächlich in den Vogelkirschen enthalten, aber wie bei den edlen Kirschen, Pfirsichen oder Aprikosen auch nur im Inneren des Kerns, der von der steinharten Schale umschlossen ist. Das Fruchtfleisch kann man bedenkenlos essen.

Vogelkirschen ergeben eine wunderbare Konfitüre. Es ist aber sehr mühselig, sie zu entsteinen. Weniger aufwendig ist es, einen Likör daraus anzusetzen. Natürlich verwenden auch Schnapsbrenner diese Wildfrüchte gerne.

Wiesenkümmel *Carum carvi* L.

Das bekannteste und in unseren Breiten am längsten verwendete Gewürz ist der Kümmel. Er ist ein Vertreter der Doldengewächse, *Apiaceae* oder früher *Umbelliferae* genannt.

Zu dieser sehr großen Pflanzenfamilie gehören viele kultivierte Würz- und Gemüsepflanzen wie die Karotte, Petersilie, Pastinake, der Dill, Liebstöckel, Koriander, Fenchel, Anis und viele mehr, aber auch viele Giftpflanzen. Das bekannteste Beispiel dafür ist wohl der Schierling, der als Aufguss dem Philosophen Sokrates einst als Todesbringer gereicht worden ist.

❗ Die Doldengewächse sind sich alle sehr ähnlich und sollten deshalb nur von wirklichen Experten wild gesammelt werden, um Verwechslungen mit schweren Folgen in Form von Vergiftungen zu vermeiden.

Der Wiesenkümmel gehört zu den weiß blühenden Arten. Er liebt magere, kalkhaltige Wiesen und wird meist nicht sehr hoch. Seine Blätter sind zwei- bis dreifach gefiedert und wirken sehr filigran. Beim Zerreiben der Fruchtstände, auch in noch grünem Zustand, entwickelt er den typischen Kümmelgeruch. Dadurch kann man ihn von anderen Doldengewächsen unterscheiden.

Kümmel enthält ätherisches Öl, dem er seine medizinische Wirkung als Mittel gegen Blähungen und Bauchkrämpfe verdankt. Er wirkt auch leicht antibakteriell.

Als Zutat in Likören und Destillaten ist Kümmel als Digestivum beliebt.

In der Küche ist er ein fast unverzichtbares Gewürz für schwer verdauliche und blähende Speisen. Gibt man ihn ins Kochwasser von Pellkartoffeln, sind diese leichter verdaulich.

Die Samenstände und die grünen Blättchen sind in noch unreifem Zustand ein delikates Gewürz, das sich gut für Suppen oder zu Lamm eignet.

Wiesensalbei *Salvia pratensis* L.

Seit sich die mediterrane Küche in unseren Breiten großer Beliebtheit erfreut, konnte der Salbei sein Schattendasein als unbeliebtes, übel und bitter schmeckendes Arzneimittel zu Mundspülungen und zum Gurgeln beenden. Als aromatisches Gewürzkraut hat er Einzug in die gehobene Küche gehalten und darf in keinem Kräuterbeet mehr fehlen. Die Gärtner taten ihr Übriges dazu, durch Züchtungen in verschiedenen Farben und mit besonders großen Blättern, den Salbei auch als Gartenschmuck zu gestalten. Überwintern kann man ihn allerdings nur an sehr geschützten Stellen und es erfordert einige Geschicklichkeit, den Salbei bei uns über längere Jahre hinweg durchzubringen. Die diversen Arten des Küchensalbeis wurden vom medizinischen Salbei, *Salvia officinalis*, gezüchtet, einer Art, die im Mittelmeergebiet heimisch ist. Auch Griechischer Salbei, Lavendelsalbei oder der Dreilappige Salbei werden bei uns angebaut, es sind dies alles mediterrane Arten, die von Spanien und rund um das Mittelmeer bis zur Türkei zu finden sind.

Bei uns heimisch ist der Wiesensalbei. Er liebt trockene, sonnige Wiesen mit einem kalkhaltigen Untergrund. Dort verschönert er von Mai bis Juli unsere Landschaft mit seiner üppigen, sattblauen Blütenpracht und bildet einen herrlichen Farbkontrast zu seiner Gesellschafterin, der Margerite.

Im Gegensatz zu seinen mediterranen Verwandten, die man in der Medizin als antiseptisches Gurgelmittel und innerlich als Mittel gegen übermäßiges Schwitzen einsetzt, findet der Wiesensalbei keine medizinische Anwendung.

In der Küche lässt sich der Wiesensalbei ähnlich verwenden wie der Küchensalbei. Er hat zwar dieselben Inhaltsstoffe wie der Küchensalbei, nämlich Bitterstoffe und ätherische Öle, aber in wesentlich geringerer Konzentration, sodass der Geschmack auch bei Weitem nicht so intensiv ist. Die Blätter sind recht derb und sollten, wenn man sie in rohem Zustand verzehren will, nur ganz jung gesammelt werden.

Bevor die junge Buche ihr Laubkleid ablegt, färbt sie es noch mit sonnenwarmen Gelb- und Brauntönen ein.

September – Oktober – November

Der Herbst bedeutet für den Wildpflanzensammler wie für den Bauern die Haupterntezeit.

Noch lässt uns der Altweibersommer im September kaum an den Herbst denken und schenkt uns die Blüten der Goldrute, Nachtkerze, Dahlie und viele mehr, auch der Würzkräuter wie Quendel und Beifuß. Mit Hilfe der Sommersonne haben sie viel Aroma gespeichert und müssen nun gesammelt und getrocknet werden.

Jetzt, wo der Boden noch warm, aber nicht mehr von der hochsommerlichen Glut ausgedörrt ist, haben auch die meisten unserer heimischen Waldpilze ihre Hauptsaison. Mit großer Macht lockt es den Pilzliebhaber hinaus in die Natur, um möglichst schon im Morgentau die so geschätzten Waldmännchen zu finden.

Auch viele Früchte und Beeren beschert uns der Herbst. Im Wald reifen Preiselbeeren und Brombeeren, der Sanddorn umhüllt seine Zweige dicht gedrängt mit orangefarbenen Bällchen, die er durch wehrhafte Dornen erfolgreich vor räuberischen Tieren schützt, und in den Hecken reifen die Früchte des Weißdorns, der Quitten und der Heckenrosen. Die Haselnusssträucher schützen ihre Früchte durch harte, braune Schalen. Sie sind nicht nur bei uns Menschen eine begehrte Winterfrucht, sondern landen auch im Vorratsdepot vieler Wildtiere. Dabei ist es immer wieder erstaunlich, wie die Wildtiere die tauben Nüsse von den Kernhaltigen unterscheiden können und gar nicht erst vom Strauch holen. Der Walnussbaum gibt seine Nüsse, die auch er jetzt mit einer harten, braunen Schale geschützt hat, noch leichter her, er braucht nur kräftig geschüttelt zu werden.

Gegen Ende der Jahreszeit werden die Tage merklich kürzer und die Sonnenstrahlen seltener. Noch hat uns der Frost nicht im Griff, aber es ist höchste Zeit, Wurzeln und Knollen zu ernten. Dorthin haben die Pflanzen die so wichtigen, wertvollen Nährstoffe gezogen, um im folgenden Jahr der neuen Pflanze den besten Start ins Leben zu ermöglichen. Nelkenwurz, Löwenzahnwurzel, Nachtkerzenwurzel und die Knollen der Topinambur, vielleicht auch noch ein paar Wegwartenwurzeln für einen Kräuterkaffee im Winter, man hat alle Hände voll zu tun, um die Schätze zu bergen und auch im Winter eine abwechslungsreiche Wildpflanzenküche genießen zu können.

Saisonkalender Herbst

Beifuß *Artemisia vulgaris*	August bis Oktober
Berberitze, Gewöhnliche; Sauerdorn *Berberis vulgaris*	Oktober
Birkenpilz *Leccinum scabrum*	Juni bis Oktober
Blutwurz[1], Tormentill *Potentilla erecta*	Oktober
Brätling *Lactarius volemus*	Juli bis Oktober
Brombeere, Kratzbeere *Rubus fruticosus*	August bis Mitte Oktober
Buche[2], Rotbuche *Fagus sylvatica*	Oktober
Champignon *Agaricus campestris*	Mai bis Oktober
Dahlie *Dahlia*	August bis Oktober
Dost, Echter; Wilder Majoran *Origanum vulgare*	August bis Ende September
Edelreizker[3] *Lactarius deliciosus*	September/Oktober
Flaschenbovist, Flaschenstäubling *Lycoperdon perlatum*	Juli bis November
Gelbfuß, Großer *Gomphidius glutinosus*	Juli bis Oktober
Hasel, Gewöhnliche *Corylus avellana*	September/Oktober
Hexenröhrling *Boletus erythropus*	Juni bis Oktober
Kanadische Goldrute *Solidago canadensis*	Ende August/September
Kornelkirsche *Cornus mas*	September/Oktober
Krause Glucke *Sparassis crispa*	August bis November
Maronenröhrling *Boletus badius*	August bis Oktober
Möhre, Wilde *Daucus carota*	Blüten und Blätter im August/September, Wurzeln und Samen im Oktober
Nelkenschwindling *Marasmius oreades*	Mai bis Oktober
Nelkenwurz, Echte *Geum urbanum*	Oktober/November
Pastinake, Wilde *Pastinaca sativa*	Blätter im Frühling, Wurzeln im Herbst
Perlpilz *Amanita rubescens*	Juli bis Oktober
Pfifferling *Cantharellus Cibarius*	Juni bis Oktober
Preiselbeere *Vaccinium vitis-idaea*	September/Oktober
Quendel[4] *Thymus pulegioides*	August bis Oktober
Quitte *Cydonia oblonga*	September/Oktober
Rotkappe *Leccinum versipelle*	August bis Oktober
Sanddorn *Hippophae rhamnoides*	Ende August bis Anfang Dezember
Sandröhrling *Suillus variegatus*	Juli bis Oktober
Schopftintling *Coprinus comatus*	Mai bis Oktober
Semmelstoppelpilz *Hydnum repandum*	Juli bis Oktober
Shiitake *Lentinus edodes*	ganzjährig als Zuchtpilz
Steinpilz *Boletus edulis*	Juli bis Oktober
Stockschwämmchen *Kuehneromyces mutabilis*	Mai bis November
Täublinge *Russulaceae*	Juli bis Oktober
Topinambur[5], Knollige Sonnenblume *Helianthus tuberosus*	September bis Frostbeginn
Walnuss, Echte *Juglans regia*	Blätter im Juni, Früchte Ende September bis Anfang November
Weißdorn, Mehlbeere *Crataegus*	Oktober/November
Zigeuner, Reifpilz *Rozites caperatus*	August bis Oktober

Beifuß *Artemisia vulgaris* L.

Der Beifuß sieht seinem edlen Bruder, dem Wermut, sehr ähnlich. Das deutlichste Unterscheidungsmerkmal ist das Laub. Nur die Unterseite hat die seidig glänzende Behaarung, die Oberseite ist glatt, glänzend und dunkelgrün.

An Wegrändern, auf Schuttplätzen und Ruderalstellen, an Hecken, Böschungen und Bahndämmen ist der Beifuß sehr stark verbreitet; wo seine Samen landen, scheinen sie aufzugehen.

Beifuß enthält ätherisches Öl und Bitterstoffe, jedoch nicht so konzentriert wie der Wermut. Besonders das giftige Thujon ist im ätherischen Öl des Beifuß nur ganz schwach enthalten. Die medizinische Bedeutung tritt beim Beifuß hinter seiner Wertschätzung als Würzkraut zurück. Die anregende Wirkung zur Sekretion von Verdauungssäften wird noch in Tees und Tinkturen genutzt. Auf dem Balkan und in Nordafrika wird Beifuß angebaut, um die Parfümindustrie mit seinem ätherischen Öl zu bedienen.

Wer an einer Allergie gegen Körbchenblütler-Pollen leidet, sollte lieber gänzlich auf dieses Gewürz verzichten. Übrigens gehört auch die von Allergikern so gefürchtete, in den letzten Jahren aus den USA zu uns eingeschleppte Ambrosia zu den Beifuß-Gewächsen und es kann zu Kreuzreaktionen kommen.

Verwendet werden wie beim Wermut die oberen Zweigenden, die man von den Laubblättchen befreit und dann zum Trocknen kopfüber aufhängt. Sammeln kann man häufig bereits im August und noch weit in den Herbst hinein bis in den Oktober. Als Gewürz leistet der Beifuß gute Dienste bei fetten Braten, beinahe unverzichtbar ist er bei Gänsebraten.

Berberitze, Gewöhnliche; Sauerdorn *Berberis vulgaris* L.

Der Berberitzenstrauch ist in den gemäßigten Klimazonen Europas zu Hause. Er bevorzugt halbschattige Standorte, weshalb man ihn gelegentlich an Waldrändern finden kann. Er ist ein recht stacheliger Geselle. Seine Stacheln sind eigentlich Blätter, die er wie ein Kaktus zu dreien bis manchmal zu sieben nicht als grüne Blättchen, sondern als in viele Richtungen stehende, wehrhafte Stacheln ausbildet. Im Frühling hängen in traubenförmigen Blütenständen hellgelbe Blütchen von den Zweigen, im Herbst werden daraus Träubchen voller roter Früchte mit ihrer charakteristischen walzenähnlichen Form.

Bis auf diese roten Beeren, die man im späten Herbst ernten kann, ist die Berberitze in allen Pflanzenteilen giftig. Sie enthält giftige Alkaloide, besonders das Berberin, die zwar die Berberitze zur Heilpflanze machten, die giftigen Nebenwirkungen und die schwierige Dosierung aber lassen dieser Pflanze heute nur in der Homöopathie eine medizinische Bedeutung.

❗ Sammelt man die roten Beeren der Berberitze, so ist es sehr wichtig, dass man die Art »vulgaris« ganz genau kennt und von anderen Arten unterscheiden kann, denn nur von ihr sind die Beeren ungiftig.

In vielen Gegenden wurde die heimische Gewöhnliche Berberitze nahezu ausgerottet, da sie ein Überträger des Getreiderosts sein kann. Da dieser Strauch nicht zuletzt wegen seiner wehrhaften Stacheln ein beliebter Heckenstrauch für natürliche Gartenzäune ist, wurden viele Arten gezüchtet, die gegen Getreiderost immun sind. Deren Beeren enthalten aber in ihren Samenkörnern giftige Alkaloide.

Wer sich nicht ganz sicher ist, ob es sich um die richtige Berberitzen-Art handelt, braucht auf diese sauren Früchtchen, die gerade in den Wintermonaten wegen ihrer antibiotischen Wirkung und des hohen Vitamin-C-Gehalts sehr gesund sind, nicht verzichten. Meist hat sie der türkische Obsthändler parat, bereits getrocknet. So lassen sie sich gut als Beigabe zu Süßspeisen oder in Kuchenteig gemischt verwenden. Auch für Konfitüren sind sie gut geeignet.

Birkenpilz *Leccinum scabrum*

Birkenpilze sind, wie der Name schon sagt, meist in Birkenhainen zu finden. Sie sind recht vielfältige, bekannte Vertreter der »Raufußröhrlinge«. Diese Bezeichnung deutet schon auf ein gemeinsames bezeichnendes Merkmal hin, nämlich auf die kräftig ausgebildeten, meist schwarz verfärbten Schuppen an den Stielen der zu dieser Gattung zählenden Pilzarten.

Birkenpilze haben zudem eine braune Hutfarbe, die ihnen in manchen Gegenden auch den Namen »Kapuziner« einbrachte. Diese Farbe variiert allerdings recht stark von ganz dunkelbraun bis fast weiß, je nach Standort und Art. Die Unterscheidung der eng verwandten Arten ist mehr für Mykologen denn für Pilzsammler interessant, denn alle Exemplare der verschiedenen Arten sind essbar und in ihrer kulinarischen Wertigkeit nahezu gleich.

Birkenpilze altern sehr schnell. Dabei werden die schwarz geschuppten, ausgeprägt längsfaserigen Stiele recht zäh, das Hutfleisch dagegen wird schwammig weich und das anfangs noch feste weiße Futter verdickt sich durch starkes Längenwachstum der Röhren stark und nimmt dabei eine schmutzig graubräunliche Farbe an. Bei anhaltendem Regenwetter vollzieht sich dieser Alterungsprozess noch schneller und der Pilz saugt sich so mit Wasser voll, dass er nicht mehr zu verwenden ist. Da die Größe des Pilzes nicht unbedingt ein Hinweis auf sein Alter ist, sollte beim Sammeln durch Druck auf den Hut die Festigkeit des Fruchtfleisches getestet werden.

Beim Putzen der Birkenpilze schabt man die schwärzlichen Schuppen von den Stielen ein wenig ab. Dabei merkt man auch, ob der Stiel noch zart oder schon sehr faserig ist und verworfen werden sollte. Da sich Birkenpilze sofort vollsaugen, sollte man sie nicht waschen und nur durch Abschaben oder Abbürsten reinigen. Böse Überraschungen sind beim Zerkleinern nicht zu erwarten, denn bei Birkenpilzen, vor allem bei schönen, jungen Exemplaren, gibt es kaum Madenbefall.

Wie viele andere Pilze auch stehen alle Birkenpilzarten in Deutschland unter Naturschutz und dürfen nur in kleinen Mengen und nur für den Eigenbedarf gesammelt werden.

Wegen ihres milden Geschmacks passen Birkenpilze am besten als Mischpilze in Pilzgerichte. Der Pilz verfärbt sich beim Kochen schwarz, wodurch das ganze Gericht eine sehr dunkle Farbe bekommt. Diese Schwarzfärbung tritt auch beim Verwenden getrockneter Pilze auf und bleibt bestehen.

Blutwurz, Tormentill *Potentilla erecta* RAUSCH.

Die Blutwurz zählt zu den Fingerkräutern und teilt sich in ihrem Aussehen die Ähnlichkeiten mit einer Vielzahl von Artgenossen: die vielen kleinen, sonnengelben Blüten, die gefiederten Blättchen, den polsterähnlichen Wuchs. Während aber die meisten Fingerkräuter sonnige, trockene Standorte suchen, ist die Blutwurz gerne an feuchteren, sauren Stellen anzutreffen. Zudem hat sie ein ganz deutliches Unterscheidungsmerkmal: Ihre Blüten haben nur vier gelbe Blütenblättchen, während ihre Artverwandten, wie es sich für Mitglieder der Familie Rosengewächse gehört, allesamt mit fünfzähligen Blüten ausgestattet sind.

Man vermutet gar nicht, dass dieses zarte Pflänzchen einen so starken Wurzelstock besitzt, bis man beim Ausgraben eines Besseren belehrt wird. Wird der Wurzelstock verletzt, sind die Bruchstellen blutrot, daher der eigenwillige Name der Wurzel.

Der Wurzelstock enthält sehr viele Gerbstoffe, die adstringierend wirken, deshalb wird eine Tinktur daraus bevorzugt für Gurgelwässer genutzt. Eine ganze Reihe positiver Eigenschaften, z.B. antivirale und immunstimulierende Wirkungen, wurden außerdem an Blutwurzextrakten festgestellt, bisher aber noch nicht in nennenswerter Weise therapeutisch eingesetzt.

Schnaps oder Likör aus Blutwurz wird in manchen Gegenden als Appetitanreger vor dem Essen oder als Digestif nach dem Essen gereicht.

Zu viel davon kann aber kontraproduktiv sein, denn dann kann die Blutwurz Verstopfung verursachen.

Brätling *Lactarius volemus*

Der bekannteste Speisepilz unter der Pilzfamilie der Milchlinge dürfte der Milchbrätling, auch einfach nur Brätling genannt, sein.

Die Fruchtkörper dieser Gruppe führen einen meist weißen Milchsaft, der sich mehr oder weniger schnell rötlich-bräunlich verfärben kann. Bei vielen Milchlingen ist dieser Saft recht scharf und macht den Pilz ungenießbar, der des Milchbrätlings ist aber sehr mild und verleiht ihm einen charakteristischen Geruch und Geschmack.

Nach alter Bauernregel tauchen die Pilze nach der Getreideernte auf. Auch in Trockenperioden im August, wenn andere Pilze ihr Wachstum einstellen, hat man gute Chancen, Milchbrätlinge zu finden. Der stellenweise recht häufige Waldpilz kann in günstigen Situationen Fruchtkörper von beachtlicher Größe hervorbringen.

Der Milchbrätling eignet sich nicht zum Trocknen. Sein sehr festes, trockenes Fleisch klassifiziert ihn jedoch als ausgesprochenen Bratpilz. Der ursprüngliche Fischgeruch, den mancher Sammler als unangenehm empfindet, verschwindet beim Erhitzen völlig und der Geschmack erinnert dann eher an Bratwurst, besonders wenn der Pilz ohne oder mit nur ganz wenig Fett gebraten wird. Er lässt sich als Würzpilz und als Einzelgericht einsetzen. Außerdem ist er einer der wenigen Speisepilze, die nicht von Maden befallen werden.

Brombeere, Kratzbeere *Rubus fruticosus* L.

Wer hat sich nicht schon einmal die Haut geritzt oder blieb zumindest mit der Kleidung hängen beim Versuch, die köstlichen schwarzen Früchte zu naschen? Die ersten der in Trauben hängenden Früchte beginnen bereits im Juli zu reifen. Oft täuscht aber der schwarze Glanz und die Frucht ist noch sauer; erst im beginnenden Herbst sind genügend Früchte gleichzeitig reif und süß, sodass sich das Sammeln lohnt.

Beim Verzehr der Brombeere spürt man sehr deutlich, dass es sich um eine Sammelfrucht handelt. Jedes einzelne Kügelchen ist eine Frucht für sich mit einem eigenen Steinchen. Diese spürt man bei der Brombeere fast noch deutlicher als bei der Himbeere. Im Gegensatz zur Himbeere ist bei der Brombeere der Fruchtverband fest mit dem Fruchtboden verwachsen, während er sich bei den Himbeeren als Hütchen leicht ablösen lässt.

Medizinische Bedeutung haben vom Brombeerstrauch besonders die Blätter, die im Gegensatz zu den Laubblättern anderer Gewächse im Herbst nicht abgeworfen werden. Bereits die griechischen Ärzte der Antike wussten um die stopfende Wirkung der Brombeerblätter und setzten sie zur Behandlung von Durchfällen ein. Der Gerbstoffgehalt erklärt diese Anwendung, die auch heute noch praktiziert wird. Daneben sind Brombeerblätter ein fast unumgänglicher Bestandteil vieler Haustees und Frühstückstees. Brombeerblätter werden auch fermentiert, ähneln so geschmacklich dem Schwarztee und werden als koffeinfreier Ersatz dafür angeboten.

Kulinarisch haben die aromatischen, dunklen Früchte dieses Rosengewächses eine weitaus größere Bedeutung als die Blätter. Nicht nur zum direkten Verzehr, auch zur Zubereitung von Konfitüren, Säften und Likören sind sie sehr beliebt, ebenso in Obstsalaten oder zum Verfeinern von Saucen zu Wildgerichten.

Ihre dunkle Farbe verdanken sie den wertvollen Anthocyan-Farbstoffen, welche die Freien Radikale einfangen können. Anthocyane besitzt auch die Heidelbeere, daneben sind Brombeeren sehr vitaminreich. Außerdem enthalten sie viele Mineralien und Spurenelemente.

Buche, Rotbuche *Fagus sylvatica* L.

Die Buche ist der häufigste Baum unserer Laubwälder und kann ein beträchtliches Alter erreichen. So gesteht man der Buche gut 300 Jahre zu und so manches Naturdenkmal weist ein noch höheres Alter auf. Durch das zarte Hellgrün im Frühling, das satte, dunkel glänzende Grün im Sommer und die ocker- und rotbraunen Töne in Herbst und Winter sorgt die Buche für Farbenspiel im Wald. In ihre glatte, grau glänzende Rinde wurde schon so manches Herz geschnitzt.

Das Buchenholz wurde als Kaminholz, zur Möbelherstellung sowie in der Glasindustrie zur Herstellung von Grünglas gebraucht. Ein aus Buchenholz gewonnener Teer wurde als Medizin gegen Hauterkrankungen eingesetzt. Heute sind Teerprodukte aller Art zur medizinischen Verwendung nicht mehr zugelassen. ❗ Die Frucht der Buche, die Buchecker, ist besonders in rohem Zustand leicht giftig. Es gibt hier individuelle Unverträglichkeiten; bei manchen Personen kann bereits eine Handvoll roher Bucheckern Vergiftungssymptome, besonders Magen-Darm-Beschwerden hervorrufen. Während des letzten Weltkriegs wurden die Bucheckern als Nussersatz zum Backen verwendet.

Das aus den Bucheckern gepresste fette Öl ist ungiftig und eignet sich als Speiseöl.

Die frischen, jungen Buchenblätter sind essbar und können klein gehackt mit Butter zu einem Brotaufstrich verarbeitet werden. Der Geschmack ist sehr intensiv, fast streng.

Die Bucheckern lassen sich wie Nüsse verwenden, indem man sie kurz trocken anröstet oder bäckt. Man sollte sie auf alle Fälle nur gegart und in kleinen Mengen verzehren, um keine Vergiftungssymptome zu erleiden.

Champignon *Agaricus campestris*

Die Tatsache, dass im französischen Sprachgebrauch das Wort »Champignon« für Pilze schlechthin gebraucht wird, ist schon ein Indiz dafür, dass es sich um den bedeutendsten und vielseitigsten Speisepilz handelt. Bereits unter Ludwig XIV. wurden Champignons gezüchtet.

Der deutsche Name für den Champignon lautet eigentlich »Egerling«. Es gibt recht viele Arten, die großteils auf Wiesen, in Gärten und in Parks wachsen. Der bräunliche Waldchampignon und der eher grauflockige Champignon bevorzugen den Wald als Standort. ❗ Auch wenn die meisten Champignons essbar sind und sich durch die graurosa bis im Alter schwärzlich gefärbten Lamellen gut von anderen Lamellenpilzen unterscheiden lassen, so gibt es doch leider auch ein paar giftige Sorten unter ihnen wie den Karbol-, Perlhuhn- oder Rebhuhn-Champignon. Diese Arten weisen alle den typischen, an Karbol erinnernden Geruch auf, der aber leider oft erst wahrgenommen wird, wenn er bereits aus dem Kochtopf steigt. Ein weiteres Merkmal ist, dass das Fleisch auf Druck gelblich wird!

Der teils recht starke Anisgeruch dagegen, den besonders der Schaf-Champignon beim Schneiden verbreitet, ist kein Zeichen von Giftigkeit. Beim Schaf-Champignon handelt es sich sogar um einen vorzüglichen Vertreter dieser Pilzfamilie, der zudem mit einem Hutdurchmesser von 15 cm und mehr eine beachtliche Größe erreichen kann. Dank seines festen, üppigen Fleisches ergeben schon wenige Exemplare eine gute Pilzmahlzeit, Anisgeruch und -geschmack verschwinden beim Kochen gänzlich. Der Schaf-Champignon entwickelt bereits ab Mai bis in den Herbst seine Fruchtkörper und bietet so dem Pilzfreund lange Zeit die Gelegenheit zu kulinarischen Genüssen.

Bei der Wildsammlung sollte man immer eine mögliche Schwermetallbelastung bedenken; durch das Entfernen der Huthaut lässt sich zwar ein Teil entfernen, aber der Champignon lagert Schwermetalle auch im Fleisch ein.

Heute haben Champignons das ganze Jahr über ihren festen Platz im Warenangebot jedes Supermarktes oder Gemüsehändlers. Besonders für Vegetarier sind sie ein wichtiger Eiweißlieferant, außerdem enthalten sie Vitamin B und auch Eisen und Zink. Zur Haltbarmachung lassen sich Champignons problemlos einwecken, einfrieren und trocknen.

Dahlie *Dahlia*

In ihrer üppigen bunten Blütenpracht zeigen die Dahlien in unseren Gärten den Herbstbeginn an. Früher nannte man sie auch »Georginen«, den Namen »Dahlie« erhielten sie zu Ehren des schwedischen Botanikers Andreas Dahl.

Es war das Jahr 1791, als die ursprünglich aus Mexiko stammende Dahlie zum ersten Mal in Europa, und zwar in Madrid, gezogen wurde und auch zur Blüte kam. Seither ist sie eine wahre Spielwiese der Blumenzüchter und bringt in Weiß, Gelb, Lila, Rot bis fast Schwarz, gefüllt, sternförmig oder strahlenförmig ihre unterschiedlich großen Blüten hervor.

Wegen ihrer fleischigen Knollen, die übrigens im Winter ins Haus geholt werden müssen, da sie keinen Frost vertragen, erhoffte man sich ursprünglich ein neues Nahrungsmittel. Wie Topinambur (siehe dort), enthalten sie keine Stärke, sondern Inulin. Es stellte sich aber

heraus, dass die Dahlienknollen ungenießbar sind und dass sie auch in keiner Weise als schmackhaftes oder zumindest essbares Gericht zubereitet werden können. So wurde ihnen im Bereich der Blumenzüchtung umso mehr Aufmerksamkeit gewidmet.

Dahlien gehören zu den Korbblütlern und können neben der Korbblütlerallergie auch eine Kontaktallergie auslösen. Personen, die hier Probleme haben, müssen Dahlien meiden.

Die weißen Dahlienblüten erinnern sehr an Kopfsalat. Bei den roten Blüten, die man auch zum Färben von Lebensmitteln verwenden kann, wird der Geschmack kräftiger, je dunkler die Farbe der Blütenblätter ist. Man verwendet natürlich nur die Blütenblätter, meist als dekorative, geschmacklich interessante Verfeinerung eines Salats.

Dost, Echter; Wilder Majoran *Origanum vulgare* L.

Der lateinische Name, der übrigens aus dem Griechischen stammt und »Schmuck der Berge« bedeutet, lässt sofort an das aus den Mittelmeerländern bekannte Gewürzkraut Oregano denken. Genau darum handelt es sich, nur wird es in unseren Breiten als alte Heilpflanze genutzt und hatte im Mittelalter den Ruf, gegen Hexen und böse Mächte zu schützen. Seit mindestens 400 Jahren wird es als Gewürzkraut verwendet und auch beschrieben.

Der Dost wächst bei uns auf trockenen Wiesen, besonders gerne an Böschungen und liebt kalkhaltige Böden. Er ist eine sehr aromatische

Pflanze, weswegen er auch den Namen »Wilder Majoran« hat. Die Stängel sind recht steif und machen einen fast holzigen Eindruck. Die kleinen Blätter haben eine ovale Form und sind drüsig punktiert. Die kleinen zartlilafarbenen Blütchen, die sich mit vielen purpurnen Tragblättern umhüllen, drängen sich köpfchenförmig zu einem üppigen, doldig-rispigen Gesamtblütenstand.

Der Echte Dost enthält viel ätherisches Öl, das mehrere Phenole, besonders Thymol und Carvacrol, beinhaltet und ihm eine antiseptische Wirkung verleiht.

Die Zusammensetzung schwankt stark und hängt vom Standort und von der Witterung ab.

Außerdem enthält der Dost noch Gerb- und Bitterstoffe und Vitamin C. In der Volksmedizin wird er bei Verdauungsstörungen eingesetzt.

In der Küche ist der Echte Dost als Gewürzkraut besonders für mediterrane Gerichte bekannt. Da er so aromatisch ist und sich das ätherische Öl in Alkohol löst, eignet er sich auch zur Herstellung von Likören. Besonders delikat schmeckt er in frischem Zustand, die Blüten sind dekorativ und haben einen würzigen, majoranähnlichen Geschmack. Er lässt sich auch trocknen. Dazu werden die Stängel in einen gut belüfteten, dunklen Raum gehängt.

Edelreizker *Lactarius deliciosus*

Sein zweiter lateinischer Name verrät es schon: Hier haben wir es mit einem sehr delikaten Speisepilz zu tun. Der erste Name *Lactarius* ordnet ihn unter die Gruppe der Milchlinge ein, denn bei Verletzung durch Schnitt, Fraß oder Bruch tritt eine milchige Flüssigkeit aus, die allerdings nicht wie bei seinen ungenießbaren oder giftigen Artverwandten milchweiß aussieht, sondern eine kräftige orangerote Färbung aufweist. Diese orangefarbene Milch ist ein sicheres Erkennungsmerkmal, das nur seine ebenfalls essbaren Artgenossen aufweisen. Reizker sind zwar Waldpilze und brauchen Bäume als Wirt, wobei der Echte Reizker besonders die Föhre mag, aber sie lieben auch Gras und Licht. Daher findet man sie besonders am Waldrand, auf Waldwiesen oder an grasigen Wegrändern.

Der Hut des Echten Reizkers hat einen Durchmesser von 4–10 cm und lässt konzentrische Ringe erkennen. Seine Mitte ist zu einem Grübchen vertieft. Nach längerem Regen oder Morgennebel ist die Huthaut schleimig, sonst fast sandig trocken. Der Stiel ist hohl und hat oft eine flaumige weiße Innenschicht. Meist kann man die blaugrüne Tendenz erkennen, die beim Kiefernreizker, mit dem er sehr leicht zu verwechseln ist, stärker zutage tritt.
Ein weiterer Verwandter der essbaren Reizker, der Fichtenreizker, sucht sich, wie sein Name schon sagt, die Fichte als Partner. Seine Färbung ist kräftiger orangefarben, dadurch sind die Ringe manchmal weniger deutlich erkennbar. Die orangerote Milch verfärbt sich weinrot, nach langem Liegen aber blaugrün.

Manchmal findet man in unseren Breiten, besonders im Alpengebiet auf Kalkboden, den mit der Tanne verbundenen Lachsreizker, der eine etwas orangegelblichere Tönung hat.

Manchmal gesellt sich ganz in seine Nähe der Birkenreizker. Aber ihn verrät nicht nur die Birke, sondern die weiße Milch.

⚠ Der Birkenreizker ist sehr scharf und kann zu Übelkeit und Erbrechen führen. Mehrfaches Abkochen und Verwerfen des Kochwassers soll ihn zwar genießbar machen, doch auf dieses Experiment kann man gewiss getrost verzichten.

Die liebste Jahreszeit zur Fruchtkörperbildung ist für die Reizker der Herbst, weshalb man sie in manchen Gegenden »Herbstling« nennt oder wegen ihres vorzüglichen Geschmacks auch »Herrenpilz«.

Beim Sammeln ist zu beachten, dass man Reizker wegen der austretenden Milch erst zu Hause abschneidet. Wegen der Schleimbildung mit Wasser sollten sie möglichst nicht gewaschen werden. Dass es sich um sehr feine Pilze handelt, wissen auch die Maden, deshalb befallene Stücke gut ausschneiden, sonst ziehen sich bis zur Zubereitung die Gänge durch alle Pilze. Sie eignen sich besonders gut zum Braten, da das Fruchtfleisch recht trocken ist. Gebratene Reizker mit Zwiebeln und Petersilie gelten unter Pilzliebhabern als Klassiker. Auch als Essigpilze sind sie ausgesprochen delikat. Dies ist auch die beste Art, sie zu konservieren, falls man einmal besonders viele junge Exemplare gefunden hat. Zum Trocknen sind sie schon wegen der austretenden Milch weniger geeignet. Auch das Einfrieren ist nicht immer optimal, da dadurch oftmals die Bitterstoffe erst in den Vordergrund treten und das feine Aroma stören.

🍄 Flaschenbovist, Flaschenstäubling *Lycoperdon perlatum*

Den Flaschenbovist kann man sehr häufig in Laub- und in Nadelwäldern finden. Meist bildet er Gruppen und ist durch die weiße Farbe auf dem dunklen Waldboden sehr auffällig. Er wird nur selten gesammelt, da viele Leute gar nicht wissen, dass er essbar ist. Er ist allerdings nur essbar, solange sein Inneres weiß ist. Später verfärbt es sich bräunlich und wird zu Sporenpulver.

Durch eine runde Öffnung, die sich im Reifezustand bildet, wird das Sporenpulver nach außen entladen, besonders wenn man darauftritt, was ihm seinen englischen Namen »Devil's

Snuff Box« eintrug. Der deutsche Name »Flaschenbovist« leitet sich von seiner Form ab, die einer umgedrehten Flasche ähnelt. Man zählte ihn sehr lange zu den Bauchpilzen. Heute ordnet man ihn den Blätterpilzen zu, obwohl er keine Lamellen besitzt.

Der Flaschenbovist ist äußerst schmackhaft, wenn er einfach 10 Minuten in Butter gebraten wird. Zuvor muss man die mit perlenähnlichen Tupfen besetzte Haut abschälen, da diese beim Braten hart und zäh wird.

🍄 Gelbfuß, Großer; Kuhmaul *Gomphidius glutinosus*

Auf den ersten Blick glaubt man, einen Butterpilz entdeckt zu haben, doch beim Ernten zeigt sich unter der stark schleimigen Huthaut kein gelbes Futter, sondern es schimmern graue, bisweilen sogar schwärzliche Lamellen unter dem heruntertropfenden Schleim hervor und das aus der Erde gedrehte Ende des Stiels leuchtet intensiv gelb durch den anklebenden Schmutz des Waldbodens.

Doch die Freude über den Fund ist beim Pilzkenner meist noch größer, als wäre es ein Butterpilz, handelt es sich doch hier um den Großen Gelbfuß, einen äußerst schmackhaften Speisepilz von wunderbarer Konsistenz. Lediglich das Säubern gestaltet sich etwas unangenehm. Die mit dem dicken Schleim überzogene Huthaut wird abgezogen und auch der zähe

Schleim um den ganzen Stiel muss vorsichtig abgeschabt werden. Hat man einen oder höchstens zwei Pilze kochfertig geputzt, ist zuerst einmal eine Handwäsche nötig, ehe man sich weiteren Pilzen zuwendet.

Während der Große Gelbfuß ausschließlich unter Fichten zu finden ist, sucht sich der ebenfalls essbare Gefleckte Gelbfuß die Lärche und der Rosenrote Gelbfuß die Föhre zur Gesellschaft. Die gelbe Farbe des Stiels ist aber nur beim Großen Gelbfuß so auffallend chromgelb.

Dieser zartfleischige, aromatische Pilz eignet sich gut für Misch- und Einzelgerichte und auch zum Braten, da er nicht hart wird. Durch Einfrieren oder Einwecken kann man ihn konservieren.

Hasel, Gewöhnliche *Corylus avellana L.*

Haselnusssträucher sind in ganz Europa und Kleinasien verbreitet. Sie lieben Licht oder Halbschatten und so wachsen sie an Waldrändern, in Hecken und Gebüschen. Im zeitigen Frühling, manchmal sogar schon im Februar, bereiten sie so manchem Pollen-Allergiker ein massives Problem. Die männlichen Blüten, die bereits im Vorjahr gebildet wurden und als Kätzchen an den Zweigenden hängen, begin-

nen sich zu strecken und jeder Windhauch bläst Wolken von gelbem Blütenstaub heraus. Die weiblichen Blüten, aus denen später die in Büscheln stehenden Früchte entstehen, sind äußerst unscheinbar. Man muss sie suchen, denn sie unterscheiden sich in Größe und Aussehen nicht von den noch geschlossenen, kleinen Blattknospen. Nur die Griffel in kräftig roter Farbe ragen aus manchen dieser Knospen.

Man kann sich kaum vorstellen, dass daraus die Nüsse entstehen sollen.

Schon seit Urzeiten gehört die Haselnuss zu unserer Kultur und hat nicht nur als energiereiches Nahrungsmittel Bedeutung. Mancher Hexenbrauch rankt sich um die Haselnuss, und als Symbol für Liebe und Liebeskraft wurden ihr besonders in der Zeit der Romantik Gedichte und Lieder geschrieben. Dass die Haselnussrute einst ein beliebtes Züchtigungsmittel für Eltern und Lehrer war, dürfte hauptsächlich auf ihrer Biegsamkeit beruhen, vielleicht aber auch auf der Tatsache, dass die Hasel in früherer Zeit als Machtsymbol galt. Mit Macht und Mythos

könnte auch in Zusammenhang stehen, dass die Haselnusszweige bei Wünschelrutengängern ein beliebtes Medium für ihre Suche nach Wasseradern waren.

Als Lebensmittel ist die Frucht der Hasel aus der Küche kaum wegzudenken. Natürlich stehen Backwerk und Leckereien wie Nugat an erster Stelle. Doch die Haselnuss enthält auch reichlich fettes Öl, das wegen seiner ungesättigten Fettsäuren nicht nur sehr gesund ist, sondern dank seines angenehmen Geschmacks auch manchem Salat einen besonderen Charakter geben kann.

☞ Hexenröhrling *Boletus erythropus*

Der Hexenröhrling, ein enger Verwandter des Steinpilzes, liebt die Geselligkeit. Daher findet man ihn wie viele andere Röhrlinge auch oft gleich haufenweise. Seinen Namen trägt der Pilz nicht zu Unrecht, auch wenn er gebietsweise »Schusterpilz« oder »Zigeuner« heißt. Schon so manch unkundigem Pilzsammler hat seine Färbung einen Schrecken eingejagt: Der dicke, gelbgrundige Stiel ist mit roten Flocken besetzt und das Futter erscheint dunkelrot. Auf Druck oder beim Anschneiden verfärbt sich das sattgelbe Fleisch in wenigen Sekunden in ein tiefes Tintenblau. Dieses Farbspiel findet auch in der Pfanne statt. Die Pilzstücke werden zunächst dunkelblau, färben sich aber relativ schnell wieder zurück in das satte Gelb. Auch an der Luft geht die intensive Blaufärbung langsam wieder zurück, bestehen bleibt ein graublauer Farbton.

Das Putzen des Pilzes erfolgt wie beim Steinpilz ohne große Besonderheiten, Madenbe-

fall findet man eher selten. Lange Zeit galt der Hexenröhrling im Rohzustand als giftig und es wurde längeres Kochen empfohlen, um die Giftstoffe zu zerstören. Diese Annahme hält neueren wissenschaftlichen Erkenntnissen nicht mehr stand, weshalb dieser Hinweis auch nur in älteren Pilzbüchern zu finden ist.

Auch beim Netzstieligen Hexenröhrling *Boletus luridus*, dem man eine vorübergehende Giftigkeit in Verbindung mit Alkoholgenuss zuwies, konnten neueste Studien keinen Beweis dafür erbringen. Trotzdem sollte man beherzigen, dass ein Rohverzehr von Röhrlingen ganz allgemein nicht empfehlenswert ist.

Grundsätzlich eignet sich der Hexenröhrling aufgrund seiner Konsistenz zwar zum Trocknen, doch die bessere Konservierungsmethode für ihn ist das Einwecken oder Zubereiten als Essigpilz. Sein Geschmack ist mild, als Mischpilz zum Braten und Kochen ist er gut geeignet.

Kanadische Goldrute *Solidago canadensis* L.

Die Kanadische Goldrute stammt aus Nordamerika. Die sehr oft aus Gärten verwilderte, gut 1 m hoch wachsende, gelb blühende Pflanze findet man sehr häufig auf Schuttplätzen oder in Auwäldern.

Die zahlreichen kleinen, nur etwa 3 mm großen Blütenköpfe stehen am Ende der Stiele in Rispen, die eine Dreiecksform bilden. Die zahlreichen Blätter sind schmal lanzettähnlich mit ganz fein gesägten Rändern, gelegentlich auch ganzrandig.

Die Goldrute wird medizinisch wegen ihrer harntreibenden und schwach krampflösenden Wirkung eingesetzt. Diese ist zurückzuführen auf den Gehalt an Flavonoiden und Triterpensaponinen.

Daneben enthält die Goldrute auch ätherisches Öl und Kaffeesäurederivate, welche für ihren aromatischen Geschmack mit verantwortlich sind.

Da sie zu den Korbblütlern gehört, müssen Personen mit einer Korbblütlerallergie mit Vorsicht an die Pflanze herangehen.

Die kleinen Blütenrispen verschönern manches Gericht, ob süß oder pikant. Sie tragen durch ihren würzigen Geschmack zur Verfeinerung bei. Manchmal schmecken sie auch zartbitter, was aber bei gezielter Verwendung nicht stört.

Kornelkirsche *Cornus mas L.*

Die Kornelkirsche gehört zur Familie der Hartriegelgewächse. Das erkennt man besonders an den Blättern, die ganzrandig sind, deren ovale Form zu einer geschwungenen Spitze ausgezogen ist und die drei bis fünf deutlich sichtbare Nervenpaare zeigen.

Die Kornelkirsche ist in Südeuropa heimisch, in unseren Breiten findet man sie gelegentlich verwildert oder als Überreste von früheren Hecken, recht oft aber in Parkanlagen und Gärten. Die Kornelkirsche bildet übrigens das härteste Holz, das es bei uns gibt, und darauf wird häufig auch der Name zurückgeführt. Cornus, das Horn, galt als sehr hartes Material, aus dem man besonders dauerhafte Gegenstände herstellen konnte. Das Holz der Kornelkirsche besitzt ähnliche Eigenschaften. Den Namen Kirsche trägt sie von dem glänzend roten Aussehen ihrer Früchte, die zwar auch einen harten Kern haben, aber sonst besonders botanisch keine

Gemeinsamkeiten teilen. In ihrer länglichen Form erinnern die Früchte an Oliven, ihr Geschmack ist recht sauer. Deswegen und damit sie sich leichter vom Stiel und Kern lösen, erntet man sie am besten im fast überreifen Zustand, wenn sie dunkelrot und glasig werden. Im September und Oktober ist die beste Erntezeit. Die Kornelkirsche wurde früher als Obstbaum geschätzt; ihre Früchte haben einen sehr hohen Vitamin-C-Gehalt. Heute sind sie völlig zu Unrecht fast in Vergessenheit geraten.

Aus den Früchten der Kornelkirsche lässt sich ein durstlöschender, gesunder Fruchtsaft herstellen, der geschmacklich gut mit anderem Obst harmoniert.

Auch zum Kochen von Konfitüren und Fruchtragouts eignen sich die Kornelkirschen sehr gut. Der Geschmack erinnert etwas an Gummibärchen.

Krause Glucke *Sparassis crispa*

Die Krause Glucke ist bei uns nicht in allen Gegenden bekannt, während sie dagegen in den USA und in Australien als »White Fungus« sogar kultiviert und gehandelt wird.

Als Verwandte der Korallenpilze und der Ziegenbärte erreicht sie eine beträchtliche Größe, sodass der Fund eines einzigen Pilzes bereits eine gute Mahlzeit abgeben kann. Die Form ist blumenkohlähnlich und erinnert an einen Badeschwamm. Sie wächst bevorzugt auf Kiefernwurzeln.

Wer es geschafft hat, den Pilz mit seinen vielen Verästelungen von Sand, Nadeln und Erde zu befreien, darf sich auf einen kulinarischen Hochgenuss freuen. Das knorpelige, weiße bis gelbliche Fruchtfleisch hat einen angenehmen Biss und einen sehr charakteristischen, würzigen Geruch und Geschmack.

Die Krause Glucke kann gebacken oder gebraten werden, aber auch blanchiert und als Salat mit Salz, Pfeffer, Zwiebeln, Essig und Öl angemacht schmeckt sie köstlich.

🍄 Lamellenpilze

Die Lamellenpilze bestreiten den weitaus größten Anteil der essbaren Pilze. Hier gestaltet sich die genaue Bestimmung wesentlich schwieriger als bei anderen Gruppen, zum einen wegen der ungeheuren Vielfalt, zum anderen aber auch wegen der vielen tödlich giftigen Arten, mit denen es hier zu einer Verwechslung kommen kann. Die bekanntesten der tödlich giftigen Pilzarten sind sicherlich die Knollenblätterpilze, die der Gattung *Amanita* angehören. Charakteristisch für diese Gattung ist der meist mit einer Manschette beringte Stiel, der in einer dicken Knolle im Boden endet. Den Lamellenpilzen gehören auch einige sehr schmackhafte Speisepilze wie Champignons oder Brätlinge an. Manche von ihnen wachsen eng zusammen wie der Anistrichterling (s. Abb. links).

❗ Generell gilt, extrem vorsichtig beim Sammeln zu sein. Einen großen Vorteil haben die Lamellenpilze für den Genießer: Die meisten ihrer Vertreter findet man auf dem Markt oder kann sie als Pilzbrut für die Eigenzucht erwerben. So entgeht man der Verwechslungsgefahr, ohne auf den Genuss verzichten zu müssen.

🍄 Leistlinge *Cantharellus*

Man könnte glauben, es sei eine Gattung der Lamellenpilze. Bei diesen »Blättern« handelt es sich aber um Leisten, die sich unter dem Hut befinden und manchmal sehr weit den Stiel entlang hinablaufen. Die Leistlinge bilden eine kleine, aber sehr wichtige Gruppe unter den Speisepilzen.

Den **Pfifferling** *Cantharellus Cibarius* kann man bereits im Juni recht häufig finden und bis weit in den Herbst hinein bildet er seine orangegelben Fruchtkörper aus. Eine nähere Beschreibung ist wohl überflüssig, denn fast jedes Kind kennt ihn. ❗ Man kann ihn mit dem Falschen Pfifferling verwechseln, der kräftiger orangefarben ist und dessen Habitus viel schwächer und zäher ist. In größeren Mengen verzehrt, kann er Verdauungsstörungen hervorrufen.
Der **Trompetenpfifferling** *Cantharellus tubaeformis* ist ein meist wenig beachteter, aber schmackhafter Herbstpilz, der klein und grau auf hohem Stiel im Moos steht. Seine Population kann so stark ausfallen, dass er polsterähnliche Flächen ausbildet.

Ein weiterer Vertreter der Leistlinge ist die grauschwarze **Herbsttrompete** oder **Totentrompete** *Craterellus cornucopioides*, die dem Trichter einer Trompete gleicht. Sie bevorzugt Laubwälder und ist im Spätherbst im abgefallenen Laub oft nur schwer zu finden.

Der Pfifferling schmeckt einzeln, aber auch in Mischgerichten wunderbar. Der Trompetenpfifferling eignet sich neben der frischen Zubereitung sehr gut zum Trocknen. Die Herbsttrompete folgt in der französischen Gourmetküche in ihrer Wertschätzung gleich den Trüffeln. Getrocknet entfaltet sie ihr herrliches Aroma. Sie lässt sich gut in Pâtés verarbeiten.

🍄 Maronenröhrling *Boletus badius*

Manchmal, besonders in jungem Zustand, sieht der Maronenröhrling einem Steinpilz so täuschend ähnlich, dass auch der geübte Pilzsammler zunächst an das große Finderglück glaubt. Erst die nähere Betrachtung des Stiels zeigt eine braune Maserung und nicht das Netz des Steinpilzes. Das Futter ist anfangs weißlich, leicht gelb angehaucht und wird im Verlauf des Wachstums gelb bis olivgelb. Auf Druck läuft es dunkelblau an. Die Größe des Pilzes variiert sehr, sie lässt keinen Rückschluss auf das Alter zu. Dieses kann man durch Druck auf die Kappe feststellen: Der junge Pilz hat ein festes Fleisch, später wird er schwammig weich. Regenwetter beschleunigt den Alterungsprozess. ■ Nicht selten wachsen Schimmelpilze auf den Maronenröhrlingen. Dann dürfen sie keinesfalls mehr gesammelt und verwendet werden, auch nicht, wenn man die verschimmelten Stellen großzügig ausschneidet. Die giftigen Ausscheidungsprodukte der Schimmelpilze, die Aflatoxine, sind meist längst in den Wirtspilz eingedrungen, ohne dass man sie sieht oder schmeckt.

Der Maronenröhrling neigt besonders dazu, Metalle aus der Umwelt aufzunehmen und sie vor allem in der braunen Huthaut einzulagern. Kadmium und Caesium sind dort zu finden, wobei Letzteres im Zusammenhang mit dem Reaktorunfall von Tschernobyl gebietsweise noch starke radioaktive Strahlung abgibt. Einen Anhaltspunkt dafür, wie stark die Gefahr radioaktiver Strahlung in der Gegend ist, können Sammler durch die Werte des dort gejagten Wildes erhalten.

Der Maronenröhrling ist ein recht häufig und gern gesellig in Gruppen auftretender Pilz, oft kann man eine reichliche Ernte mit nach Hause nehmen. Da er sich sehr gut trocknen lässt, können mit ihm die Pilzvorräte für den Winter aufgestockt werden. Roh darf man ihn nicht verzehren, aber für alle anderen Zubereitungsarten ist der Maronenröhrling gut geeignet. Die blaue Verfärbung, die besonders bei älteren Exemplaren auftritt, bildet sich wieder zurück, das weiße Fleisch dunkelt aber meist etwas nach.

Möhre, Wilde *Daucus carota* L.

Die Wilde Möhre gehört zu den Doldengewächsen und ist deshalb nur zu sammeln, wenn man sich ganz sicher ist, sie nicht zu verwechseln (siehe unter *Wiesenkümmel*).

Die weißen Dolden der Wilden Möhre haben viele, teils dreiteilige Hüllblättchen, und zwar die gesamte Dolde wie auch die einzelnen kleinen Blütendolden. In der mittleren Dolde, und das ist das Besondere, sitzt eine etwas größere, schwarzrot gefärbte Einzelblüte. Sie dient dem Anlocken von Insekten und hat als »Mohrenblüte« vermutlich der Pflanze ihren Namen gegeben. Die Karotte stammt mehr oder weniger von der *Daucus carota* (daher der Name Karotte) ab. Sie wurde in ihren verschiedenen Formen durch Einkreuzen subtropischer und asiatischer Arten gezüchtet. Man könnte also die Wilde Möhre als die heimische Urform der Karotte bezeichnen.

Der »Mohr« in der Mitte der Blüte ist ein sicheres Unterscheidungsmerkmal zu den anderen Doldengewächsen. Beginnen die Früchte zu reifen, krümmt sich die Dolde zusammen und erinnert in ihrem Aussehen an ein Vogelnest.

Die Pflanze wächst gerne an Straßenrändern und Dämmen, sie wird etwa 1 m hoch und besitzt einen behaarten Stängel. Die Früchte sind borstig stachelig und duften beim Zerreiben sehr aromatisch. Die Pfahlwurzeln sind nicht so orange wie die der Karotte, sondern von fahler, gelblich weißer Farbe. Man sammelt sie am besten im Mai oder im September.

Die Wurzeln der Wilden Möhre verholzen leicht, besonders der innere Kern. Man merkt das beim Schneiden und kann daher von einigen Pflanzen nur den fleischigen äußeren Wurzelteil verwenden. Auch die Blüten und Blättchen schmecken sehr aromatisch.

Die Samen, im Mörser angestoßen und in der Pfanne ohne Fett kurz angeröstet, eignen sich sehr gut zum Würzen von Fleisch.

Nelkenschwindling *Marasmius oreades*

Kein Waldpilz, sondern ein ausgesprochener Wiesenpilz ist der Nelkenschwindling, der oftmals mit seinen fleischfarbenen Hütchen kleine Straßen oder Hexenringe bildet. Dennoch darf das Gras nicht allzu hoch stehen, damit er noch genügend Licht bekommen kann. Man findet

ihn häufig schon im Mai, bevor zum ersten Mal gemäht wurde, und wieder nach der nächsten Maht bis in den späten Herbst hinein.

Auch Weg- und Feldraine, wo das Gras ohnedies nicht so hoch wird, oder Weidewiesen, wo das Gras durch das Vieh kurz gehalten wird, sind beliebte Standorte.

Der Nelkenschwindling hat einen sehr angenehmen Geruch und einen feinen Geschmack. Be- *sonders gut eignet er sich für Gemüsesuppen oder Gemüseeintöpfe, wo er einen fleischähnlichen Geschmack entwickelt. Aber auch in Saucen macht er sich ausgezeichnet. Verwendet werden nur die Köpfchen, die Stiele sind sehr zäh. Man kann Nelkenschwindlinge zwar trocknen, aber sehr häufig werden sie während des Trockenprozesses madig und bringen wenig Ertrag. Für die Gemüseküche ist nur der frische Pilz eine echte Bereicherung.*

Nelkenwurz, Echte *Geum urbanum* L.

Die Echte Nelkenwurz zählt, auch wenn man es zunächst nicht vermutet, zu den Rosengewächsen.

Ihre Blütenzweige entspringen einer Blattrosette mit ungefiederten, teils tief eingebuchteten Blättern. Ihre hellgelben Blüten zeigt die Pflanze von Mai bis August. Sie sind recht klein, ihr Durchmesser ist deutlich geringer als 2 cm und die fünf Blütenblättchen stehen recht locker. Dadurch unterscheiden sie sich deutlich von anderen gelb blühenden, aber giftigen Pflanzen wie dem Hahnenfuß.

Man kann die Nelkenwurz sehr häufig finden, besonders liebt sie Laubwälder und Parks. Hat man sie einmal im Garten, so wird man sie nur schwer wieder los. Das liegt an ihren Klettenfrüchten: Die einzelnen Samen besitzen einen Widerhaken, mit dem sie sich an das Fell von Tieren anheften, um so bestens verbreitet zu werden. Strümpfe, Hosenbeine und Rocksäume bleiben natürlich ebenso wenig von ihnen verschont.

Es ist sicher kein allzu großes Vergehen an der Natur, wenn man, um ein Überhandnehmen im Garten zu vermeiden, mehrere Pflanzen ausreißt. Aber wegwerfen sollte man sie nicht, denn gerade die Wurzeln lassen sich gut zum Aromatisieren in der Küche verwenden.

Hat man eine Pflanze aus der Erde gezogen, so erkennt man einen kleinen, dicklichen, senkrechten Wurzelstock, aus dem sich wie ein Haarschopf viele kleine Wurzeln verteilen. Diese sind es, die teilweise heute auch noch in der Medizin angewendet werden, besonders in der Volksmedizin. Sie enthalten Gerbstoffe und ein ätherisches Öl, das der Pflanze ihren Namen gab. Es duftet ähnlich wie die Gewürznelke, und früher hat man dieses damals sehr teure orientalische Gewürz damit gestreckt.

In der Volksmedizin nutzt man die adstringierende Wirkung der Gerbstoffe zusammen mit den antiseptischen Eigenschaften des Eugenols, des Hauptbestandteils des ätherischen Öls, für Mund- und Gurgellösungen oder als Badezusatz für Teilbäder gegen Hämorrhoiden.

Im kulinarischen Bereich schätzt man das sanfte Nelkenaroma, das sich besonders durch das Trocknen der kleinen Wurzeln entwickelt. Man verwendet die Nelkenwurz zum Aromatisieren von Kräuterlikören und Saucen, und sie ist ein hervorragender Begleiter zu Wildgerichten.

Pastinake, Wilde *Pastinaca sativa* L.

Pastinaken findet man sehr häufig an Wegrändern oder Feldrainen. Vermutlich wegen der Bildung großer, pfahlartiger Wurzeln befindet sich der Samen auch manchmal im Saatgut für Straßenbankette. Dort schützen sie dann das Erdreich vor dem Ausschwemmen.

Pastinaken gehören zu den gelb-grünlich blühenden Doldenblütlern, ähnlich dem Liebstöckel oder dem Dill. Wenngleich die zarten Blättchen im Frühling zur Vergrößerung der Vielfalt eines Frühlingssalats beitragen können, so liegt doch das Hauptaugenmerk des Kochs auf der Pflanze in ihrer kräftigen Pfahlwurzel. Da die Pastinakenwurzeln sehr stärkehaltig sind und damit einen guten Energielieferanten darstellen, wurden diese Pflanzen schon lange, noch längst bevor die Kartoffel in unsere Gefilde kam, kultiviert. Zum Kochen empfiehlt sich die Verwendung der Gartenform, denn die fest verankerten Wurzeln der Wildform lassen sich nur mit großer Anstrengung ernten. Außerdem entwickeln sich Wilde Pastinaken in hartem Erdreich weniger gut und erweisen sich nach der Ernte oft als holzig, da sich das Alter der Pflanze nicht auf den ersten Blick bestimmen lässt.

Auf dem Markt und in der Gemüseabteilung gut sortierter Supermärkte kann man die Pastinakenwurzeln fast ganzjährig erhalten, haupt-

sächlich aber in den Herbst- und Wintermonaten. Sie sehen den Petersilienwurzeln sehr ähnlich und sind oft auf den ersten Blick kaum zu unterscheiden, nur die Größe übertrifft meist die der Petersilienwurzeln.

Medizinische Bedeutung hatte die Pastinake früher in der Volksheilkunde als harntreibendes Mittel, wie man es auch von ihren Verwandten, der Petersilie und dem Sellerie, kennt. Pastinaken enthalten Furokumarine, die neben ätherischem Öl zum typischen Geschmack beitragen, jedoch phototoxische Reaktionen auf der Haut in Zusammenwirken mit UV-Strahlen hervorrufen können.

In den Herbst- und Wintermonaten stellt diese Wurzel, deren süßlicher Geschmack sich zwischen dem von Karotte und Petersilie ansiedelt, eine Bereicherung der Gemüsevielfalt dar. Man kann sie roh und gekocht, als Salat und als Gemüse zubereiten.

🍄 Perlpilz *Amanita rubescens*

Der Perlpilz hat seinen Namen durch die Reste des Velums erhalten, das in vielen kleinen Punkten auf der Huthaut klebt, sodass der Pilz wie mit Perlen überzogen erscheint. Das Velum ist eine Haut, die den jungen Fruchtkörper vollkommen einschließt und im Babyalter wie ein Hexenei aussehen lässt. Dieses Phänomen kann man auch bei vielen anderen Arten und Gattungen der Lamellenpilze beobachten. In manchen Landstrichen wird der Perlpilz auch »Fleischschwamm« genannt, was von der leicht ziegelroten, fleischfarbenen Verfärbung herrührt, die der Perlpilz bei Verletzung und dem damit verbundenen Sauerstoffzutritt zu den Zellen erhält. ❶ Diese Verfärbung ist auch ein Unterscheidungsmerkmal zum Pantherpilz und zu Knollenblätterpilzen, den stark giftigen Pilzarten, mit denen der Perlpilz leicht zu verwechseln ist. Daher darf er nur bei ganz sicherer Kenntnis gesammelt werden. Der Perlpilz ist recht häufig in Laub-, Misch- und Nadelwäldern zu finden. Seine Hauptsammelzeit reicht von Juli bis Oktober. Das Fruchtfleisch ist recht

empfindlich und beim Transport leicht brüchig, auch wird der Perlpilz sehr gerne von Maden befallen, weswegen man nur junge Exemplare nach Hause tragen sollte.

Zum Säubern zieht man die Huthaut ab und entfernt die Velum- und Manschettenreste. Da der Pilz in rohem Zustand giftig ist (er kann blutzersetzende Wirkung entfalten und vor allem in Verbindung mit Alkohol enorme Verdauungsstörungen hervorrufen), muss er bei der Zubereitung gut erhitzt werden; dabei zerfallen seine schädlichen Inhaltsstoffe.

Der Perlpilz ist ein sehr geschätzter Speisepilz. Wegen seines hohen Wasseranteils, der beim Garen verdampft, nimmt jedoch seine Gesamtmenge bei der Zubereitung erheblich ab, was beim Sammeln einkalkuliert werden muss. Pilzkenner lieben den Perlpilz nicht nur als schmackhaften Mischpilz, sondern auch als einzelne Art zubereitet, z. B. paniert. Zum Trocknen ist der Pilz wegen der raschen Verderblichkeit nicht geeignet.

Pilze

Ihre korrekte Zuordnung hat gelegentlich Kopfzerbrechen bereitet. Sie sind weder Tiere noch Pflanzen. Pilze bilden eine eigene, äußerst umfangreiche Gruppe von Lebewesen, die in ihrer Existenz mehr oder weniger alle Lebensbereiche in irgendeiner Form tangieren. Ohne Pilze wäre der permanente Kreislauf von Verfall, Zersetzung und daraus entstehendem neuem Leben nicht möglich.

An dieser Stelle interessieren natürlich nur die Großpilzarten und von diesen wiederum nur die Speisepilze. Eine systematische Einteilung in Familien und Ordnungen wie bei den Pflanzen gibt es ebenso für Pilze. Sie ist jedoch aufgrund ständig neuer Erkenntnisse der Mykologie immer wieder in der Diskussion und im Umbruch.

Für den Sammler und Pilzfreund von Bedeutung sind in erster Linie leicht erkennbare spezifische Merkmale, die eine Bestimmung einfach machen und anhand derer sich ohne-dies eine fast automatische Zuordnung zu Verwandtschaften und Gattungen ergibt.

Die beiden Hauptformen der Großpilze bilden die Blätter- oder auch Lamellenpilze, die an ihrer Hutunterseite Lamellen als Sporenträger besitzen, und die Röhrenpilze, bei denen die Sporen in Röhren oder Poren gebildet werden. Die wesentlich kleinere Gruppe der Stachelpilze trägt ihre Sporen an vielen wie Fransen herabhängenden Stacheln. Nicht zu den Lamellenpilzen, obwohl sie daran erinnern, gehören die Leistlinge mit dem Pfifferling als ihrem bekanntesten Vertreter. Hier sitzen die Sporen, wie der Name schon sagt, auf Leisten.

Spezielle Pilzformen, zu denen ebenfalls recht schmackhafte Speisepilze gehören, sind die Korallen mit der Krausen Glucke, die Bauchpilze, zu denen Boviste zählen, die Schlauchpilze mit der ganz hervorragenden Morchel und die unterirdisch lebenden Trüffeln. Weitere Pilz-Porträts sind alphabetisch eingeordnet.

Preiselbeere *Vaccinium vitis-idaea* L.

Die Preiselbeere ist in Eurasien und Nordamerika weit verbreitet. Kronsbeere oder Moosbeere sind weitere Namen, unter denen sie in Deutschland bekannt ist. Die Preiselbeere ist ein immergrüner, verholzender Zwergstrauch, der überall auf der nördlichen Erdhalbkugel zu finden ist, besonders in Nadelwäldern. Da sie zum Tragen und Reifen ihrer Beeren Licht benötigt, bevorzugt sie lichtere Kiefernwälder. Die Beeren stehen in dichten Trauben, zunächst sind sie grün, dann weißlich, schließlich blassrot und im Reifezustand dunkelrot. Sie können im Keller noch nachreifen. Die Preiselbeeren blühen im Sommer, häufig auch noch im Herbst mit kleinen Glöckchen von weißer bis rosaroter Farbe. Wer ein botanisch geschultes Auge hat, erkennt an den Blüten sehr schnell die Zugehörigkeit der Pflanze zu den Heidekrautgewächsen, den *Ericaceae*. Die ovalen, auf der Oberseite glänzenden Blätter haben einen glatten Rand, der zur Unterseite hin leicht umgestülpt ist. Die Unterseite ist matt hellgrün und mit kleinen braunen Punkten besetzt. Dies ist das Unterscheidungsmerkmal ihrer in den Alpen vorkommenden Doppelgängerin, der Bärentraube *(Arctostaphylos uva-ursi)*, einer sehr bedeutenden Heilpflanze zur Behandlung von Harnwegsinfekten. Die Preiselbeere besitzt eine ähnliche medizinische Wirkung, wenn auch etwas schwächer. Verantwortlich dafür sind ihre sekundären Pflanzenstoffe, Flavonoide, Proanthocyanidine und Phenylglykoside, besonders das Arbutin. Gerbstoffe sind für den herben Geschmack verantwortlich.

Wegen ihres herben Geschmacks sind Preiselbeeren im rohen Zustand nicht besonders beliebt. Gekocht eignen sie sich hervorragend als Beilage zu Wildbret, als Geschmacksverfeinerer für Blaukraut, als Zugabe zu fruchtigen Saucen (Cumberland-Sauce), oder auch als Aperitif mit Prosecco oder Sekt.

Quendel *Thymus pulegioides* L.

Im Gegensatz zum Echten Thymian, der nur im Mittelmeergebiet wild wächst, bei uns aber in Gärten und in Blumentöpfen auf den Balkonen zu Hause ist, ist der Quendel, der Feldthymian, bei uns heimisch und als hübsche, polsterbildende Pflanze auf Schafweiden und Trockenwiesen zu finden. In den Mittelmeerländern ist er nur in höheren, gebirgigen Lagen anzutreffen.

Die dekorativere der beiden Thymianarten ist der Quendel. Die Blüten sind kräftiger in der Farbe und dichter in köpfchenförmige Gebilde zusammengedrängt. Die rötlich braunen, teilweise verholzten Triebe heben sich deutlich von den grünen Blättchen ab. Der Duft ist angenehm würzig. Bei den Inhaltsstoffen, die bei

beiden Thymianarten sehr ähnlich sind, verhält es sich aber gegenteilig. Hier ist der Quendel zurückhaltender.

Medizinische Verwendung finden beide Arten – wegen der stärkeren Wirkung natürlich der Echte Thymian weitaus mehr – als gutes schleimlösendes Mittel in Tees oder Mixturen und als leicht desinfizierender Zusatz für die äußerliche Anwendung in Bädern oder Teilbädern.

Vor allem in der mediterranen Küche hat der Thymian eine dominante Stellung. Da kann der Quendel wegen seines schwächeren Aromas nicht mithalten. Ist aber ein dezenter Thymiangeschmack gefragt, kann Quendel, das hübsche kleine Kräutlein, durchaus punkten.

Quitte *Cydonia oblonga* MILL.

Aus dem südöstlichen Arabien und dem Iran stammend, wird dieser kleine Baum oder Strauch fast weltweit kultiviert. Verwildert findet man die Quitte bei uns in Hecken oder an Waldrändern. Auch die Quitte ist ein Rosengewächs, das wunderbar aromatisch duftende Früchte liefert. Deren Form ist unterschiedlich, sie ähnelt Apfel oder Birne. Die gelbe Schale ist stellenweise von dichtem, bräunlichen Filz umgeben, der sich leicht abreiben lässt.

Wer schon einmal diesem wunderbaren, exotischen Duft erlag und in eine rohe Quitte gebissen hat, musste eine herbe Enttäuschung erleben, denn Quitten sind nur gekocht essbar. Sie wurden früher magen- und lungenkranken Menschen zur Stärkung verabreicht.

Heute werden Quitten eher zum Genießen eingesetzt, als Kompott, Gelee oder Konfitüre.

Am besten erntet man die Früchte, wenn ihre Farbe von grün nach gelb umschlägt. Bereitet man Quitten zu, sollte man die Schalen nicht verwerfen. Wie Apfelschalen getrocknet, verleihen sie dem Winter-Früchtetee ihr blumiges Aroma. Selbst die Kerngehäuse kann man verwenden. In einem Glas mit Wasser bildet sich aus den Kernen ein Gelee, das man dem Gurgelwasser beifügen kann bei Husten und rauem Hals. Wie Creme aufgetragen lindert das Gelee rissige, gesprungene Haut. In der Kosmetik wird Quittenschleim als fettfreie Cremegrundlage eingesetzt.

Quittelgelee oder -Konfitüre ergeben einen vorzüglichen Brotaufstrich. Aber auch eine herzhafte Zubereitung aus Quitten wie beispielsweise Quittensenf zu Käse oder als Gemüsebeilage ist köstlich.

Riesenschirmling, Parasol *Macrolepiota procera*

Der Riesenschirmling liebt die Bäume, aber gleichermaßen auch die Wiese, und so entdeckt man ihn meistens am Waldrand oder auf Waldwiesen, auch in Parkanlagen oder in Gärten.

Wenn man ihn sieht, weiß man, warum er den Namen trägt. Wie ein Sonnenschirm mit aufgespanntem Dach und dünnem Stiel steht er da. Bezeichnend für ihn ist der recht dicke Ring

und eine verhältnismäßig starke knollige Verdickung an der Basis seines Stiels. In der Jugend ist der Hut rund wie ein kleiner Ball.

Das Herz des Pilzfreundes schlägt höher, wenn die vorzüglich schmeckenden Pilze, nicht selten zu mehreren, im Gras stehen und geerntet werden können. Der Parasol lässt sich recht leicht züchten, für seine Liebhaber mit Garten ist Pilzbrut erhältlich, die unter den Rasen gesetzt werden kann.

Geruch und Geschmack der Riesenschirmlinge sind nussig. Die Stiele können nicht verwendet werden, sie sind auch bei jungen Pilzen recht zäh. Der große, flache Hut wird sehr gerne paniert und als Schnitzel gebraten. Der Geschmack erinnert dann an eine in Mandeln gebackene Forelle. Aber auch pur, nur (mit Salz und Pfeffer) in Butter gebraten, ist er ein Genuss. Als Mischpilz ist der Parasol ein guter Geschmacksbringer. Zum Trocknen ist er weniger geeignet.

🍄 Röhrlinge

Viele beliebte Speisepilze, darunter der Favorit der Waldpilze, der Steinpilz, zählen zu der Gruppe der Röhrlinge. Ihre Fruchtkörper unterscheiden sich von anderen Gruppen durch eine futterähnliche Schicht an der Hutunterseite, die aus unzähligen kleinen Röhren besteht. Darin bildet der Pilz seine Sporen aus.

Die Struktur dieser Schicht gleicht einem Schwamm und ist vermutlich ursächlich für die besonders im bayerischen, österreichischen und Schweizer Sprachgebrauch üblichen Bezeichnungen »Schwämme«, »Schwammerl« oder »Schwämmli« für Speisepilze, insbesondere Waldpilze.

Als großen Vorteil der Röhrlinge schätzt der Pilzsammler, dass es in dieser Gruppe nur drei giftige und einige wenige ungenießbare Arten gibt. So ist die Gefahr einer Pilzvergiftung durch Verwechslung beim Sammeln von Röhrlingen weitaus geringer, als dies beispielsweise bei den Lamellenpilzen der Fall ist, zu deren Gruppe der tödlich giftige Knollenblätterpilz gehört.

Der erste der gefährlichen Röhrlingsarten ist der giftige Satanspilz mit seinem dicken roten Stiel und dem rot gefärbten Futter unter einer grau-weißlichen Kappe. Er sieht schon auf den ersten Blick nicht sehr vertrauenerweckend aus und kommt zudem auch recht selten vor, meist nur auf kalkhaltigen Böden. Dagegen liebt der ähnlich aussehende Schönfußröhrling die sauren Böden. Er hat ein gelbes Futter, aber einen ebenso roten Stiel und eine weißliche Kappe. Nicht selten tritt er gehäuft auf. Auch er ist sehr giftig und unbedingt stehen zu lassen. Der

dritte im Bunde der giftigen Röhrlingsarten, der Wolfsröhrling, hat einen chromgelben Stiel und rotes Futter. Er kommt aber nur sehr selten und in warmem Klima vor.

Ungenießbar, aber nicht giftig ist der Gallenröhrling. Er sieht dem Steinpilz sehr ähnlich und wächst auch gerne in dessen Nähe. Sehr oft ist er in großer Anzahl zu finden. Das wichtigste Unterscheidungsmerkmal ist das Futter, das beim Gallenröhrling hellrosa bis graurosa ist und beim Steinpilz gelblich bis ockergelb. Im jungen Zustand ist auch für den Kenner nicht immer auf den ersten Blick eine exakte Bestimmung möglich. Eine Verkostung würde zwar schnell Klarheit bringen, wird aber möglichst vermieden, da der Geschmack extrem gallebitter ist. Selbst ein kleines Stückchen dieses Pilzes verdirbt das komplette Gericht. Vom rohen Genuss der Röhrlinge ist abzuraten, sehr oft werden sie nicht gut vertragen. Selbst der Steinpilz sollte roh nur ganz frisch und in kleinen Mengen gegessen werden. Allergiegeplagte Personen sollten auf nicht gegarte Pilze ganz verzichten.

Eine Zucht der Röhrlinge ist sehr schwierig. Das liegt hauptsächlich daran, dass die Röhrlinge allesamt Mykorrhizapilze sind. Sie brauchen eine Wirtspflanze, um existieren zu können. Dies ist meistens eine bestimmte Baumart, bei Steinpilzen zum Beispiel die Fichte, auf deren Wurzeln sie sich mit einem Zellgeflecht aufsetzen und mit der sie eine für beide Seiten vorteilhafte Lebensgemeinschaft eingehen. Eine Kultivierung setzt diese Gegebenheit voraus.

🍄 Rotkappe *Leccinum versipelle*

Fragt man einen Pilzsammler, auf welche Pilze er besonderen Wert legt, so wird er unweigerlich zuerst den Steinpilz nennen, dann aber meist sofort die Rotkappe.

Diese zieht nicht nur mit ihrer leuchtend ziegelroten Hutfarbe den Blick des Sammlers auf sich, sie ziert durch ihr apartes Aussehen auch jeden Pilzsammelkorb. Der schwarz geschuppte Stiel, der bei jungen Exemplaren manchmal ganz schwarz wirken kann, verrät schon die enge Verwandtschaft zum Birkenpilz und die Zugehörigkeit zur Gattung der Raufußröhrlinge.

Birken, Buchen, Eichen und auch Zitterpappeln zählen zu den Bäumen, deren Gesellschaft die Rotkappe bevorzugt. Nach diesen Bäumen sind die verschiedenen Arten der Rotkappen benannt. Wie beim Steinpilz oder beim Birkenpilz ist die genaue Unterscheidung für die Küche nicht relevant.

Die gesamte Statur der Rotkappe ist etwas stabiler als die der Birkenpilze. Das Altern schreitet ähnlich voran, wenn auch nicht ganz so rasch. Auch das Fleisch wird recht schnell schwammig weich und bietet nur den Personen

einen kulinarischen Genuss, die gerne weiche, fast zu schlürfende Pilze lieben. Nur die ganz jungen Rotkäppchen, deren Hut noch geschlossen und von der roten Huthaut wie Schmuckpapier überzogen ist, lassen sich zu Bratpilzen verarbeiten und behalten einen guten Biss. Die größeren Exemplare sind die klassischen Pilze für eine Pilzbrühe oder Pilzsuppe. Die Stiele werden im Alter faserig zäh, man merkt dann schon beim Schneiden, dass sie besser nicht verwendet werden, obwohl sie sehr selten wurmig sind. Auch zum Trocknen verwendet man die zähen Stiele besser nicht, wohl aber die Kappen, solange das Futter noch nicht zu dick und noch weiß ist.

Bei der Zubereitung verfärbt sich die Rotkappe wie der Birkenpilz irreversibel grauschwarz und die anfänglich so schmückende Optik geht verloren. Ihr Geschmack ist angenehm mild, daher eignet sich die Rotkappe hervorragend für Mischpilzgerichte und stört den Eigengeschmack anderer Pilze in keiner Weise. ❗ Roh darf sie, wie die meisten Röhrlinge, keinesfalls verzehrt werden.

Sanddorn *Hippophae rhamnoides* L.

Im Herbst reifen die Sanddornbeeren, die, dicht um die Zweige stehend, den Strauch mit ihrer orangeroten Farbe weithin leuchten lassen, weshalb Sanddorn auch gerne als Zierstrauch den Garten schmückt. Wild wächst Sanddorn im Schotterbett der Alpenflüsse und in den Sanddünen im Norden Deutschlands. Dort werden die Beeren auch bevorzugt gesammelt und weiterverarbeitet. Wie bei den Latschen in den Alpen, so darf auch in den Dünen der Sanddorn nur mit einer Lizenz geerntet werden, das dient dem Natur- und Landschaftsschutz. Wie der Name schon aussagt, haben die Sanddornsträucher sehr viele, kräftige Dornen und erschweren das Abpflücken der Beeren sehr. Deshalb werden bei der Ernte auch teilweise Zweige abgeschnitten und erst zu Hause abgelesen. Der Sanddorn ist ein zweihäusiger Strauch,

d.h., männliche und weibliche Blütenelemente sind nicht nur getrennt, sondern sie sitzen auch auf verschiedenen Pflanzen. Trotz der Dornen und der Beeren zählt er nicht zu den Rosengewächsen, sondern zu den Ölweidengewächsen. Seine silbriggraugrünen Blätter bilden einen wunderschönen Kontrast zu den leuchtend orangeroten Scheinbeeren. Diese werden nicht roh verzehrt, sondern zu einem extraktähnlichen Saft verarbeitet, aus dem verschiedenste Produkte hergestellt werden können. Wegen des sehr hohen Gehalts an Vitamin C verabreicht man Sanddornpräparate im Winter zur Infektabwehr und bei fieberhaften Erkrankungen. Der stark saure Geschmack trägt bei Fieber außerdem zur Durstlöschung bei. Neben Vitamin C enthalten die Sanddornfrüchte noch weitere Vitamine. Die orangerote Farbe zeigt es schon, dass zum Beispiel auch Karotinoide, die Vorstufe von Vitamin A, enthalten sind.

Von Interesse ist auch das fette Öl, das besonders in den Samen, aber auch im Fruchtfleisch vorhanden ist und hervorragende kosmetische Eigenschaften aufweist.

Sanddorn wird mittlerweile zu den verschiedensten Produkten verarbeitet, sowohl im Gesundheits- als auch im Kosmetikbereich. Unter den Lebensmitteln sind vor allem Sanddornsaft, -konfitüre und -mus hervorzuheben. Sanddornfrüchte aromatisieren auch Kräuter- und Früchtetees.

🍄 Sandröhrling *Suillus variegatus*

Eigentlich macht er im Vergleich zu den weiteren Verwandten seiner Gattung einen recht trockenen Eindruck, und so mag es zunächst verwundern, dass der Sandröhrling zu den Schmierröhrlingen zählt.

Der Hut hat in ganz jungem Zustand eine samtfilzige Oberfläche, die später leicht aufreißt und den Eindruck einer Sandkörnung erweckt. Die ockergelbe bis grausandige Farbe des gesamten Pilzes unterstreicht diesen Eindruck noch.

Beim Sammeln und Putzen entwickelt der Sandröhrling ein angenehm fruchtiges Aroma, das er leider bei der Zubereitung wieder verliert. Er eignet sich sehr gut als Mischpilz und als Beigabe zu Saucen, wegen seines trockenen Fleisches auch als Bratpilz. Ansonsten aber ist er als Einzelgericht ungeeignet. Sein Fruchtfleisch nimmt beim Garen eine dunkle Farbe an. Seine Huthaut muss nicht entfernt werden, daher putzt er sich sehr leicht wie ein Steinpilz.

🍄 Schopftintling *Coprinus comatus*

Er ist so ziemlich der Einzige unter den heimischen Tintlingen, der einen guten kulinarischen Wert hat. ❗ Alle anderen seiner Artgenossen hinterlassen kaum etwas im Topf, sie zerschmelzen und, was noch viel gravierender ist, sie sind zusammen mit Alkohol giftig. Sie enthalten nämlich einen Inhaltsstoff, der den Alkoholabbau im menschlichen Körper unterbricht und auf der Stufe des Azetons stehen lässt, was je nach Dosis beider Komponenten gefährlich werden kann.

Der Name »Tintling« weist auf die Art des Vergehens hin. Tintlinge verbreiten sich nämlich nicht, wie die meisten Pilze, durch Verstäuben ihres Sporenpulvers, sondern sie zerfließen in eine schwarze Flüssigkeit, in der sich die Sporen befinden. Dieser Reifungsprozess geht sehr rasch vonstatten, was dazu führt, dass Tintlinge innerhalb kürzester Zeit nach ihrer Ernte verarbeitet werden müssen.

Der längliche Hut des Schopftintlings ist sehr stark geschuppt. Die Schuppen sind faserig und lassen den Pilz wie einen weißen Schopf aussehen. Das ist ein wichtiges Unterscheidungsmerkmal gegenüber seinen Artgenossen, z. B. dem Faltentintling.

Meist sieht man schon von Weitem die weißen, in Büscheln stehenden Pilznester neben bereits schwarz tropfenden älteren Fruchtkörpern, denn der Standort des Schopftintlings ist die Wiese oder das Feld, sehr gut gedüngt mit Stallmist. Im Wald findet man ihn weniger, manchmal aber im Gras am Wegrand, wo ihr Sporenpulver vermutlich mit den Reifen der Traktoren ausgebracht wurde.

Leider klappt die Verbreitung im Garten nicht so einfach, indem man zerfließende Tintlinge »aussät«. Pilzsubstrat aus dem Handel schafft hier Abhilfe. Die meisten Fruchtkörper treibt der Schopftintling sowohl als Zuchtpilz als auch als Wildform im September. Man kann ihn aber mehrmals im Jahr ernten und bereits im Mai erste Exemplare finden.

Der Schopftintling ist ein sehr guter Speisepilz mit einem kräftigen Aroma. Sein langer, gerader Stiel ist hohl und im Gegensatz zum Stiel des Parasols nicht zähfaserig, sondern gut essbar. Da die weißen Stiele an Spargelstangen erinnern, wird er auch manchmal »Spargelpilz« genannt. Zum Säubern entfernt man den Ring um den Stiel, vom Hut kratzt man wie beim Parasol die flockigen Schuppen ab. Werden die sehr eng stehenden Lamellen rosa oder gar bläulich, ist der Pilz nicht mehr zu verwenden. Er würde beim Garen das ganze Gericht schwarz verfärben.

Gerade weil man Tintlinge oft in recht großen Mengen findet, würde man sie gerne konservieren. Wegen des raschen Alterungsprozesses gestaltet sich das aber sehr schwierig. Das Trocknen funktioniert, wenn überhaupt, nur mit ganz jungen Exemplaren. Auch zum Einfrieren sollte man nur ganz junge Pilze verwenden. Beim Auftauen wässern sie leider oft sehr stark aus und das Aroma leidet. Selbst beim Einwecken geht manchmal Aroma verloren.

Das Beste ist hier wirklich, sie nur ganz jung zu sammeln, rasch nach Hause zu bringen, sauber zu putzen und gleich zuzubereiten.

Semmelstoppelpilz *Hydnum repandum*

Die kleine Gattung der Stoppelpilze *Hydnum* liefert uns weitere Speisepilze. Am bekanntesten ist hier der Semmelstoppelpilz.

Auf den ersten Blick könnte man glauben, ein Nest Pfifferlinge gefunden zu haben. Dreht man den Pilz um und schaut auf die Hutunterseite, sieht man jedoch weder Poren noch Lamellen noch Leisten, sondern Stoppeln, die als Sporenträger dienen. Bei älteren Exemplaren

lassen diese sich ganz leicht abstreifen oder fallen teilweise schon beim Transport herunter.

Wegen der abfallenden Sporen und des im Alter oft auftretenden bitteren Geschmacks sollte man nur junge Semmelstoppelpilze verwenden. Sie sind sehr schmackhaft, haben ein schönes, festes, helles Fleisch und eignen sich für alle Arten der Zubereitung und Haltbarmachung.

Shiitake *Lentinus edodes*

Der aus dem asiatischen Raum stammende Shiitake besitzt ein sehr würziges Aroma. »Gut duftender Pilz« oder »Pilz für den Winter« ist eine geläufige Umschreibung in China, die sich auf den feinen, pilzigen Geruch der frischen Exemplare bezieht. Der Shiitake besitzt einen hell- bis dunkelbraunen Hut, der bei jungen Pilzen nach innen eingerollt ist, und die Huthaut ist meist mit zarten Flocken besetzt. Die Lamellen laufen etwas am Stiel herab.

Hierzulande sind Shiitake ausschließlich als Zuchtpilze erhältlich. Sie werden auf Eichen gezüchtet und kommen frisch oder getrocknet in den Handel.

In erster Linie werden die Köpfchen der Pilze verwendet. Sie eignen sich zum Schmoren und Braten und sind eine willkommene Bereicherung von Fleisch- und Reisgerichten, Saucen und vielem mehr.

Steinpilz *Boletus edulis*

Der Steinpilz ist zweifellos der begehrteste unter den Röhrlingen. Jedem Sammler schlägt das Herz höher, wenn er ein besonders schönes Exemplar sichtet.

Für den Mykologen verbergen sich hinter dem Begriff »Steinpilz« mehrere *Boletus*-Arten,

bezeichnet als dickstielige Röhrlinge. Insbesondere den Fichtensteinpilz findet man relativ häufig, aber auch der Kiefern- und der Sommersteinpilz kommt in manchen Gegenden gar nicht so selten vor. Weitere Arten dagegen, beispielsweise der Eichensteinpilz, zeigen sich

sehr selten und sind daher auch streng geschützt.

Eine Unterscheidung oder genaue Bestimmung ist für den Gourmet von geringer Bedeutung, denn es handelt sich bei allen Steinpilzarten um ganz vorzügliche Speisepilze. Im Gegensatz zu anderen Röhrlingen verfärbt sich das Fleisch bei Schnitt, Druck oder auch Erwärmen nicht, sondern bleibt schön weiß, was für die Optik des Pilzgerichts sehr vorteilhaft ist.

Die Röhren des Steinpilzes sind in jungem Zustand weiß und gehen mit fortschreitendem Alter von leicht gelblich zu grüngelb-oliv über. Spätestens dann aber sollte man sorgfältig seine Verwendbarkeit prüfen und bei weichem Tastbefund den Pilz besser als Sporenträger für die weitere Verbreitung stehen lassen. Bei alten Pilzen beginnen sich besonders bei nasser Witterung die Pilzeiweiße zu zersetzen. Dadurch werden selbst die besten Speisepilze giftig, abgesehen davon, dass auch das feine Aroma nachlässt. Zudem bieten die großen geöffneten Röhren älterer Pilze einen idealen Eiablageplatz für Insekten, sodass ein starker Madenbefall nicht selten vorkommt.

Das Fleisch der Steinpilze ist weiß und in jungem Zustand schön fest, was dem Pilz auch seinen Namen eingetragen hat. Die Größe der Pilze lässt nicht auf das Alter schließen. Da die Festigkeit des Fleisches bei allen Röhrlingen mit zunehmendem Alter nachlässt, gibt ein Tastbefund durch Drücken auf die Hutkappe Aufschluss über die Güte des Pilzes, ohne dass er zerstört bzw. von seinem Standort entfernt werden muss. Speziell die Steinpilze können manchmal sehr große Fruchtkörper mit einem Hutdurchmesser von 30 cm und mehr ausbilden, mit wunderbar festem Fleisch und hellem Futter.

Das Putzen der Steinpilze ist recht einfach. Am Stielende werden die anhaftenden Erd- und Moospartikel vorsichtig abgeschnitten oder abgekratzt. Den restlichen Pilz säubert man durch Abbürsten. Ist der Pilz sehr sandig, kann er unmittelbar vor der Verwendung kurz abgebraust werden. Ein längerer Kontakt des Pilzes mit Wasser ist zu vermeiden, da er sich rasch vollsaugt.

Der Nährwert des Steinpilzes wurde, da er ein so beliebter Speisepilz ist, besonders gut untersucht. Er enthält leicht verdauliches Eiweiß und überwiegend ungesättigte Fettsäuren, darüber hinaus, wie viele Pilze, B-Vitamine und Spurenelemente wie Zink, Kalium, Natrium, Eisen, Kalzium und Phosphor. Außerdem wurde im Steinpilz das antiviral wirkende Ergosterolperoxid gefunden. Medizinische Verwendung findet der Steinpilz aber (noch) nicht, nur in der Traditionellen Chinesischen Medizin wird er zur Entspannung der Muskeln eingesetzt.

Im Winter können wir Steinpilze aus Afrika auf dem Markt finden. Sie wachsen dort überwiegend in Parks und wurden vermutlich aus Europa eingeschleppt. Nicht zuletzt diese Tatsache ist ein Anlass für zahlreiche Versuche und Bemühungen, den Steinpilz zu kultivieren.

Der Steinpilz eignet sich für alle Arten der Zubereitung und Konservierung. Da er seine weiße Farbe behält, kann man ihn sehr gut trocknen, wobei getrocknete Steinpilze ihr ganz eigenes Aroma haben. Junge, kleine Steinpilze sind als Essigpilze konserviert eine Delikatesse. Man kann Steinpilze aber auch in Salzwasser einwecken oder einfrieren, sie werden im Gegensatz zu manch anderen Pilzen nach dem Auftauen nicht bitter.

Frisch zubereitet eignet sich der Steinpilz zum Braten und zum Kochen, für Suppen, Saucen und zu Gemüse. Er kann sogar in kleinen Mengen (!) roh gegessen werden, wird allerdings nicht von allen Personen vertragen.

Stockschwämmchen *Kuehneromyces mutabilis*

Wie sein Name schon andeutet, ist der Standort des Stockschwämmchens ein alter Holzstock, bevorzugt von Laubholz, er darf aber auch einmal von einer Fichte stammen. In großen, dichten Büscheln stehen oftmals 50 bis 100 Köpfchen aneinandergedrängt und versprechen eine gute Beute. Im Gegensatz zum ähnlich aussehenden Schwefelkopf sind die Lamellen fleischig hellbraun, nicht schwefelgelb. Die Farbe der Hütchen ist rotbraun. Meist ist die Mitte der gebuckelten Hütchen heller gefleckt und die Ränder erwecken den Eindruck, als seien sie mit Nässe durchtränkt.

⚠ Außer mit dem Schwefelkopf kann man das Stockschwämmchen auch mit dem Nadelholz-Häubling verwechseln. Dieser bildet zwar keine so großen Büschel wie das Stockschwämmchen, sieht ihm aber täuschend ähnlich und teilt sich auch denselben Standort.

Selbst das Sporenpulver zeigt im Mikroskop ein ähnliches Bild. Der Nadelholz-Häubling ist tödlich giftig, zu vergleichen mit dem Knollenblätterpilz. Daher ist beim Sammeln des Stockschwämmchens äußerste Vorsicht geboten.

Zum Glück lässt sich das Stockschwämmchen gut züchten, sodass man diesen vorzüglichen kleinen Pilz, eingemacht in Gläsern oder Dosen, das ganze Jahr zur Verfügung hat. Er eignet sich auch für Pilzmischgerichte.

🍄 Täublinge *Russulaceae*

Anstelle einer einzelnen Art soll hier eine ganze Pilzfamilie dargestellt werden. Die einzelnen Arten dieser recht großen Familie ähneln sich nämlich oft so sehr, dass essbare Exemplare nur durch Geschmacksproben von ihren ungenießbaren bis giftigen Doppelgängern unterschieden werden können.

Beim Sammeln von Täublingen gilt grundsätzlich: probieren. Das bedeutet, eine kleine (!) Kostprobe zu zerkauen und wieder auszuspucken. Entwickelt sich ein angenehm nussiger Geschmack im Mund, darf der Pilz in den Korb, beginnt aber die Zunge zu brennen, muss man die Finger davon lassen. Diese Probe ist auch für ähnlich aussehende, in unmittelbarer Nachbarschaft wachsende Exemplare nötig, denn essbare und ungenießbare Täublinge können einträchtig nebeneinanderstehen, ohne sich in Farbe oder Geruch zu unterscheiden.

Die Täublinge sind eine recht bunte Familie. Zu ihr gehören auffallend leuchtend rote Arten, eine ganze Palette von Violett-Tönen, gelbe, braune, graue bis fast schwarze, blasse bis fast weiße und auch grüne Arten. Die Huthaut ist ledrig, manchmal etwas schleimig, die Lamellen sind brüchig, was man besonders beim Darüberstreichen feststellen kann. Der Stiel ist walzenförmig gerade und das Fleisch bricht charakteristisch glatt. Milchsaft tritt nicht aus, nur vereinzelt kann man eine kleine Träne an den Lamellen finden.

Unter den zahlreichen Täublingsarten befinden sich sehr wertvolle, beliebte Speisepilze wie der Frauentäubling oder der Ledertäubling, die ein sehr mildes, nussiges Aroma auszeichnet und die wegen ihres trockenen Fleisches sehr gut zum Braten geeignet sind.

Topinambur, Knollige Sonnenblume *Helianthus tuberosus* agg.

Man nennt sie auch »Diabetiker-Kartoffel«, denn die im Spätherbst ausgegrabenen Wurzelknollen enthalten keine Stärke, das heißt, sie sind zuckerneutral, dafür enthalten sie aber das Polysaccharid Inulin, zu dessen Gewinnung sie auch herangezogen werden. Außerdem enthalten sie Aminosäuren, Vitamine und Mineralien.

Die Topinambur war ursprünglich nicht bei uns zu Hause. Sie wurde als Zierpflanze zu uns gebracht, deshalb findet man Topinambur oder

eine der vielen ähnlichen Züchtungen oft in alten Gärten. Verwildert wächst sie an Flussufern, Bahndämmen und Schuttplätzen, aber auch an Waldrändern, denn sie dient den Jägern als Futterpflanze für das Wild.

Ihre Blätter fassen sich sehr rau an, sie sind spitzeiförmig und stehen sich bis zur Mitte der Pflanze hin paarweise gegenüber. Im Gegensatz zur Sonnenblume sind ihre Blüten nicht nickend, sondern aufrecht, mit gelben Zungen-

und gelben Röhrenblütenblättern. Sie erreichen einen Durchmesser bis maximal 15 cm.

Wer die Topinamburwurzel isst, sorgt für eine gesunde Darmflora, denn bei der Verdauung kommt es zur Vermehrung der körpereigenen Bifido-Bakterien.

Die Topinamburwurzel lässt sich ähnlich wie die Kartoffel einsetzen, in Salzwasser garen, *braten oder frittieren. Ihre Garzeit ist wesentlich kürzer und sie hat nur einen sehr schwachen Eigengeschmack, sodass man sie auch gut als Träger von (exotischen) Gewürzen verwenden kann.*

Die Blüten schmecken recht bitter, weswegen man sie kaum verwendet – allenfalls und sparsam die Zungenblütenblätter, und auch diese nur zur Dekoration.

Walnuss, Echte *Juglans regia* L.

Während die Haselnuss schon immer hier beheimatet war, hat sich die aus dem Balkan stammende Walnuss erst in unseren Breiten eingebürgert. Sie liebt die Wärme und nicht selten erfrieren ihre frisch ausgetriebenen Blätter bei späten Nachtfrösten. Die Blüten bleiben jedoch häufig davon verschont, da sie etwas später, erst nach der Apfelblüte, erscheinen. Als wärmeliebende Pflanze wachsen Walnussbäume gerne in milden Klimazonen wie Weinanbaugebieten.

Medizinische Verwendung finden die Blätter sowie die grünen Fruchtschalen. Der hohe Gerbstoffgehalt (Tannin) bindet Proteine und schließt dadurch offene Hautstellen. Somit kommt die Walnuss in Waschungen und Teilbädern zur Behandlung von nässenden Ekzemen und übermäßiger Schweißbildung zum Einsatz.

Die größte Bedeutung für den kulinarischen Bereich haben zweifelsfrei die Früchte. Ihre Verwendungsmöglichkeiten sind äußerst vielfältig und der Fantasie und Kreativität überlassen. Walnussöl hat von allen Nussölen den höchsten Gehalt an Linolensäure, man sollte es aber nicht hoch erhitzen, denn dadurch würde seine Wertigkeit zerstört.

Weißdorn *Crataegus*

Die sehr stark dornigen, bis zu 10 m hohen Sträucher oder Bäume aus der Familie der Rosengewächse sind eine beliebte Brutstätte für unsere heimischen Vögel, denn hier können die Jungen recht sicher vor Nesträubern wie Katzen oder Eichhörnchen aufwachsen. Im Spätherbst bieten die dunkelroten Beeren den Vögeln nahrhaftes, begehrtes Futter.

Man findet den Weißdorn häufig in Gebüschen und Hecken in freier Natur oder in Parkanlagen. Er ist sehr formenreich und wird auch in verschiedenen Zierformen gezüchtet.

Nicht nur in der Volksheilkunde, sondern auch in der modernen Medizin hat Weißdorn einen festen Platz. Das gründet auf seiner Fähigkeit, die Leistungskraft des Herzens zu stärken. Ursächlich dafür sind die sekundären Inhaltsstoffe, besonders Procyanidine, Flavonoide und Catechine. Verwendung finden Blätter, Blüten und Früchte.

Die Blätter sind mehrfach tief gebuchtet, glänzend dunkelgrün und erinnern in ihrer Form etwas an ein kleines Eichenblatt mit gesägtem Rand.

Die Blüten überziehen den Strauch im Mai bis Juni mit vielen Scheindolden in strahlendem Weiß. Sie haben jedoch ganz im Gegensatz zu ihren Verwandten, den Rosen, einen recht unangenehmen Geruch, der durch stinkende Eiweißstoffe verursacht wird. Die Früchte des Weißdorns werden wegen ihres trockenen, mehligen Fruchtfleisches auch »Mehlbeeren« genannt.

Die Mehlbeeren sind gut zur Verwendung in der Küche geeignet: Man kann sie von Oktober bis in den späten Herbst, auch noch nach dem ersten Frost, sammeln. Sie enthalten viel Pektin, das dabei hilft, Cholesterin abzubauen. Etwas herb im Geschmack, eignen sich die Mehl-beeren wegen ihres hohen Pektingehalts zum Andicken von pikanten und süßen Speisen. Konfitüren gelingen noch leichter durch Zugabe von Weißdornmark (aus dem Reformhaus).

Zigeuner, Reifpilz *Rozites caperatus*

Auch wenn dem Pilzesucher das Finderglück nicht gerade hold ist, ein paar Zigeuner, besser als Reifpilz bekannt, lassen sich fast immer im Wald entdecken, vor allem im Kiefernwald. Auch wenn dieser gute Speisepilz nicht büschelig wächst oder Straßen oder Ringe bildet, so liebt er doch die Gesellschaft seiner Artgenossen, die in verschiedenen Altersstufen um ihn geschart sind. Der besonders im jungen Stadium oftmals gebuckelte Hut ist blass-hellgelb und wirkt durch weiß durchscheinende Flöckchen noch heller. Dies erweckt den Eindruck, als sei er leicht mit Reif überzogen, was dem Pilz auch seinen weiteren Namen »Reifpilz«

einbrachte. Die Lamellen haben eine grau-gelbliche, eher schmutzig wirkende Farbe und stehen relativ weit auseinander. Der Stiel wird von einem anliegenden Ring umschlossen.

Dieser schmackhafte Speisepilz eignet sich besonders für Mischpilzgerichte, weniger als Einzelpilz. Er lässt sich recht einfach säubern, außer den Waldresten braucht man nur den Ring am Stiel zu entfernen. Beim Abschneiden des Stielendes merkt man leider oft zu spät, dass auch die Maden den Zigeuner schätzen. Deshalb ist nicht selten die Ausbeute wesentlich geringer als ursprünglich vermutet.

Beim Keimen im Frühling sprengt der zarte Kern die harte Walnussschale.

*Weder Eis und Schnee
noch Winterstürme
können dem Wacholder
etwas anhaben, seine
Ruten sind biegsam und
seine Samen bestens
geschützt.*

Dezember – Januar – Februar

Die Wintermonate, die lichtarme und kalte Zeit des Jahres, verbringen die meisten Pflanzen und auch viele Tiere in einem schlafähnlichen Ruhezustand und so wird sich die Wildpflanzenküche besonders der bereits während des Jahres gesammelten Zutaten bedienen. Getrocknete Kräuter und Pilze, ausgegrabene Wurzeln, zu Mus oder Konfitüren verarbeitete Beeren und Früchte und natürlich auch Samen und Nüsse bereichern den winterlichen Tisch.

Dass man aber auch Frisches sammeln kann, wenn der Schnee nicht gerade meterhoch liegt, das vermutet man zunächst kaum. Und dennoch – haben Sie nicht schon selbst im Dezember die Gänseblümchen auf der im Spätherbst noch gemähten Wiese blühen sehen? Und nicht selten treibt auf dem abgeernteten Gartenbeet das Behaarte Schaumkraut neu aus und in milden Wintern bringt dort auch die Vogelmiere frisches Grün zum Vorschein. Selbst im Februar, wenn die bereits kräftigen Sonnenstrahlen den Schnee von dem dunklen, warmen Untergrund geleckt haben, trotzt das Schaumkraut dem Frost und treibt seine würzige Blattrosette aus. Ein weiteres recht aromatisches Pflänzchen reckt sich an geschützten Stellen empor und durchbricht den frostigen Boden; es ist der Weinbergslauch, den man manchmal schon zur Verfeinerung des Silvester-Büfetts oder auch für eine pikante Faschingsplatte verwenden kann.

Ein Vitaminspender während des ganzen Winters ist die Douglasie mit ihren wunderbar aromatischen Nadeln. Frost und Eis schaden aber auch manchen Wildfrüchten nicht, im Gegenteil. Ihre Bitterstoffe werden erst durch den Frost abgebaut und machen die Früchte schmackhafter. Bekannt dafür sind die Früchte des Schlehdorns, aber auch die Vogelbeeren, die Früchte der Eberesche. Ebenso sollte auch die Mispel einmal Frost abbekommen haben. Man sollte sie aber möglichst noch vor dem ganz strengen Winter sammeln, da sie sonst nach dem Auftauen zu weich wird und nicht mehr gut verarbeitet werden kann.

Dass man selbst im tiefsten Winter essbare Pilze sammeln kann, das ist doch eine große Überraschung. Und dennoch, aus alten Stämmen wachsen Samtfußrüblinge und Austernseitlinge. Und dann ist im Winter ja auch die Saison der edlen Trüffel, die man aber nur mit Trüffelhund oder durch Zufall findet.

Saisonkalender Winter

Austernseitling *Pleurotus ostreatus*	Oktober bis März
Behaartes Schaumkraut *Cardamine hirsuta*	November/Dezember, Februar/März
Douglasie, Douglastanne *Pseudotsuga menciesii*	ganzjährig, bevorzugt im Winter
Eberesche, Vogelbeere *Sorbus aucuparia*	Oktober bis Dezember
Edelkastanie *Castanea sativa*	Früchte Oktober/November
Gänseblümchen *Bellis perennis*	ganzjährig (außer bei Schnee)
Kräuterseitling *Pleurotus eryngii*	erhältlich vorwiegend als Zuchtpilz im Dezember und Januar
Luzerne, Alfalfa *Medicago sativa*	Alfalfa wird im Winter aus den Samen gezogen
Meerrettich *Armoracia rusticana*	Oktober bis März
Mispel[1], Echte *Mespilus germanica*	November/Dezember
Samtfußrübling[2], Winterpilz *Flammulina velutipes*	November bis März
Schlehdorn *Prunus spinosa*	Blüten im März/April, Früchte im November/Dezember
Schwarzwurzel *Scorzonera humilis*	November/Dezember
Trüffel *Tuber*	Oktober bis Februar
Vogelmiere[3] *Stellaria media*	ganzjährig
Wacholder *Juniperus communis*	Oktober bis Dezember
Weinbergslauch *Allium vineale*	Dezember bis Juni (außer bei hohem Schnee)

Austernseitling *Pleurotus ostreatus*

Wenige wissen, dass einer der beliebtesten Zuchtpilze, der Austernseitling oder Austernpilz, wie er auch genannt wird, ein bei uns heimischer Wildpilz ist, der noch dazu seine Vegetationsphase im Winter hat. Er liebt leichte Nachtfröste und braucht diese Kälte, um zur Sporenbildung angeregt zu werden. So beginnt seine Vegetationsperiode im Spätherbst und dauert bis zum beginnenden Frühling. Nur wenn lang anhaltender, starker Dauerfrost herrscht, stagniert seine Entwicklung etwas, setzt aber gleich wieder ein, sobald die Temperaturen milder werden. Der Austernseitling wächst gerne auf Rotbuchen und wie sein Saisonbegleiter, der Samtfußrübling, auf Weiden

und Pappeln. Nadelbäume besiedelt er äußerst selten. Sein Stiel ist seitlich angewachsen, sodass der Hut ein Halbrund bildet. Dadurch erinnert sein Aussehen an eine Muschel oder Auster. Das büschelige Wachstum erweckt zudem den Eindruck von Austernbänken und war namengebend für diesen Pilz.

Der Geschmack des eiweißreichen Austernseitling-Fleisches lässt sich mit zartem Kalbfleisch vergleichen. Er ist als Einzelgericht, aber auch als Beilage sehr vielfältig einsetzbar. Man kann ihn zwar einfrieren, doch eine Konservierung ist eigentlich nicht nötig, da er ganzjährig als Zuchtpilz erhältlich ist.

Behaartes Schaumkraut *Cardamine hirsuta* L.

Erstaunlich, dass das kleine Blümchen erst seit Ende der 1970er-Jahre einen verhältnismäßig hohen Bekanntheits- und Verbreitungsgrad erreicht hat. Vorher war es sehr selten und relativ unbekannt. Durch Baumschulen und deren Containerpflanzen fand es den Weg in unsere Gärten und hat sich überraschend schnell und stark ausgebreitet, sodass es heute als Garten- und Hackunkraut gilt. In den gut gedüngten Beeten unserer Gärten entwickelt das Pflänzchen in seinen Schoten unzählige Samen. Die Schoten bauen eine starke Spannung auf und schleudern schließlich die Samen meterweit von sich, sodass es zu einer flächenweiten Ausbreitung kommt. Man braucht aber dieses Pflänzchen nicht zu fürchten, es ist harmlos und bildet keine lästigen Wurzeln aus. Die Hauptvegetationszeit ist im Winter, es treibt im Spätherbst aus und nach dem Verschwinden des Schnees beginnt es gleich weiter aus-

zutreiben, blüht bereits im März und verschwindet nach dem Aussamen völlig.

Der Name »Behaartes Schaumkraut« ist etwas irreführend, denn es wirkt eher nackt und nur mit gutem Willen lässt sich eine Behaarung an der Blattunterseite und am Stielgrund erkennen. Es erinnert sehr stark an die Brunnenkresse, eine Art »Brunnenkresse en miniature«. Die Blätter haben das gleiche Aussehen, sind nur viel kleiner und bilden wunderschöne Rosetten am Boden, und auch die weißen Blütchen sind nicht so füllig in einer Traube angeordnet.

Nicht nur das Aussehen, auch Geschmack und Inhaltsstoffe sind mit der Brunnenkresse vergleichbar. So ist dieses zarte Pflänzchen mit dem Kressegeschmack ein Vitamin-C-Spender im Winter und durch die Senfölglykoside und Bitterstoffe ein guter Verdauungshelfer. Es sollte aber nicht im Übermaß verzehrt werden.

Douglasie, Douglastanne *Pseudotsuga menciesii* FRANCO

Der feine Duft ihrer Nadeln machte die Douglasie zu einem beliebten Weihnachtsbaum. Der hohe Gehalt an ätherischem Öl bedeutete aber

zur Zeit der Wachskerzen erhöhte Brandgefahr. Außerdem sind die Zweige der Douglastanne sehr elastisch, Baumschmuck bringt sie leicht

zum Herabhängen und fällt herunter. Daher haben andere Tannenarten der Douglasie den Rang als Weihnachtsbaum abgelaufen und sie darf weiterhin unsere Wälder zieren.

Eigentlich ist die Douglasie gar nicht bei uns zu Hause. Ihre Heimat ist Nordamerika. Sie hat sich aber in unseren Wäldern, Parks und Gärten sehr gut eingebürgert und verdrängt kaum andere Pflanzen. Sie kann recht groß werden, ein Stammumfang bis zu 4 m ist immer wieder anzutreffen, und sie kann auch

mit bis zu 400 Jahren ein für einen Nadelbaum hohes Alter erreichen. Ihr Holz ist als Bauholz, vor allem für Dachstühle, sehr beliebt.

Aus kulinarischer Sicht sind die Nadeln der Douglasie interessant. Ihr Aroma erinnert an eine Mischung aus Tannenzweigen und Zitrusfrüchten. Die langen Nadeln sind recht weich und lassen sich problemlos fein schneiden oder zermörsern. Frische Douglasiennadeln versorgen uns mitten im Winter mit Vitamin C.

Eberesche, Vogelbeere *Sorbus aucuparia* L.

Die Eberesche hat botanisch gesehen mit der Esche gar nichts zu tun. Ihre schönen gefiederten Blätter aber ähneln denen der Esche und haben ihr den Namen verliehen. Weitaus bekannter ist dieser Baum allerdings als Vogelbeere, denn seine in einer Scheindolde stehenden, roten, beerenförmigen Früchte sind ein äußerst begehrtes Futter für Vögel. Besonders Amseln können es kaum abwarten, sich für den bevorstehenden Winter genügend Kraft damit anzufuttern. Sobald die Dolden orangefarben werden, picken sie die Früchte vom Baum. Die roten Dolden geben dem Baum gegen Ende der Vegetationsperiode nochmals einen wunderschönen Schmuck. Sie bleiben auch hängen, nachdem das Laub bereits abgefallen ist, und machen am Waldrand schon von Weitem sichtbar, dass jetzt der Spätherbst Einzug gehalten hat.

❗ *In rohem Zustand wirken die Früchte abführend und besonders bei Kindern leicht giftig mit Übelkeit und Erbrechen. Ernsthafte Vergiftungen sind aber sehr selten, da der saure Geschmack roher Vogelbeeren von einem Verzehr in größeren Mengen abhält. Beim Trocknen und Kochen zersetzt sich der Giftstoff jedoch und so kann man die Vogelbeere zu Konfitüren, Likören und Sirup verarbeiten. Auch klarer Schnaps lässt sich daraus brennen. Wegen ihres hohen Vitamin-C-Gehalts wurden Vogelbeeren früher gegen Skorbut eingesetzt. Aufgrund des hohen Gerbstoffgehalts, der den unangenehmen Geschmack der rohen Früchte verursacht, kamen die Vogelbeeren wie die Früchte des eng verwandten Speierlings zur Klärung von Wein zum Einsatz. Der Geschmack der Vogelbeeren wird wie beim Schlehdorn wesentlich angenehmer, wenn schon der erste Frost darübergegangen ist.*

Edelkastanie *Castanea sativa* MILL.

Die Edelkastanie oder Echte Kastanie ist auch unter dem Namen Esskastanie oder Marone bekannt. Bis ins 19. Jahrhundert hinein war sie in den Bergregionen Südeuropas das Hauptnahrungsmittel der Bevölkerung. Sie ist ein Buchengewächs und hat botanisch nichts mit ihrer Namensgefährtin, der sogar giftigen Rosskastanie zu tun, deren Schatten wir im Sommer in den Biergärten so lieben. Nur die stachelige Hülle um eine braun glänzende Frucht stellt eine optische

Gemeinsamkeit dar. Maronen lieben warme Gegenden und so ist ihr Verbreitungsgebiet mehr im südlichen Europa zu suchen. In Südtirol und im Tessin findet man teils sehr alte, mächtige Bäume. Durch die Klimaerwärmung und durch Anbau reicht ihre Verbreitung heute bis in den Süden Skandinaviens. Bereits zur Römerzeit wurde die Echte Kastanie wegen ihrer stärkereichen Früchte kultiviert und als Futtermittel sowie energiereiches Nahrungsmittel genutzt.

Medizinische Verwendung fanden früher die glänzenden Blätter mit ausgeprägt stacheligem Rand. Sie sollten den Hustenreiz stillen und den Auswurf fördern. Einen wissenschaftlich belegten Nachweis dafür gibt es aber nicht, und so ist ihre medizinische Bedeutung gering.

Die igeligen Früchte sammelt man im späten Herbst. Sie müssen gut trocknen, denn Maronen bilden beim Lagern gerne Schimmel und sind dann für den Kochtopf verloren. Das wäre ein Jammer, denn für die Winterküche stellt die Marone eine große Bereicherung dar: als Füllung für Gänsebraten, als Beilage im Ganzen oder als Püree. Aber auch pur ist sie ein wahrer Leckerbissen. Wer hat nicht schon einmal beim Maroni-Mann eine Tüte mit heißen, gerösteten Maronen gekauft, um sich zuerst die kalten Finger daran zu wärmen und dann genüsslich die süßlich mehligen Früchte zu naschen?

Gänseblümchen *Bellis perennis* DC.

Das Gänseblümchen braucht wohl kaum beschrieben zu werden, es kennt in unseren Breiten so ziemlich jedes Kind.

Es hat viele weitere Namen, die auf seine Schönheit und Lieblichkeit hinweisen, wie es auch der lateinische Name mit dem Wort »bellis« tut. Das Wort »perennis« bedeutet »das ganze Jahr hindurch«, und so verhält es sich auch mit seinem Fleiß, zu blühen. Es beginnt damit schon zeitig im Frühling und endet erst dann, wenn der Schnee es zudeckt.

In letzter Zeit findet es vermehrt Einzug in die Küche, besonders als Zutat in Salaten.

In der klassischen Medizin wird es kaum verwendet, dagegen in der Homöopathie häufig bei Verstauchungen und Prellungen. In der Volksmedizin nutzt man es als Frühjahrskur, bei Leberleiden und Hautkrankheiten. Wichtig zu wissen ist, dass das Gänseblümchen zu den Korbblütlern, den *Asteraceae* oder früher *Compositae*, gehört und deswegen von Personen, die an einer Korbblütlerallergie leiden, nur mit Vorsicht zu genießen ist.

Die jungen Blütchen schmecken etwas nussig. Je älter sie werden, umso mehr entwickeln sich die in den Blüten enthaltenen Bitterstoffe. Gänseblümchen werden jedoch allenfalls zartbitter im Geschmack, sodass sie einem Salat nicht nur ein hübsches Aussehen, sondern auch einen delikaten Geschmack garantieren. Auch die jungen, inneren Blätter der Blattrosette sind essbar. Aus den Blütenknospen kann man durch Einlegen in Essig »falsche Kapern« herstellen.

Kräuterseitling *Pleurotus eryngii*

Der Kräuterseitling gehört zur selben Gattung wie der Austernseitling. Er bevorzugt als Wirtspflanze keine Holzgewächse, sondern Doldenblütler. In unseren Breiten ist er in freier Landschaft kaum zu finden, wohl aber in den Klimazonen Südeuropas.

Als Zuchtpilz ist der Kräuterseitling sehr beliebt, besonders wegen der an den Steinpilz erinnernden Konsistenz seines dicken Stiels. Einzelne Exemplare können bis zu 300 g schwer werden. Sie lassen sich für Salat, Suppen oder Ragouts verwenden.

Luzerne, Alfalfa *Medicago*

Die Luzerne kann man als die weltweit bedeutendste Futterpflanze bezeichnen. Sie dient Rindern als eiweißreiche Nahrung und wird auch gerne an Pferde verfüttert, denen sie nicht nur Leibesfülle, sondern auch ein besonders glänzendes Fell verleiht. Da sie mittels Bakterien den

Stickstoff aus der Luft aufnehmen kann, wird sie gerne als Zwischenfrucht zur Bodenverbesserung angebaut. Während in den USA und Kanada die reine Zuchtform *Medicago sativa* angebaut wird und man auch Gen-Zuchtformen entwickelt, findet man in Deutschland sowohl im Anbau als auch bei den Wildpflanzen nur Hybridformen, die untereinander zwischen diversen Arten und auch mit dem gelb blühenden Sichelklee einkreuzen. Manchmal kann man anfänglich gelb blühende und ins Violett wechselnde Luzernen finden. Luzernen haben einen hohen Eiweißgehalt, enthalten viele Mineralien, Vitamine – besonders Provitamin A und Vitamin K – und Phytohormone und werden zur Chlorophyllgewinnung verwendet.

Medizinische Bedeutung hat die Luzerne besonders in der Homöopathie und als Nahrungsergänzungsmittel.

Von kulinarischer Bedeutung sind die Sprossen, die man leicht selbst ziehen kann und die man weniger als Luzerne als unter dem Namen »Alfalfa« kennt. ❗ *Die Samen enthalten jedoch einen Giftstoff, das Canavanin, das sie vor Fraß schützt. Durch die Keimung wird dieser Stoff abgebaut, doch es ist wichtig, Alfalfa 10–12 Tage keimen zu lassen, bevor man die Sprossen verzehrt, damit ganz sicher kein Giftstoff mehr vorhanden ist. Sie schmecken ausgezeichnet, wenn man sie über Salate, Eier- oder Gemüsegerichte streut.*

Meerrettich *Armoracia rusticana* G.M.SCH.

In seiner ursprünglichen Heimat Russland ist Meerrettich noch als Wildform zu finden. Im mitteleuropäischen Raum wird er angebaut, ist aber dank seiner Robustheit recht häufig verwildert anzutreffen.

Bevor über die Römer der Kubebenpfeffer und der Pfeffer zu uns kamen, war der Meerrettich das einzige scharfe Gewürz, das es in unseren Breiten gab.

Gerade im Winter bietet sich der Meerrettich für die Küche an, da er viele gesundheitsfördernde Stoffe enthält. Er liefert Vitamin C und in seiner Schärfe, die weniger auf der Zunge als in den Atemwegen brennt, besitzt er antibio-

tisch wirkende Inhaltsstoffe, die Senfölglykoside, die wir in den Senfsamen wiederfinden.

Die reizende Wirkung auf die Schleimhäute ist so stark, dass man zum Schälen und Reiben des Meerrettichs die Augen schützen sollte.

Meerrettich findet wegen seiner Schärfe vorwiegend als Gewürz, in Süddeutschland und Österreich, wo er Kren genannt wird, auch als Gemüse Verwendung. Seine Inhaltsstoffe fördern die Verdauung, daher ist es nicht nur schmackhaft, sondern auch sinnvoll, ihn zu fetten Speisen wie etwa Bratwürsten, Schinken, kaltem Braten oder Kasseler zu reichen.

Mispel, Echte *Mespilus germanica* L.

Die Echte Mispel war in unseren Breiten im Mittelalter ein hoch geschätzter Obstbaum, der wegen der medizinischen Anwendungsmöglichkeiten seiner Früchte in keinem Klostergarten fehlte. Schon lange ist er in Vergessenheit geraten und so findet man Mispeln heute nicht mehr als Obstplantagen, sondern verwildert in Hecken oder an Waldrändern, wo ein Eichhörnchen seine Frucht einmal vergraben oder verloren hat. Die Blätter des Baumes erinnern an ei-

nen Apfel oder eine Quitte, die relativ großen Blüten erblühen erst, wenn der Baum bereits sein Laub hat und stehen meist einzeln in einem sattgrünen Laubkranz. Dadurch muten sie etwas exotisch an, da die meisten unserer Obstbäume ihre Blüten in Büscheln noch vor dem Grünaustrieb tragen. Die Früchte sind rau, braun behaart und erinnern durch die langen, übrig gebliebenen Kelchzipfel an eine große Hagebutte mit der Schale einer Kiwi.

Die medizinische Anwendung bei inneren Blutungen ist auf den hohen Gerbstoffgehalt der Mispel zurückzuführen und wie bei der Quitte wurde aus den nicht zum Verzehr verwendeten Teilen Gurgelwasser gegen Rachenentzündungen hergestellt.

Nicht zu verwechseln ist die Echte Mispel mit ihrer Namensverwandten, der Japanischen Wollmispel, die als aprikosenfarbene, säuerliche Frucht seit einiger Zeit im Frühsommer hierzulande im Obsthandel angeboten wird. Diese hat ihre Heimat im asiatischen Raum und wird meist aus Mittelmeerländern importiert. Botanisch gehört sie zwar wie die Echte Mispel zu den Rosengewächsen, doch innerhalb dieser sehr großen Pflanzenfamilie besteht kein enger Verwandtschaftsgrad.

Mispeln enthalten neben Vitamin C reichlich Gerbstoff, der sie zunächst ungenießbar macht. Erst nach dem ersten Frost und Lagerung werden sie weich und lassen sich zu köstlichem Mus oder Konfitüre verarbeiten. Mispeln werden auch zur Klärung von Wein verwendet, denn durch ihren Gerbstoffgehalt flocken Eiweißkörper leichter aus und sinken zu Boden.

Samtfußrübling, Winterpilz *Flammulina velutipes*

Ähnlich dem Stockschwämmchen bildet der Samtfußrübling große Büschel von Pilzkörpern an Baumstämmen und Strünken. Er bevorzugt dabei Weiden und Pappeln. Nicht nur Totholz, auch lebende Bäume, manchmal sogar Wurzeln bezieht er als Standort. Die Bezeichnung »Samtfußrübling« verweist auf den besonders zur Basis hin mit dunklen Schuppen besetzten, samtig wirkenden Stiel. Der Zweitname »Winterpilz« dagegen deutet auf seine ungewöhnliche Vegetationszeit hin. Er wächst nämlich von November bis März und ist unempfindlich gegen Frost. Dadurch ist er besonders während der Frostperiode nicht so leicht zu verwechseln mit ähnlichen büschelig wachsenden Pilzen, z. B. dem Stockschwämmchen oder dem giftigen Schwefelkopf.

Die kleinen Samtfußrüblinge werden vor allem in Asien gerne gezüchtet und tragen dort den Namen »Enokitake«. Sie werden ohne Licht gezogen und entwickeln dann keine braune Farbe, sondern bleiben reinweiß. Für den Handel züchtet man sie manchmal in Flaschen, wodurch sie besonders lange Stiele bekommen.

Für den Pilzfreund ist es ein besonderes Vergnügen, wenn er selbst im Januar frische Beute nach Hause bringen kann. Samtfußrüblinge passen wunderbar als Beilage zu Fleischgerichten.

Schlehdorn, Schwarzdorn *Prunus spinosa* L.

Schon von Weitem fallen sie auf, die schwarzen Schlehdornsträucher, wenn sie sich im Frühling, kaum dass der Schnee geschmolzen ist, mit vielen kleinen Blüten wie eine Braut schmücken. Das Auge freut sich nach dem Winter an diesem ersten Blütenzauber. Wegen der schwarzen Rinde seiner Zweige wird der Schlehdorn in manchen Gegenden auch »Schwarzdorn« genannt.

Die Schlehe, ein Rosengewächs, das viele Dornen trägt, bringt ihre Blüten noch vor den Blättern hervor. Das Sommergrün des Schlehdorns bildet verkehrt eiförmige Blätter mit gesägtem Rand.

Man vermutet, dass die Schlehe die Urform des Zwetschgen- und Pflaumen-Obstes darstellt. Ihre Früchte – sie sind kugelrund und blau bereift – sollten spät, erst nach dem ersten Frost, geerntet werden. Dann schmecken sie nicht mehr gar so sauer, denn durch den Frost wird ein Teil der Gerbstoffe enzymatisch abgebaut. Den Mund zieht es dennoch zusammen, wenn man sie in rohem Zustand kostet, denn die Schlehe enthält sehr viel Gerbstoff. Dane-

ben enthält sie Vitamin C und rote Farbstoffe, die bei der Herstellung von Wein oder Likör eine wunderschöne, sattrote Farbe bilden. Die Blüten des Schlehdorns enthalten Flavonoide, weshalb sie Erkältungstees beigemischt werden. Zubereitungen aus den Früchten dienen traditionell als Kräftigungsmittel.

Die engen Verwandten, die Wildpflaumen, unterscheiden sich in der Blüte kaum von der Schlehe, die Früchte reifen aber früher, sind gelblich bis rot und süßer im Geschmack.

Die Blüten der Schlehe schmecken leicht bitter, die Bitterstoffe werden aber durch Kochen weitgehend zerstört. Würzt man damit eine Sauce, die mit dem Sirup aus Schlehenfrüchten verfeinert wird, ergibt sich ein delikater Geschmack und ein hübscher Anblick. Aus den Schlehenfrüchten kann man einen Wein ansetzen, der nach der Vergärung geschmacklich dem Portwein ähnelt. Die Wildpflaumen lassen sich natürlich zu allerlei Süßem verarbeiten, wie etwa Kompott oder Konfitüre (s. Seite 268).

Schwarzwurzel *Scorzonera humilis* L.

Die Schwarzwurzel gehört in die große Familie der Korbblütler und hierin wiederum reiht man sie zu den Zichorienähnlichen ein. Zu ihren engen Verwandten zählt unter anderem der Rainkohl.

Im Mai zeigt die Schwarzwurzel ihre hellgelben Blüten und wer nicht genau hinsieht und die inzwischen recht seltene Pflanze nicht erwartet, kann leicht denken, es wäre Löwenzahn. Die Blütenfarbe aber ist meist heller und die Blätter und Stiele sind behaart, sie werden erst im Alter kahl. Die Blätter sind auch nicht gezahnt, sondern ganzrandig und erinnern sehr an die des Spitzwegerichs.

Am häufigsten findet man in Mitteleuropa die Niedrige Schwarzwurzel *Scorzonera humilis*. Sie liebt nährstoffarme, saure, feuchte Wiesen mit sandigem oder torfigem Untergrund. Kalkböden meidet sie. Da sie sehr selten geworden ist und zu den bedrohten Arten zählt, steht sie unter strengem Naturschutz. Man darf sich also gerne an ihrer Schönheit erfreuen und jedem Naturfreund schlägt das Herz höher, wenn er sie findet, aber pflücken, geschweige denn die Wurzel ausgraben, das darf man nicht.

Dafür haben wir die Gartenschwarzwurzel *Scorzonera hispanica*, ein wunderbares, sehr wertvolles Wintergemüse, winterhart und problemlos anzubauen. Der lateinische Beiname *hispanica* deutet darauf hin, dass die Gartenschwarzwurzel vermutlich ursprünglich in Spanien beheimatet war. Sie hat einen wunderbar milden, süßlich nussigen Geschmack und wird auch als Winterspargel bezeichnet, da sie unter anderem Asparagin, den Hauptinhaltsstoff des Spargels, enthält. So ist es nicht verwunderlich, dass auch die Schwarzwurzel spargelähnlich schmeckt und leicht entwässernd wirkt. Viele weitere Inhaltsstoffe – neben den Vitaminen E und B1 vor allem Eisen, Mangan, Kalium, Magnesium und Phosphor – machen die Schwarzwurzel für unsere Gesundheit so wertvoll. Durch ihren Insulingehalt ist die Schwarzwurzel auch für Diabetiker ein ideales Gemüse.

Leider neigt die Schwarzwurzel dazu, aus gut gedüngten Böden Nitrat aufzunehmen. Gibt man bei der Verarbeitung Zitronensaft dazu, lässt sich die Bildung schädlicher Nitrosamine weitgehend unterbinden. Es empfiehlt sich ohnehin, die Schwarzwurzeln nach dem Schälen in Zitronenwasser zu legen, damit sie nicht braun anlaufen. Dies passiert bei der Schwarzwurzel sehr schnell durch den austretenden Milchsaft. Zum Schälen muss man unbedingt Handschuhe tragen, denn der Milchsaft färbt auch die Hände sehr stark und wird zäh-klebrig, sodass er fast nicht wieder abzuwaschen ist. Dies sollte aber kein Grund sein, auf die Zubereitung eines so köstlichen und gesunden Gemüses zu verzichten.

Schwarzwurzeln lassen sich wie Spargel zubereiten. Sie sind eine ideale Beilage, bilden aber auch, mit Schinken umwickelt oder paniert, ein eigenständiges Gericht.

Trüffel *Tuber*

Die Trüffel, der begehrteste und auch teuerste unter den Pilzen, versteckt sich in der Erde. Deshalb bedient man sich der feinen Nase von Hunden, die eigens für die Trüffelsuche trainiert werden. Früher setzte man auch Schweine ein, die auf der Suche nach Eicheln mit ihren Rüsseln das Erdreich aufwühlten und durchstöberten. Da aber die Trüffel aufgrund eines androsteronartigen Inhaltsstoffs einen Duft absondert, der die Sauen an einen liebesdurstigen Eber erinnert, fraßen die Schweine häufig die teuren Knollen. Daher wird zur Trüffelsuche heute den Hunden der Vorzug gegeben.

Man kennt insgesamt 65 Trüffelarten. Nur neun davon sind jedoch essbar und nur fünf gelten als wirklich wertvoll, wobei die Trüffel als Würzpilz zu verstehen und nicht nur wegen ihres hohen Preises als solcher zu verwenden ist.

Seit Urzeiten sind Trüffel bekannt und geschätzt. Der ägyptische Pharao Cheops soll ein großer Liebhaber der Trüffel gewesen sein. Ob das daran lag, dass man der Trüffel in der Antike eine aphrodisierende Wirkung zuschrieb, sei dahingestellt. Ernsthaft diskutiert wird seit der zweiten Hälfte des vergangenen Jahrhunderts die medizinische Anwendung von Trüffeln (allerdings nicht von Gourmettrüffeln), die wegen antibiotischer Wirkungen recht großes Interesse erregen.

Die Perigord-Trüffel (Tuber melanosporum) ist eine der begehrtesten und schmackhaftesten Arten. Sie ist eine schwarze Trüffel, das Innere ist von feinen weißen Äderchen durchzogen. Die Erntezeit beginnt Mitte November und dauert bis Mitte März. Die weiße Piemont-Trüffel (Tuber magnatum) schmeckt über Pasta gehobelt vorzüglich.

Interessant für die Küche ist die Konservierung dieses teuren Würzpilzes, die jedoch nicht so einfach ist. Beim Trocknen verliert die Trüffel ihr feines Aroma, beim Einfrieren verliert sie ihre Struktur. Fälschungen bei Trüffelprodukten durch Zugabe von Aromastoffen sind folglich keine Seltenheit. Besonders bei angeblichen Trüffelölen kommt es häufig vor, dass sie aus künstlichen Aromen hergestellt sind. Der Kauf von Trüffeln und Trüffelprodukten ist daher wie bei fast allen erlesenen Produkten Vertrauenssache.

Vogelmiere *Stellaria media L.*

Dass sie zu den Nelkengewächsen gehört, sehen ihr nur Botaniker an. Sie ist ein sehr verbreitetes, fast auf der ganzen Welt zu findendes Wildkraut, das aus den Gemüse- oder Blumenbeeten kaum zu verdrängen ist. Man zählt sie zu den Hackunkräutern. Die Pflanze ist ein recht zerbrechliches Kraut, vom Grund an stark verzweigt kriechend mit behaarten Stängeln und kleinen spitzeiförmigen, fast herzförmigen Blättchen. Die kleinen weißen Blütenblättchen sind nur etwa 3 mm lang und so tief geteilt, dass man bei oberflächlicher Betrachtung eines für zwei ansehen könnte. Diese Eigenart teilt sie mit vielen verwandten Arten, mit denen sie auch verwechselt werden könnte. Sie unterscheidet sich aber durch ihre Blattform und durch ihren Geschmack. Geerntet werden kann die Vogelmiere fast das ganze Jahr: Sie treibt schon sehr früh aus und wächst bis in den späten Herbst.

Ihren Namen hat sie übrigens davon, dass sie ein bei vielen Vogelarten sehr begehrtes Kraut ist.

Die Vogelmiere enthält reichlich Vitamin C und auch relativ viel Kalium. In der Volksmedizin schätzt man sie wegen ihrer beruhigenden Wirkung auf irritierte Haut.

In der Küche wird Vogelmierenkraut roh verwendet, zum Beispiel in Salaten oder Frischkäse-Kräuterbällchen. Der Geschmack erinnert sehr stark an frischen Mais, weshalb Vogelmiere hervorragend mit Geflügel wie Poularde, Wachtel oder Stubenküken harmoniert.

Wacholder *Juniperus communis L.*

Trockene Weidelandschaften wie die Lüneburger Heide sind ohne die kleinen Säulen der Wacholdersträucher nicht vorstellbar. Dass sie nicht von Schafen oder anderen Tieren gefressen oder verbissen werden, verdanken sie ihren harten, stacheligen Blättern, die rund um die Zweige stehen und zugleich eine Sammelantenne für Tauwasser bilden.

Wacholderholz hat einen angenehmen Duft, den es dem Gehalt an ätherischem Öl verdankt. Dieses wird gerne in Badezusätzen verwendet, es wirkt angenehm wärmend. Wacholderholz ist beliebt zum Räuchern von Schinken und Würsten. In der Küche und in der Medizin sind die Beeren von großer Bedeutung. Eigentlich sind es Zapfen, wie bei Nadelbäumen. Da die Natur aber dem Wacholder Früchte verliehen hat, die wie Beeren aussehen, spricht der Botaniker von Beerenzapfen.

Diese entwickeln sich nach der Blüte, die im April bis Mai erfolgt, zunächst als kleine grüne Kügelchen. Bis zur Reife, wenn sie schwarz werden und durch eine Wachsschicht blau erscheinen, vergehen drei Jahre. Daher finden sich an Wacholderbüschen sowohl grüne als auch reife blaue Beeren. Nur die reifen Beeren

kommen zur Ernte. Die beste Sammelzeit reicht von Ende Oktober bis in den Winter hinein.

❗ Nicht versehentlich die stark giftigen, ähnlich aussehenden Beeren des Sadebaums sammeln! Dieser stand früher in alten Bauerngärten, seine Nadeln sind aber viel kleiner, weniger kräftig und spitz als die des Wacholders; seine Zweige sehen aus wie die von Zypressen.

Medizinisch nutzt man die entwässernde Wirkung des Wacholders, die auf die harzig duftenden Terpene und Pinene zurückzuführen ist. Allerdings ist eine Schädigung des Nierengewebes bei zu langer Anwendung oder Überdosierung möglich. Schwangere sollten daher keinen Tee aus Wacholderbeeren trinken.

Die durch eine Wachsschicht geschützten Beeren kommen im Ganzen in den Handel. Sie werden für den Gebrauch in Medizin und Küche erst unmittelbar vor dem Verwenden leicht angequetscht. Als Gewürz zu Wildgerichten, aber auch zu Marinaden, zum Sauerkraut und natürlich zum Schnapsbrennen – Genever, Gin, Steinhäger – und für Liköre finden die Beeren Verwendung. Ihr harziges Aroma und ihre verdauungsfördernde Wirkung werden dabei geschätzt.

Weinbergslauch *Allium vineale L.*

Neben dem Bärlauch ist der Weinbergslauch eine der wild wachsenden Laucharten Mitteleuropas. Da er besonders das Weinbauklima liebt, trägt er diesen Namen. Man findet ihn aber ebenso an Feldrändern und besonders gern in Streuobstwiesen. Seine Blätter gleichen hohlen Stielen, ähnlich wie beim Schnittlauch. Das Grün ist jedoch etwas bläulicher, oft bilden die Blätter eine Rille. Im Schnitt sind sie etwas härter als Schnittlauchblätter, aber das Aroma ist voller und erinnert mehr an Knoblauch. Die Blütenstiele erreichen oft einen halben Meter Höhe und mehr. Die dunkelrot-violetten Blüten stehen nicht so dicht wie beim Schnittlauch, aber sie haben ebenso runde Blütenköpfe. Jedoch sitzen viele kleine Brutzwiebelchen mit

einem winzigen Spross um die Blütenköpfchen. Während der Blütezeit im Sommer sind meist die Blätter des Weinbergslauchs schon vergangen. So sorgen diese Knöllchen für eine raffinierte Lauchschärfe in Salaten und Dips.

Seine Inhaltsstoffe sind wie beim Bärlauch flüchtige Schwefelverbindungen, Allylsenföle, die für die Schärfe und den lauchartigen Geschmack verantwortlich sind. Als Arzneipflanze spielt der Weinbergslauch keine große Rolle.

Hauptsaison hat der Weinbergslauch zur selben Zeit wie Spargel. Er wagt sich oft schon während des Winters mit zarten Fädchen aus dem Schnee. So kann er, auch zusammen mit seiner Zwiebel, als Winterzwiebel geerntet werden.

Vogelbeeren sind ein beliebtes Nahrungsmittel für Vögel im Winter.

Register

Kursivierte Seitenzahlen verweisen auf eine Abbildung außerhalb des Porträtteils. Die Wildpflanzen und Wildkräuter, die in den jeweiligen Rezepten verwendet werden und im Porträtteil beschrieben sind, stehen bei den Rezepten oberhalb der Zutaten.

Gundermann → Gundelrebe
Guter Heinrich 51, 66, 256, 259

Hagebutte 12, 153, 263 → s. a.
Heckenrose
– Mark 140
– Konfitüre 229
– Senf 128, 147
Hasel 278, 285
– Emmer-Haselnuss-Spätzle 138
– Nuss 12, 46, 138, 277, 300
Heckenrose 256, 260, 263 → s. a.
Hagebutte
– Blüten 116, 118
– Roseneis auf Walderdbeermark 118
Heidelbeere 133, 148, 154, 255,
256, 260
– Creme 154
– Eis 148
– Konfitüre 157
– Saft 125
Helianthus tuberosus → Topinambur
Hemerocallis → Taglilie
Heracleum sphondylium → Wiesen-
Bärenklau
Herbsttrompete 194, 198 → s. a.
Leistlinge
– Poularde auf Herbsttrompeten
mit Springkraut 194
Herbstzeitlose 236
Hexenröhrling 278, 286
Heu 69
Himbeere 112, 116, 156
– Essig 166
Hippophae rhamnoides → Sanddorn
Holunder, Schwarzer 256, 261
– Beeren 152
– Blüten 82, 114
– Blüten in Bierteig 114
– Sekt 82
– Saft 152
– Sirup 152
– Törtchen auf Aprikosen-
spiegel 152, 156
Honigklee → Steinklee
Hopfen 233, 234, 240
– Sprossen 31, 55
Huflattich 32
Humulus lupulus → Hopfen
Hundsrose → Heckenrose
Hydnum repandum → Semmelstoppelpilz
Hypericum perforatum → Johanniskraut

Impatiens glandulifera → Springkraut,
Drüsiges

Johanniskraut 86, 256, 262
– Öl 86, 262
Juglans regia → Walnuss
Juniperus communis → Wacholder

Kalbsfond 14
Kamille, Echte 105, 255, 256, 262, 270
Kanadische Goldrute 172, 277, 278, 286
Kartoffelrose 88, 134, 256, 263
Käsepappel → Malve
Käse-Stracciatella 128, 147
Klatschmohn 105, 255, 256, 263
Klee → Rotklee, Sauerklee, Steinklee,
Weißklee
– Blüten
– Gelee-Panna-cotta 112
– Knödel, süße 113
Klettenlabkraut 44, 54, 234, 242
Knoblauchsrauke 46, 54, 62, 63, 147,
233, 234, 241
– Samen 147
Knollige Sonnenblume → Topinambur
Knopfkraut, Kleinblütiges → Franzosen-
kraut
Knollenblätterpilz 288, 291, 294, 299
Kohldistel → Kohl-Kratzdistel
Kohl-Kratzdistel 65, 234, 241, 253
Kornblume 84, 105, 255, 256, 264
Kornelkirsche 4, 137, 278, 287
Kräuterseitling 175, 304, 307
Kräuterwaffeln mit Lavendel-
Tomaten 37
Krause Glucke 172, 278, 287, 292
Kresse 38, 176
– Brunnen-/Gartenkresse 46, 233,
234, 237, 252
– gebackener Salbei mit Kresse-
sauerrahm 38
– Kapuzinerkresse 81, 136, 137
Kriechender Günsel 240
Kuehneromyces mutabilis → Stock-
schwämmchen
Kuhmaul → Gelbfuß
Kumarin 17, 53, 246, 249, 272
Kümmel, Echter 38 → s. a. Wiesen-
kümmel

Labkraut 44, 82, 242, 255, 256, 265
– Gewimpertes Kreuzlabkraut 234, 242

– im Teigsäckchen 44
– Klettenlabkraut 233, 234, 242
Lactarius volemus → Brätling
Lamellenpilze 282, 285, 288, 291, 292,
294, 297, 298, 299, 301
Lamium (album) → Taubnessel
Lactarius deliciosus → Edelreizker
Lapsana communis → Rainkohl
Leccinum scabrum → Birkenpilz
Leccinum versipelle → Rotkappe
Leistlinge 288, 292
Lentinus edodes → Shiitake
Linde 234, 242
– Blatt 74, 120
– Lindenblattmousse mit Erdbeer-
Panna-cotta 74
– Blüten 120, 123
– Eistee 120, 123
– Lindenblütentee 120
– Sorbet 120
– Honig 120, 123
Löwenzahn 37, 38, 233, 234, 243,
245, 277
– Fladenbrot 37
– Mit Löwenzahn karamellisierte
Perlhuhnbrust 225
– Scharfgarben-Brötchen 38
– Wurzel 209, 225
Lungenkraut 32, 233, 234, 243
Luzerne 98, 176, 304, 307 → s. a. Alfalfa
Lycoperdon perlatum → Flaschenbovist

Macrolepiota procera → Riesenschirmling
Mädesüß, Echtes 69, 82, 120, 123, 256,
257, 265
– Eis 120
– Milchshake 123
Maiglöckchen 236
Mais 256, 265
– Couscous-Salat mit Wildkirschen
und Maisgriffeln 94
– Maisgriffel-Honig-Dessert 116
Majoran, Wilder → Dost
Malva sylvestris → Malve
Malve, Wilde 79, 106, 256, 266
Marasmius oreades → Nelkenschwindling
Marone 12, 49, 58, 133, 154, 225, 304,
306 → s. a. Edelkastanie
– Creme, zweierlei 154
– Mazisblüte 125, 144
– Minestrone mit Maronen 133
Maronenröhrling 49, 198, 278, 288

Bibliographie

Bresinsky, Andreas. & Besl, Helmut, *Giftpilze*, (Wissenschaftliche Verlagsgesellschaft Stuttgart, 1985).

Cetto, Bruno, *Der große Pilzführer*, (BLV, 1979).

Daunderer, Max, Kormann, Kurt & Roth, Lutz, *Giftpflanzen – Pflanzengifte* (Nikol Verlag, 2008).

Dressendörfer, Werner, *Blüten Kräuter und Essenzen*. Heilkunst aus der Klosterbibliothek (Thorbecke Verlag, 2003).

Eichinger, Siegfried & Pahlow, Manfred, *Pilze und Beeren. Sicherheit für Anfänger, Interessantes für Fortgeschrittene* (J. F. Lehmanns Verlag 1983).

Eyssartier, Guillaume & Trimaille, Gilles: *Das große Buch der Pilze. Herkunft – Bestimmung – Merkmale* (Christian Verlag, 2011).

Fitschen, Jost & Schmeil, Otto: *Flora von Deutschland und angrenzender Länder. Ein Buch zum Bestimmen der wildwachsenden und häufig kultivierten Gefäßpflanzen* (Quelle & Meyer, 2000).

Gerhardt, Ewald, *Der große BLV Pilzführer für unterwegs* (BLV, 1997).

Gossner, Gabriele & Haas, Hans, *Pilze Mitteleuropas* (Kosmos 1975).

Hagers Handbuch der Pharmazeutischen Praxis, Bd.2-6 (Springer Verlag, 1980).

Kosch, Dr. Alois, *Was finde ich da? Tabellen zum bestimmen von Pilzen, Beeren und Wildgemüse* (Franckh'sche Verlagshandlung Stuttgart 1937).

Lange, J.E. & M., *BLV Bestimmungsbuch Pilze* (BLV, 1970).

Laux, Hans E., *Essbare Pilze und ihre giftigen Doppelgänger* (Kosmos, 2005)

Merkl, Michael, *Ich kenne die Pilze* (Fackelverlag 1962).

Rinaldi, Augusto & Tynaldo, Vassili, *Pilzatlas* (Hörnemann Verlag 1974).

Schönfelder, Ingried & Peter, *Der neue Kosmos Heilpflanzenführer. Über 600 Heil- und Giftpflanzen Europas* (Kosmos 2001).

Wichtl, Max (Hrg.), *Teedrogen und Phytipharmaka. Ein Handbuch für die Praxis auf wissenschaftlicher Grundlage* (Wissenschaftliche Verlagsgesellschaft Stuttgart, 1997).

Weiterhin: Online-Datenbanken